总经理

把私营公司 做大做强的 18条黄金法则

孙汗青 ◎ 著

ZongJingLi
BaSiYingGongSiZuoDaZuoQiangDe
18TiaoHuangJinFaZe

天津科学技术出版社

图书在版编目(CIP)数据

总经理把私营公司做大做强的18条黄金法则／孙汗青著.
—天津：天津科学技术出版社,2009.6
ISBN 978-7-5308-1788-9

Ⅰ.总… Ⅱ.孙… Ⅲ.私营企业—企业管理 Ⅳ.F276.5

中国版本图书馆 CIP 数据核字(2009)第 101576 号

责任编辑：范朝辉 陈 雁

责任印制：王 莹

天津科学技术出版社出版
出版人：胡振泰
天津市西康路 35 号 邮编 300051
电话：(022)23332390(编辑室) 23332393(发行部)
网址：www.tjkjcbs.com.cn
新华书店经销
三河市骏杰印刷厂印刷

开本 787×1092 1/16 印张 21 字数 240 000
2009 年 8 月第 1 版第 1 次印刷
定价：39.50 元

前　言

在全球经济一体化的大背景下,组建大而强的公司是实现走出去战略和走新型工业化道路的主体,这已成为中国公司越来越明确的路径。而民营公司的市场化程度要远远高于国有企业,这样对民营公司来说,把公司做大做强更有其特殊的意义。

那么,民营公司的总经理如何把公司做大做强呢?

第一是你有没有核心技术。我们看微软和因特尔这些公司就是靠核心技术做大的,有了这些核心技术,所有的公司都要和它合作,成为它的供应商,所以它可以做大。

第二是你有没有成本优势。你有了成本优势,你就可以做大,这个在制造业方面表现比较突出。在服务业方面就表现得不是那么明显。

第三是你对供应链的管理。从原材料到零部件的加工,你的管理能力如何,我们看一下戴尔和沃尔玛,它们什么都不生产,却成为全球最大的公司,戴尔能够把计算机全部的技术工序很好地管理起来,所以你在跟它订计算机的时候,它可以及时地供货,沃尔玛就更不生产东西了。

第四就是品牌。品牌是一种责任,消费者是非常单纯的,因为他们单纯,就愿意给那些信得过的企业付钱。

第五就是垄断资源。一种是自然资源,一种是市场资源。比如说资本,信贷是垄断的,只能去银行贷款,得到贷款就可以做大,得不到就做不大。比如说行业管制,国家对行业有很强的管制,如果进入企业就可以做大,进不了就做不大。

当然,这是从大的方面来讲,真正要想把公司做大做强,这里面还牵涉很多别的具体因素,比如管理、财务、营销、创新力、竞争力等。而这些也正是本书要着力描述的。

本书基于大量成功的私营公司成长和发展的经典案例,从如何创业开始入笔,全面到位地提出了私营公司总经理如何把公司做大做强的18条黄金法则,几乎涵盖了私营公司在发展过程中所遇到的各种问题,希望能给每一位私营公司的总经理提供一些启发和帮助,并从中找到自己需要的东西,真正把自己的公司做大做强。

[目 录]

第一章　创业法则：创业就是活下来和挣钱

- 2　做最适合自己的行业
- 3　把自己的优势做成强势
- 4　创业就是活下来和挣钱
- 6　野心有多大，舞台就有多大
- 8　总经理莫要与烦恼忧愁为伍
- 9　坚持到底，永不放弃
- 11　总经理要有精明的头脑
- 13　总经理要有防人之心
- 14　总经理要多与自己较劲
- 15　总经理要有一个长远的规划
- 17　偷税漏税，是搬起石头砸自己的脚

第二章　品牌法则：品牌名不虚传，企业永垂不朽

- 20　三种品牌策略都是赚钱的招牌
- 22　包装商品的窍门
- 24　产品命名应注意的要求
- 25　塑造良好的公司形象
- 27　做好品牌防伪工作
- 28　不要自己砸自己的牌子
- 29　品牌是先有品质再打牌子
- 31　建立品牌的六大重点

33	经营品牌的三大策略
35	明星代言品牌的九大注意事项
36	为公司取名的十项原则

第三章　营销法则：一切围着市场转

39	"故弄玄虚"，尽量调动顾客的好奇心
40	利用广告的魔力
41	广告制作的根本在于市场信息
42	广告是为了销售，不是让你去"烧钱"
44	"攀龙附凤"，做广告要能巧打明星牌
46	借树开花，造势宣传扬美名
48	以利为"饵"，让利顾客
50	思维要活跃，多找销售出路
51	建立一个稳健的销售网络
53	总经理必须掌握的6大营销武器
55	灵活操纵12种推销秘笈
59	容易忽略的6个销售细节

第四章　管理法则：既要"管得少"，又要"管得住"

62	让员工乐于工作
63	让员工有一种安全感
65	培训你的员工
67	人尽其才，将合适的人摆在合适的位置
68	管理得越少越好
69	形成有效的奖励机制
70	如何与员工打成一片
72	总经理用人"十忌"
73	轻松管理的六个技巧

75	正确对待有过失的员工
77	一定要懂得有效授权
78	化解员工抱怨的六大步骤

第五章　质量法则：质量就是公司的生命

81	质量管理的重要性
82	质量就是公司的生命
84	君子爱财，取之有道
86	高质量是竞争的利器
88	如何正确面对退货
90	千万别在质量上动手脚
92	追求质量也是一种管理艺术
93	质量管理八项原则

第六章　决策法则：输赢只在一念间

97	充分准备，迅速决策
99	做决策要学会优选法
100	会议对于决策者有着重要意义
101	做决策要从全局利益出发
103	总经理应该分清轻重缓急
105	做出正确决策的三大方法
106	办法大家想，决策自己定
107	做决策要讲科学不能完全凭直觉
109	总经理要具备果断的判断力
111	"军"令如山，将决策贯彻到底
113	情绪不好时不要急于做决策

第七章　团队法则：最锋利的就是你和你的团队

- 115　单枪匹马是闯不出一番事业的
- 116　增强凝聚力,发挥整个团队的力量
- 119　团队的好坏决定事业的成败
- 120　团队执行力:现在,立刻,马上
- 122　科学的团队管理机制
- 123　不抛弃,不放弃
- 125　与团队伙伴同享荣耀
- 126　留住团队中的关键人物
- 129　发挥团队力量的基础——挥洒个性
- 130　建设团队的一个误区
- 131　塑造团队精神
- 132　团队协作的意义

第八章　人脉法则：人脉就是财脉

- 135　做生意就是做人情
- 136　学会向赢家请教和学习
- 138　与金融单位搞好关系以备后路
- 140　找到你的商业贵人
- 142　与媒体搞好关系
- 144　如何用自己的资源建立关系网
- 146　生意归生意,朋友不能丢
- 147　怎样与同行打交道

第九章　风险法则：不怕有风险，就怕不谨慎

- 150　经商就是要敢于冒险
- 151　风险与机遇并存
- 152　冒险是打开财富之门的钥匙

154	冒险也要认准方向
156	胆大还需心细,无谓的风险不要冒
158	看准机遇,就要敢于冒险
159	抓住万分之一的机会
162	别让经验束缚了头脑
163	总经理应该勇于尝试
164	学会分析经营风险

第十章 创新法则:因循守旧者死

168	灵活主动,大胆创新
169	领先行业,经营方式的创新
171	总经理形成创新能力的方法
173	能创新就一定有出路
175	善于创新,就要能反其道而行
176	阻碍总经理创新的六大因素
178	勇于创新但也要避免风险
179	总经理创新的四大原则
181	在公司中大力提倡创新思维
182	观念创新:观念一新,万两黄金

第十一章 合作法则:你吃肉,也要让别人喝汤

185	寻找最适合的伙伴一起创业
187	对合作伙伴不要要求太高
190	寻找同行合作,优势互补
192	合作双赢,互惠互利
193	不能与其合作的三种人
196	认清选择伙伴的误区
198	把合作变成壮大自己实力的手段

| 200 | 合作对象的选择 |

第十二章　竞争法则：敢于竞争，善于竞争

204	与对手竞争不能心慈手软
205	先发制人，竞争中要抢得主动权
207	死死地抓住竞争对手的弱点
210	让竞争对手的人才为我所用
212	商海竞争，小鱼如何不被大鱼吃掉
213	抢占市场空白
215	避免价格大战
216	活用各种竞争手法
217	不要总想着一下子击败对方
218	知己知彼乃竞争之要旨
220	如何在竞争中扬长避短

第十三章　效率法则：80%的收获来自20%的努力

223	效率是衡量经营成败的核心标准
224	学会将复杂的问题简单化
225	创造高效率的公司环境
227	打破只求生产绩效的经营模式
229	实施"弹性工作制"
230	如何科学合理地安排你的时间
232	统筹规划时间的两种方法
233	改变低效率的六种方法
234	把自己的工作任务清楚地写出来
235	提高会议的效率
238	总经理不能做"无头苍蝇"

第十四章 财务法则：总经理的财务必修课

- 241 节约资金
- 242 一定要聘用一名优秀的财务主管
- 244 拥有一个良性的、健全的财务规划
- 245 避免不必要的花销
- 247 如何应对财务困境
- 249 降低生产成本的十大窍门
- 252 总经理理财九法
- 254 七分盘算三分魄力
- 255 总经理的公私财产要分开
- 257 注意防止家贼

第十五章 债务法则：要债的艺术

- 260 密切关注客户的经营状况
- 262 产生债务纠纷的五个原因
- 264 别掉进欠贷陷阱
- 266 如何对付狡猾的欠款人
- 267 赊账的坏处有哪些
- 268 实用催款技巧
- 270 这样的催款方式要不得

第十六章 谈判法则：谈判是一种心理战

- 273 谈判一定要有明确目标
- 274 谈判取得成功的四大妙法
- 277 商业谈判应该学会适当让步
- 279 必须学会讨价还价
- 281 谈判要善用"拖"字诀
- 282 如何面对谈判中的僵局

286 巧妙收场的诀窍
287 迅速达成协议的技巧
289 说服对手的三大绝招
291 开场白的表达方式

第十七章　危机法则：危机就是转机

293 危机时，对该解雇的人不能手软
294 居安思危，总经理一定要有危机意识
295 发现隐患要立刻消除
297 千里之堤毁于蚁穴，不要忽略任何一个错误
299 危机中大多蕴藏商机
300 危机时更要加强对资金的管理
303 处理危机时应注意的几点

第十八章　客户法则：绝对不要得罪你的客户

306 客户是你的衣食父母
307 同客户维持稳定的合作关系
309 深入了解客户
311 一流的服务：服务好才是真的好
314 注意服务的细节问题
315 倾听客户的声音，因客户而改变
317 要赢得顾客的心
319 让客户帮你宣传
321 要能听得进去顾客的抱怨
323 千万不要得罪顾客

第一章

创业法则：创业就是活下来和挣钱

做最适合自己的行业

做你最擅长做的事，做你最喜欢做的事。不太了解的事最好不要做。

——巨人集团董事长史玉柱

经商创业需要我们发挥自己的优点，需要我们去扬己之长避己之短。在选择自己的创业行业时，一定要考虑自身的情况，千万不可冒冒失失，一头扎进自己不熟悉的领域而不能自拔。

例如，你擅长于某一行业，那么，你就不要强求自己去隔行创业，因为你即使做了恐怕也难有收获，除非你有一个特别好的项目。从另一个角度讲，即使你的工作环境暂时与你自身的优势和优点有所不合，你这时候仍可积蓄自身的潜能，力求在本职工作中闯出一个可以扬己之长避己之短的小天地来。

从社会发展的大趋势和成功创业者的经验来看，一个人要想取得事业的成功，只有积累自身不断生长着的优势，才能将自身的优势最后转化为胜势。我们的"优势"之所以要不断地生长，是因为目前数字信息化社会变化繁复，昨天的优势到了今天便有可能成为劣势。

当然，还有一种情况，你对某个行业不熟悉，但经过你的潜心研究学习，你很快地掌握了这个行业，熟悉了这个行业，并且通过你的市场调查与分析，你确信自己不会再犯主观主义的错误，那么你要涉足也未尝不可，另外，你不懂得这个行业，但你的合作伙伴却是这个行业的行家里手，那你要涉足也是可以的。

作为创业者，作为一个总经理，无论你是从这个行业转到了另外一个行业，还是初出茅庐，你都应该先仔细地分析分析自己有没有从事这一行业的能力，如果发现自己没有这一方面的能力，而只是凭借自己的主观愿望，你的这个美好的愿望十有八九会落空。甚至，有时候你在某个行业干得很出色，可一旦换了一个行业，一切都可能发生很大的变化，再套用你原来的经验往往要打败仗。因为一个人转行，是人生的一次巨变，要迅速地从其中走出来奔向创业成功的路是不现实的。

作为一名创业型公司的总经理，要一心一意、全心全意地去做熟悉、了解的行业,千万不要人云亦云,盲目跟风,不要好高骛远,也不要打一枪换一个地方。如果能做到这一点,那么,公司就很可能会赚到钱。否则,就只有站着观看的份儿,弄不好"海"没有下成,反而喝了一肚子"海水"。

商训深解

中国有句俗话,"隔行如隔山"。尽管社会中的各行各业是紧密地联系在一起的,但是每个行业之间存在着许多你看得见与看不见的隔阂和区别,每个行业都有其自身的经营之道。所以,无论你是久经商场,还是初出茅庐,如果你这次创业要涉足一个你自己并不熟悉的行业,就一定要慎之又慎,绝对不能盲目从事,所谓的"量体裁衣"说的就是这个道理。

把自己的优势做成强势

一个人一生只做一件事,肯定比三年做东、五年做西的人更容易成功。
——蒙牛乳业有限公司董事长牛根生

作为公司总经理,你费尽九牛二虎之力,终于把自己的公司办起来了,但这并不算完,你还要经营好公司。发现自己的优势,把公司做大做强。总之,一句话,如果你是初入商海,就要从自己的强项和优势上开始突破!

只要你的公司不是冒牌货,那么就肯定有自己的特点,你把这个特点发挥出来,就成了长处,就可以适应不利的环境,把危机变成机会。精明的总经理在于了解自己的长处和竞争对手的短处,而平庸的总经理畏于自己的短处和对手的长处。

(1)学会以优胜弱。

小公司的经营战略,简而言之就是以本公司的优点去攻取对手的弱点,守中有攻,攻中有守;保存自己,消灭敌人。这是小公司生存的关键,也是它取胜的条件。

(2)学会以长攻短。

要"看看森林、看看树木",发现公司最大的弱点是什么,再有的放矢地进行改革创新,使弱势转为强势。

(3) 竞争是"你死我活式"的较量。

公司竞争是公司间基本竞争力量的对比、抗争。公司面临的威胁，或者机会，将主要来自这些力量的对抗过程。

美国著名战略学家波特在其所著的《竞争战略》一书中指出："一个产业部门的竞争态势取决于五种基本的竞争力量，这五种力量的合力将决定产业最终的利润潜力。"这五种力量是：

①市场的潜在加入者。新加入者会带来新的资源、新的生产能力，其必然会影响公司现有的市场占有率，打破公司间竞争力量的对比。

②公司（产品）之间竞争的激烈程度。

③替代品或服务的竞争压力，如鲜花、工艺品替代糕点，糖果等作为礼品，空调替代电扇等。

④用户或顾客的成交能力，其实质是不同的公司对不同的市场、用户的选择，即市场目标定位。

⑤供应者的成交能力。即供应商对厂商所需资源的垄断程度。

商训深解

创业起步，刚办起公司，很多总经理最大的难题是缺乏操纵商道的经验，显得比较稚嫩，不知道该如何下手，常有前怕狼、后怕虎的心理。显然，什么都不做，等于死路一条，这就需要发挥自己的强项，避实就虚，仔细琢磨，敢于出手。其实，在商场上吃败仗是常有的事，关键是要少吃败仗，多打胜仗。

创业就是活下来和挣钱

小公司的战略只有几个字——活下来，挣钱！

——阿里巴巴集团主席马云

一位做百货生意的总经理，认为该行业竞争太激烈，赚钱太不容易，想转行搞网络服务。一位下属劝他说，现在网络服务这一行已经人满为患，一些实力很强的公司都觉得生存艰难,我们没有经验,贸然投入,未必有利。这个总经理说:"没有经验怕什么?我刚做百货不到一年,也没经验,还不是做下来了?"他执意转行,结果因竞争力不行,一年下来,老本几乎赔光。

这个总经理所犯的错误就是不懂得这个道理:有活下来的资本,才有赚钱的资本,不能"好好活着",也就不可能"做有意义的事情"。

"好好活着是为了做很多很多有意义的事情",而在经营公司的过程中,这个有意义的事情就是挣钱。这毋庸讳言。

日本"经营之神"松下幸之助说过一句话:"企业家的使命就是赚钱,如果不赚钱那就是犯罪。"

英特尔公司的首席执行官格鲁夫也说过,一个企业家赚钱叫道德,企业家不赚钱就是缺德。如果企业家不赚钱,肯定是会给社会、给家庭、给个人、给团队、给员工造成严重伤害的。

而作为一个总经理,最应该做的事情就是在遵守法律和社会公德的前提下,努力地去赚钱。

在历史上,金钱曾被各个民族广泛地看做是一种罪恶或者至少是准罪恶的东西,但犹太人除外。犹太人认为,赚钱是最自然的事,如果能赚到的钱不赚,这简直是对钱犯了罪。

作为创业者,应该向犹太人学习,抛开传统的偏见,虽然不能金钱至上,但一定要敢于挣钱,善于挣钱。

犹太人加利曾为一个贫穷的犹太教区写信给伦贝格市一个有钱的煤商,请他为了慈善的目的赠送几车皮煤来。

商人回信说:"我们不会给你们白送东西。不过我们可以半价卖给你们50车皮煤。"

该教区表示同意先要25车皮煤。交货3个月后,他们既没付钱也不再买了。不久,煤商寄出一封措辞强硬的催款书,没过几天,他就收到了加利的回信:

"……您的催款书我们无法理解,您答应卖给我们50车皮煤减掉一半,25车皮煤正好等于您减去的价钱。这25车皮煤我们要了,那25车皮煤我们不要了。"

煤商愤怒不已,但又无可奈何。他在高呼上当的同时,却又不得不佩服加利的聪明。

在这件事情中,加利既没耍无赖,又没搞骗术,他仅仅利用这个口头协议的不确定性,就气定神闲地坐在家里等人"送"来了25车皮煤。

这就是犹太人的赚钱高招。

犹太人爱钱,但从来不隐瞒自己爱钱的天性。所以世人在指责其嗜钱如命、贪婪成性的同时,又深深折服于犹太人在钱面前的坦荡无邪。只要认为是可行的赚钱方式,犹太人就一定要赚,赚钱天然合理,赚回钱才算真聪明。这就是犹太人的经商智慧的高超之处。

作为私营公司的总经理,应该有犹太人这种"爱钱"的精神,坚持自己的信念和目标,什么都别想,好好活,好好挣钱,这就是你最大的生存智慧。

商训深解

"什么是有意义?有意义就是好好活着。什么是好好活着?好好活着就是做很多很多有意义的事。"这是热播电视剧《士兵突击》的一句经典台词。许三多的这句话是一句十分简单的"傻话",但也是至理名言。作为创业者,当务之急是怎么才能生存下去,而不是急功近利地想要一夜暴富,否则,就会栽大跟头。

中国的创业者,在半途夭折的很多,这种现象多数发生在中小企业身上。据统计,日本90%以上新成立的企业也是在3年之内死亡的。这个数字甚至可以映射到所有的经济发达国家。因此,"好好活着"应该成为中国企业尤其是创业型企业的首要任务。

野心有多大,舞台就有多大

创业者要有远见、梦想和想象力。

——阿里巴巴集团主席马云

野心,这个词在一些人看来应该属于贬义词,比如狼子野心等等,给人的印象不怎么好。那么,作为一个创业型总经理需不需要有野心呢?答案是肯定的,创业者一定要有野心。创业就是意味着我们是从零开始,从无到有,从小到大的不断前进创造过程,这时的我们也许要面对更大的困难,比如强大的竞争对手带来的压力等,"不想做将军的士兵不是好士兵",创业者必须要有有朝一日超越强敌,要做就做最好,做出行业第一的野心。

美国《时代》杂志加拿大版曾经刊文提到,美国加利福尼亚大学的心理学家迪安·斯曼特研究发现,"野心"是人类行为的推动力,人类通过拥有"野心",可以有力量攫取更多的资源。

没有野心,就没有进取心,野心和想象力是构成创业精神的基础,有了这些才可以创新。熊彼得在其作品《企业家的精神》中说到,一个人如果要成为企业家,就必须不断创新、创新、再创新。而创新来自于不停地进取,进取心则来自于野心。野心让人冒险,冒险带来创新。

事实上,野心正是一种创业的美德。

联想的创始人柳传志就是一个有野心的人,所以他才能创建一个有野心和进取精神的联想。不过,柳传志总是把联想的野心委婉地说成雄心壮志。因此,想用柳传志做自己榜样的创业者,至少要成为一个有野心的人。

创业要有"野心",就是要有强烈的脱贫致富的梦想和愿望。这种强烈的愿望实际上是促使一个人努力奋斗的原始动力,是激励一个人穿越困境的有力信念。一个安于现状的人,他不可能在事业上有更大的成就。只有把这种强烈的愿望视为与自己共存亡的可贵财富,才会付诸行动,并努力坚持。

野心应该成为所有创业者探求成功的利器,"王侯将相宁有种乎?"古人尚且发出这样的吼声,今天有着聪明才智的我们岂能庸庸碌碌无动于衷？ 如果你渴望创业成功,那么请你先问问自己:我有成功的野心吗？

商训深解

对自己的野心有节制却又不泯灭,这样的人,就是有创业禀赋的人。当然,对于创业者来说,光有野心还是不够的,创业还需要很多别的东西,但野心是首当其冲的,没有野心,一切都是空谈。此外,创业者需要注意的是,野心并不是贪心,切不可让贪心操纵你的创业。

总经理莫要与烦恼忧愁为伍

任何一个创业者,永远要把自己的笑脸露出来。

——阿里巴巴集团主席马云

著名心理学家威廉·詹姆斯说:"世界由两类人组成,一类是意志坚强的人,另一类是意志薄弱的人。"后者遇到困难挫折时总是逃避,畏缩不前。面对批评,他们极易受到伤害,从而灰心丧气,等待他们的也只有痛苦和失败。但意志坚强的人却不是这样,他们内心中有一股与生俱来的坚强意志。所谓坚强的意志,是指在面对一切困难时,仍有内在勇气承担外来的考验。那些能取得人生成功的人,自然是那些具有坚强的意志的人。他们在遭遇到困难挫折时,并不否认消极因素的存在,只不过他们学会了不让自己沉溺其中,他们能摆脱一切消极因素的影响,他们的心态始终处于一种积极向上的状态中。

每个创业者在走向成功的过程中,都会积累丰富的人生经验和"财富"。这笔财富包括精神的、物质的、成功的、失败的、欢乐的、悲哀的,这一切都可以继承下来,都可以在创业者的心灵中占据一席之地,唯独烦恼和忧虑这些东西不该继承,不应该给其留下立足之地,而应该把它们彻底抛弃,因为它们是创业的大敌。

一味的烦恼忧虑是对失败的变相崇拜,是对悲哀的无比亲和。烦恼和忧虑是对生活的构成要素——既有幸福又有痛苦、既有成功又有失败、既有畅行又有挫折、既有欢乐又有悲哀的曲解和片面夸大。意志薄弱的人常常把上述相反相成的因素绝对化,其感觉似乎始终笼罩在烦恼和忧虑的阴云之中,常常把痛苦、悲哀放大为"厄运",把孕育着成功的失败视为祸根。于是,这些人在失败面前自然有烦恼和忧虑,悲叹着命运的不公;在成功面前也有烦恼和忧虑,惧怕讥讽、惧怕攻击、惧怕重新失去得到的成功。总之,烦恼和忧虑就像一条毒蛇,不只吞噬着他们的生命、活力、青春、智慧,而且还吞噬着他们的信心、勇气、果敢和仅存的坚毅。

商训深解

人生不如意之事,十有八九。在很多时候,得失成败并不会如我们所期望的那样可以选择。但是,快乐与否却完全是取决于我们的,以乐观豁达的态度面对一切,那么,就没有什么能使你不快乐。

作为创业型总经理,要面对的苦难和挫折比普通人要多得多,要想在这其中享受快乐,就得把烦恼和忧虑这种消极心态彻底地抛到脑后,让它们远远地离开你。既然选择了创业,痛苦要坚持,快乐也要坚持,那何不选择快乐地坚持下去呢?

坚持到底,永不放弃

在创业的道路上,我们没有退路,最大的失败就是放弃。

——阿里巴巴集团主席马云

能成功创业的人都有一个共同的特点,即意志顽强,坚韧执著。只要认定自己所选择的创业道路是正确的,那他就会以顽强的毅力一直走下去,哪怕前进的路上布满荆棘也会不达目标誓不罢休。坚韧顽强是创业者必备的素质,这种素质也就是人们通常所说的毅力。缺少这种素质,即使你有再美好的创业计划,有再好的创业条件也会与成功无缘。

在现实生活中,翻开任何一个成功创业者的经历,你都可以看到这些成功创业者是如何凭着坚韧的毅力和不屈不挠的精神进行创业的。

肯德基创始人桑德斯成功创业的过程就是这样一个绝好的事例。

桑德斯选择创业时已经65岁了,这个年龄是大多数人都安享晚年的时候。但桑德斯65岁的时候还身无分文,非常贫穷,他当时靠着美国政府发给他的少得可怜的救济金生活。一次,当他看着领来的105美元救济金时,桑德斯想,我难道就这么一直活下去么?我是否应当对人们做点什么,否则我只会也只能对着微薄的救济金感叹。

桑德斯开始思考,自己能干点什么呢?头一个浮上他心头的答案是:我有一个人人都会喜欢的炸鸡秘方,我得利用这个秘方为我赚取财富,为社会做点贡献。

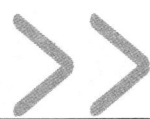

创业项目和计划初步形成，然而身无分文的桑德斯要创业谈何容易，他的条件确实差到了极点。资金、精力、年龄等方面他都没有别人强。怎么才能实现自己的理想呢？桑德斯认为唯一可行的方法就是与人合伙，用别人的钱来为自己赚钱。桑德斯选择的这条道路是可行的，但试想谁愿意把自己的钱交给一个65岁的并且身无分文的人去经营生意呢？这不是拿着钱去冒险吗？可想而知，桑德斯选择的这条创业道路虽然可行，但却是一条充满艰辛的道路。没有非常顽强坚韧的毅力是很难走下去的。

可桑德斯却正好有着极其顽强的毅力。当他认定自己的创业道路可行的时候，他就带着自己的创业计划去挨家挨户地敲门，把自己的想法告诉每一家餐馆。像大多数人预想的那样，当桑德斯敲开门时，几乎所有的人都冷言冷语以嘲讽的态度对待他，甚至有些人还误以为他是精神病患者而将他赶走，所有的人都认为他这么大的年龄还想成功创业，这不是开玩笑吗？但是，桑德斯并没有放弃，他坚信他的创业计划是一定能够实现的，人们拒绝他，这是上帝对他的考验，创业的热情像熊熊燃烧的烈火一样一直持续燃烧着。就这样，桑德斯以顽强的毅力坚持前行，他的足迹遍及美国的每一个角落，逢人便说他的创业计划。终于，桑德斯在向人们诉说了1009次后，他的创业计划被人接受了，于是，才有了今天遍及全球的肯德基。

有谁能够在两年的时间里，带着自己的创业计划和创业梦想，足迹遍及一个国家，并且经历了1009次的拒绝还能够热情依旧、初衷不改、锲而不舍地走下去呢？能够做到这一点的人恐怕在这个世界上不会再找出第二个，可桑德斯做到了，他以他的顽强毅力做到了，无怪乎世界上只有一个桑德斯，无怪乎世界上只有一个肯德基，无怪乎世界上很多创业者总是不能成功，这些不能成功创业的人如果和桑德斯相比较，他们在任何方面都可能比桑德斯强，而唯独缺少的正是桑德斯那种"坚持到底，永不放弃"的积极态度和持之以恒的心态与毅力。

桑德斯的成功创业并没有什么独特的优势，和很多人相比，他既不是生在富豪之家，也没有念过高等学府，甚至连年龄也已到了65岁高龄，他有什么，他几乎一无所有。然而，桑德斯有一个赚钱的好主意，他有信心，他有毅力，他坚韧顽强，他认定了他的目标一定能实现时，他就对自己充满了信心。然后，他就拿出了具体行动，不达目的，誓不罢休。还是一句话，坚持到底就是成功，苍天不负有心人，桑德斯把他的肯德基炸鸡店开遍了全世界。他不但为自己赚取了终生享用不尽的财富，更重要的是他在晚年还登上了人生的顶峰，品尝了创业成功的滋味。

商训深解

成功属于那些不断辛勤劳作,不断辛勤付出的人。创业也是这个道理,在确定了创业的目标,制订了创业的计划之后,接下来在实施过程中一定会遇到重重的阻力,遇到一个又一个困难,这些阻力或困难都需要去克服,克服困难的过程就是付出的过程,克服一个困难就会有一定的收获。世界上没有任何道路可以一帆风顺地走下去,想一帆风顺那只能是人们的一种良好的愿望,正如人们所常说的那样:"不经历风雨,怎么能见彩虹。"要想看到瑰丽的大自然,必须经历风风雨雨。所以对于创业者来说,要想成功创业就要像桑德斯上校一样认准目标,坚持到底,永不放弃。即使遇到一千次一万次困难也不放弃追求,不言失败,不退缩,不向命运屈服。如果能做到这点,那么你就会成为另一个桑德斯。

总经理要有精明的头脑

精明的商家可以将商业意识渗透到生活的每一件事中去,甚至是一举手一投足。

——长江实业主席李嘉诚

一、磨炼头脑和感觉

在现代商业社会中,依靠苦干的时代已经过去了,现在的商业经营最需要的是头脑和感觉。丰富的知识,灵活的思考,速变的大脑,敏锐的直觉,丰富的感性——这些都是通向胜利的法宝,所以想要获取成功的每一个私营公司总经理都应当集中精力磨炼头脑和感觉,必须不惜一切努力。

二、培养问题意识

能否成为成功总经理的关键,还在于其对事物的感受能力。若无其事地在街上漫步,无心人往往什么也感受不到,而有心人,如经常寻找新事业发展契机的总经理,对一些事物和现象就会有所印象,而且牢牢地刻印在大脑里。糊里糊涂过日子的即使有所感受,也不过是停留在表象上。具有目的意识的人会将它作为"情报"来接受,根据不同的情况,从事物和现象中会发现其对人生或生意的启示。如今的时代正是感性市场的时代,怎样抓住消费者的兴趣并将其表现出来,已作为重要的战略方式被提上了议事日程。

三、磨炼数字感觉

并不是每一个对数字敏锐的人都会成为优秀的总经理,但是,优秀的总经理会牢牢地把握公司的数字,相反,使公司倒闭的总经理几乎都是数字盲。

经营与数字有着密不可分的关系。总经理们很早就使用了算盘,现在用算盘的人少,但算盘感觉却是商人不可缺少的。也就是说,金钱和物品的出入要如数清点,从数字方面要正确地加以把握。

四、掌握敏锐的金钱感觉

金钱感觉是商人必须掌握的一个部分,是非常重要的感觉。总经理对公司的金钱必须严格把关。公司的金钱不仅限于现金,还包括原材料、商品、设备,必须把这所有的一切都反映为金钱。

■ 商训深解 ■

一个私营公司的总经理如果想让自己获取更大的成功,使自己的事业获得更为充分的发展,就应当意识到,在日益激烈的竞争中,单纯依靠过去的所谓意志、体力去拼搏是难以获得成功而成为胜者的。一个成功的总经理应该依靠的是灵活、敏锐的头脑和科学、丰富的经营感觉去决定胜负。所以,对于立志做一个成功的总经理的人来说,必须不断地掌握知识,磨炼经营感觉,培养并掌握许多与经营感觉相关联的东西。

总经理要有防人之心

经商做生意一定要谨慎,因为,你一不小心就可能跌入别人布置好的陷阱。
——山西红杉服装厂厂长李红

茫茫商海之中大潮汹涌,而在潮水之中难免鱼目混杂。经商做生意切不可天真浪漫,一味地想着赚钱发财而掉以轻心,没有最起码的戒备心。因为生意场上虽大多为君子,但也不乏骗子,刺探商情的探子无时无处不像幽灵一样飘荡在你的周围。在五彩斑斓的社会里,在错综复杂的激烈的竞争场上,骗子的脸上是没有写字让你来辨认的,相反却往往穿着非常美丽的外衣,巧舌如簧,每时每刻都可能活动在你的身边,随时随地都可能把灾难降临到你的头上。他们又像一个黑色幽灵,活跃在你的经营活动里,若隐若现,明来暗去,像埋伏在经营者周围的敌人,时刻都可使你遭到不测,甚至使你破产。面对如此残酷的商业竞争,总经理若耳闭目塞,头脑反应迟钝,对付骗子没有起码的戒备心,那么,上当受骗也就不奇怪了,有时自己还蒙在鼓里不知道。

没有戒备心,对自己的投资不加分析、思考,往往就会糊里糊涂地上了骗子的船,被掀翻在商海中。有一位经济学家曾这样说:"不要迷信号称有极高利润的经营项目,实际上有百分之十的利润已是十分有利可图的了,越是获利高的经营项目其风险性就可能越大。"

可见,总经理投资之前,看准对方的经营实力是最关键的。对于无雄厚资金却试图通过"集资"来经营的人应多加防范,不了解某种经营项目的行情,就千万不能光凭对对方的"好印象"而投资(除非有足够的事实让人信服)。

商训深解

如何识破骗局,没有固定的方式方法。一般来说,对竞争对手的整体行动、动机、目的、言行都应认真分析,鉴别其中的真假虚实;要从实质上看问题,并应全方位地思考,系统地看对方的行动。对疑有骗局的情况,应在深入调查研究的基础上，组织心理学家、智士仁人研究、讨论、破识，一旦发现骗局时，应予以揭露，但更高明的做法是"将计就计"，或"佯装不知"，采用相应的对策破坏甚至利用对方的骗局。

总经理要多与自己较劲

改变别人难上难，调整自己最简单。

——蒙牛乳业有限公司董事长牛根生

不管是被迫，还是主动，对于总经理来说，当我们"与别人较劲"的时候，收获的是零和游戏。当我们"与自己较劲"的时候，你赢我赢，没有输家。

但是，江山易改，本性难移。要与自己较劲谈何容易！而且，由于自己的本性都是长时间以来形成的，已经成了一种习惯。所谓习惯，就是你通常会有的做法，这些做法是让你感觉很舒服的一些做法，一般来说已经融进了个人的生活和血液。要改变习惯，就像是割一个人的肉抽一个人的血一样难受，何况是自己主动做出改变，这不啻于是一种"自杀"。

于是，很多总经理在经营出现问题的时候，首先想到的是改变别人。

既然改变自己非常难受，像是"自杀"，那出现问题的时候指责别人、希望别人做出改变就是非常自然的事情。但是，这样做的人忘记了，别人也有自己的习惯，与自己改变是一种"自杀"一样，你强迫别人做出改变，对别人来说，就相当于是遭遇"谋杀"一样，他自然会奋力地抵抗、反击。除非你对对方有绝对的权威，可以征服，否则，最后的结果一定是，事情已经忘在一旁，双方互相掐起来，终究一事无成。

改变自己与改变他人，改变自己与改变环境，改变自己与改变其他，虽然都非常的艰难，但相对来说，改变自己更具有可行性，更具有操作性，也更具有主动性。因为，你虽然不能控制别人的行为，你自己的行为还是由你自己做主的，你是完全可以与自己较劲的。

因此，正确的做法是，在面对问题的时候，从自身开始考虑，考虑是不是自身的问题，自己能不能做出改变？自己还需要做出什么改变？

苏格拉底说:"让那些想要改变世界的人首先改变自己。"

牛根生有一句名言:太阳光大,父母恩大,君子量大,小人气大。同时,他还说过:看别人不顺眼,首先是自己修养不够。

与自己较劲,就是一个自我修养的过程,就是一个使得自己由"小人"向君子转变的过程。完成了这个转变过程,人就成熟了,就会很从容,在和别人共事的过程中,在和别人的合作过程中,在和环境的共处过程中,你都会游刃有余。

与自己较劲的人,是希望改善自己的人,是一个自助的人。他需要面对着自己的"伤痛处"痛下杀手,需要自己往自己的"伤口"撒盐。但是,这些"自虐"是不会白白承受的,天助自助者,当他们在改善自己的时候,当他们努力的时候,在一段时间之后,上天也会帮助他们,让他们实现自己的目标,达成自己的愿望。

与自己较劲需要吃苦,但并不是吃苦就算是与自己较劲,不是吃苦就能完成与自己较劲。苦要吃,但要吃在点上,要吃在关键处。劲要较在自己不足的地方,这样,苦才不会白吃,劲才不会白较,人才会变得完善完美。

商训深解

总经理如果能成功地做到与自己较劲,你就会发现,随着自己的改变,世界好像也在同时做出改变来回应你。你与外界会越来越协调,并最终使得外界与你浑然一体。就像牛根生所说的:"当你无数次地与自己较劲后,回头再看,'大数定律'的效能就显现出来,你通过改变自己而改变了世界!"

总经理要有一个长远的规划

既然想创业,尤其是在初期的时候,一定要给自己的万丈雄心做一个精密细致的策划。

——巨人集团董事长史玉柱

先来看一则小故事:

有三个人要被关进监狱三年,监狱长答应满足他们一人一个要求。

美国人爱抽雪茄,要了三箱雪茄。

法国人最浪漫,要一个美丽的女子相伴。

而犹太人说,他要一部与外界沟通的电话。

三年过后,第一个冲出来的是美国人,嘴里鼻孔里塞满了雪茄,大喊道:"给我火,给我火!"原来他忘了要火了。

接着出来的是法国人。只见他手里抱着一个小孩子,美丽女子手里牵着一个小孩子,肚子里还怀着第三个。

最后出来的是犹太人,他紧紧握住监狱长的手说:"这三年来我每天与外界联系,我的生意不但没有停顿,反而增长了200%,为了表示感谢,我送你一辆劳施莱斯!"

这个故事告诉我们,什么样的选择决定什么样的生活。今天的生活是由我们以前的选择决定的,而今天我们的抉择将决定我们今后的生活。

回到创业这个话题。选择创业,首先就要有一个长远规划,站得高,才能看得远,没有长远计划,想干什么就干什么,很可能会落个血本无归、一事无成。现在,总幻想一口吃个胖子,一夜之间成为富翁的下海者为数不少。于是,拼命往那些看来似乎很容易捞钱的行业挤,如股市、房地产、夜总会等。早两年,就有不少人在这些领域中翻了船。无须努力,没有风险,又能赚大钱,世界上哪有这么便宜的事?只有制订一个长远规划,确定一个远大的发展目标,才有可能不为一时蝇头小利所迷惑。

创业型总经理要全面系统地分析所选行业长期发展的有利条件和不利因素,或者说,存在哪些方面的机会和威胁。然后,依据上面的分析,作出正确的选择。那些选择起点高、规模大、投资多、周期较长的行业的公司,因为面临的风险也较大,掉头换行又不容易,所以在选择行业前尤其要具有长远的眼光,认真搞好长远规划工作。战场上,军事家就是战略家;商场上,杰出的商人也是成功的战略家。只有从战略的角度审时度势,才能如置身泰山极顶,"会当凌绝顶,一览众山小"。而决不能鼠目寸光,急功近利,就事论事,否则将难有作为。

商训深解

企业的发展,"稳健"永远比"成长"重要,因此要有跑马拉松的耐力及准备,按部就班,不可存有抢短线的投机做法。

偷税漏税，是搬起石头砸自己的脚

能争取国家的优惠政策，尽一切可能争取，但在这个基础上，我给财务的规定是不准偷漏一分钱的税款。这样至少保证公司不会出现大的问题。

——巨人集团董事长史玉柱

从当前调查掌握的情况看，有六种偷税漏税的现象值得总经理自省，切莫涉入其中。

（1）换牌逃税。目前，部门机关团体开办了一些经济实体，但由于自身缺乏相应的资金和经营管理的能手，只好采取招聘经营、定额承包的办法经营企业。这给了少数不法经营者、个体工商户的可乘之机。他们摇身一变，戴上校办企业、国有企业的"红帽子"，成为机关团体经济实体的承包者。如此一来，他们不仅逃避了现行较为合理的税收，还享受到新办经济实体的一些减免税优惠政策，致使国家税收流入个人腰包。

（2）瞒税。少数总经理利用发票做手脚，采用虚报丢失、伪造涂改、大头小尾、两次填写等手段逃避税收。例如，某企业承包人将实际金额5万元的业务分两次填写，在业务报销联上填的金额是5万元，而存根联上竟只填区区50元。还有少数商人公然违反制度规定，设两本账。在应付税务人员的假账上填写少量的金额，却在给自己看的暗账上记载大宗经营收入，通过这种手段来减少税收。可惜的是，再好的伪装也有漏马脚的时候，对于这种瞒天过海的偷税手段，税务人员只要下工夫是能够查出来的。

（3）无证经营。极少数经营者，为了躲避税收管理，采取不办税务登记和营业执照的方法进行无证经营。也有些经营者借别人的营业执照副本经营。他们采取"你来我走、你追我跑、你疲我卖、你查我躲"的游击战术，打一枪换一个地方，结算完毕就迅速逃离经营现场，逃避纳税检查。

（4）以小瞒大。少数经营者利欲熏心，他们深谙利润多交税也多的道理，便节外生枝，虚增成本，假摊费用，达到账面上减少利润而偷逃税收的目的。

（5）私立账户。一些经营者对开设的银行账户弃之不用，而又另立账户或采取现金交易不入账的手段，隐瞒收入，逃避税收。

（6）偷梁换柱。为了提高利润，谋求更多的财富，个别经营者公然销售经营范围以外的商品，而且将这部分商品的销售收入隐瞒，以图少交税。例如，某发廊总经理擅自销售电视机和电风扇，某杂货店总经理非法经营建材。税务部门坚决取缔他们超出营业执照范围的经济合同，把已经获取的收入照章追缴了税款。

以上这些方法总经理千万要注意，绝对不要采用，否则，也许就会一失足成千古恨了。法不容情，法律上没有任何余地！

商训深解

在我国，从事各种行业的总经理成千上万，他们中绝大多数遵纪守法，合法经营，为国家财政贡献力量。但是，也有少数总经理投机钻营，利用种种违法乱纪手段聚敛财富。他们坑害国家、企事业和社会大众，陷入了聚财的死胡同。多行不义必自毙，他们的不法行为受到社会公众的唾弃，受到税收机关和工商行政机关的严厉查处，直至受到法律的严厉制裁。

第二章

品牌法则：品牌名不虚传，企业永垂不朽

三种品牌策略都是赚钱的招牌

我们所有的工厂和设备可能明天会被全部烧光,但是你永远无法动摇公司的品牌价值;所有这些实际上来源于我们品牌特许的良好商誉和公司内的集体智慧。

——可口可乐已故 CEO 罗伯托·郭思达

一、借用品牌策略

借用品牌,或称商标许可,一般是指生产者经特许或被要求使用销售商或者同类产品制造商的品牌。

对小企业来说,借用品牌也不失为一种好的策略,这主要是基于:小企业产品没有自己的品牌,并且不足以承担建立品牌要付出的成本——包装费、标签费和法律保护费等费用。为了本企业的产品能较快地打开市场,企业可以"借鸡生蛋",借用具有较高声誉的中间商或者生产同类产品的其他制造商的品牌。

二、自创品牌策略

小企业从创业之日起就在创造自己的品牌,或实力壮大到一定程度时,采取自创品牌的策略,也即产品品牌化的决策。企业自创品牌有很多好处:可以使销售者比较容易处理订单并能够及时发现问题;品牌名称或商标可以受到法律保护,减少被竞争者仿制的风险;可以为企业吸引更多的忠实的顾客,便于顾客辨认和选购商品,有助于顾客建立品牌偏好;有助于本企业细分市场;卓越品牌还有助于建立良好的企业形象。

三、无品牌策略

对于大部分产品而言,企业固然需要采取借用品牌策略或自创品牌策略。但有些中间产品和简易产品,企业可以采取无品牌策略。

不需要品牌的产品主要有:

（1）大多数未经加工的原料产品，例如，棉花、石油、大豆、矿石等产品，大多是作为原料使用的，并不需要品牌。

（2）产品不因为生产商的不同而形成明显差异的情况，如钢材、煤炭等，虽然因产地与生产商的不同可能造成产品质地的高低差异，但产品的功用、性能、用途不会有明显差别。

（3）消费者已习惯不用品牌的商品，特别是一些不太发达的地区，消费者对大米、蔬菜、食油等产品的性能看得非常重要而不太在意彼此差异，且选择面不广。生产企业不创立品牌，可以减少产品成本，降低价格，从而使产品更易被这些消费者接受。

（4）企业规模小，无力支付因创立品牌而花费的大笔营销费用，因而在短期内以给销售商制造产品为主，不考虑建立品牌。

（5）生产简单、包装简易、不太昂贵的商品，如纸巾、信封等小商品的生产企业，它们提供标准质量或质量要求较低的产品；消费者对品牌的差异并不在意，很难形成对某一品牌的忠诚度与偏好。

（6）临时性或一次出售的商品，往往因时间短而不需要有品牌。

当然，无品牌也就无法取得品牌效益。但无品牌也就可以节省大量的品牌创立费用投入，从而可以使产品以价格低廉取胜，同时也能获得满意的利润。实施无品牌策略必须切记的一点是，无品牌并不意味着无质量、无信誉。产品质量要能让消费者接受，企业在市场上要讲究信誉，否则只能是一锤子买卖，企业永远无法发展。

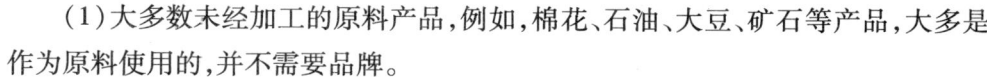

品牌策略是企业达成营销目标的一种方法与手段，是企业获得成功的基本策略之一，但不是获得成功的根本要素。正如各行各业对营销的需求越来越迫切一样，许多企业越来越需要品牌策略。

在物质过剩和信息过剩的年代，品牌策略是企业参与竞争的基础和前提条件，品牌策略不但适用于消费品行业，同样适用于零售、批发、金融、文化、娱乐等行业，甚至同样适用于学校、医院、城市、政府等非营利组织。这些行业/组织推行的品牌策略，能起到锦上添花的作用，但一般不能起到力挽狂澜的决定性作用。

包装商品的窍门

> 包装是无声的推销员。
>
> ——美国杜邦公司

一、包装的基本原则

包装并不是对商品的外形进行简单的"浓妆艳抹",而是既要符合包装功能的要求,又要映衬出商品的品质,还要给人以美感。因此,如何搞好商品的包装,还是很有讲究的。

第一,包装是指商品盛放在容器或包扎物内,以便于陈列、销售与消费的行为。包装的功能在于保护商品在从生产到消费的整个流转过程中不至于损坏、散失或变质,能安全送达到消费者手中。因此,包装要有利于保证商品的完整性,还要便于运输、储存与点检。

第二,包装要便于使用,大小适当,便于携带,易开启。

第三,包装物上对商品的文字说明也是包装的基本要素之一。它用以介绍商品的规格、数量、成分、产地、用途、功效、使用方法等。包装文字说明对消费者认识商品、科学合理地使用商品是必不可少的。

第四,包装物的色彩、造型设计要讲究艺术性。虽然"买椟还珠"只是一则古代笑话,但它之所以能流传千百年,实则是揭示人们一种较为普遍的购买心理——爱上商品之前首先是爱上包装,同时也表明"包装是沉默的推销员"。

二、包装的基本策略

(1)统一包装策略。企业生产的所有产品一律采用相同的包装图案、标志、色彩和款式,便于消费者辨认。其优点是节省包装设计费用,减低用户对新产品的疑虑,有助于壮大企业声势,为迅速打开销路创造条件。这种策略强调企业各类产品质量大体相当,如果差异过大则可能对优质高档产品造成不利影响。

(2)差异性包装策略。企业生产的每一种产品的包装都各不相同,造成丰富多彩、品种繁多的印象。这种策略的优点是品种间独立、互不影响,但需要花费较多的包装设计、开发与促销费用,这在新产品开发时尤其明显。

(3)相关性包装策略。将多种同一用途的相关商品包装在同一容器内销售,方便消费者购买使用,同时又带动多种产品,尤其是新产品的推广销售。如化妆品盒、针线盒、小五金工具盒等。这种策略局限性在于只有相关的小商品才能采用。

(4)包装物复用性策略。选用有复用价值的物体作为包装物,使消费者在用完包装物内的商品之后,还可以将包装物作其他用途。如包装饮料、药品的器皿,在用完后可当水杯或食品盒等。这样,在产品性能、价格相近的情况下,能对商品的短期促销起到刺激作用。

(5)不同规格包装策略。消费者的使用习惯各有差异,每次购买的数量、重量也不相同,按照这些需求分别设计不同规格容量的包装,可以使消费者选择余地大,增加商品的销售量。

(6)等级包装策略。对不同档次的产品分别采用精装和简装,做到表里一致;对同一种产品也可采用不同档次包装以适应不同的需求,例如,在送礼时,人们愿意选用高档包装;自用时,一般选用普通包装甚至散装。这种策略适应不同购买力水平或不同购买心理,灵活性较强。

以上几种包装策略要因时、因地、因人、因物而灵活采用,切不可生搬硬套。在现代市场营销中,包装已成为作为整体产品概念的重要组成部分,成为促进和扩大商品销售的重要手段之一,企业不可轻视之。

商训深解

俗语说"人靠衣服马靠鞍",说的是一个人无论长相体形如何,会不会打扮,在其他人眼中会有完全不一样的感受。如果能穿上得体的服装,巧装打扮,就能衬托出体形美,展示出自身特有的魅力,人们当会刮目相看,反之,如果衣不得体,蓬头垢面,纵然美若天仙、气度非凡,也难给人以美感。一匹良马,配上好鞍,一副驰骋疆场、威风凛凛的英姿立刻跃入人的眼帘。商品亦是如此,要想激起消费者对其强烈的购买欲望,就需要首先在包装上给消费者以美的外观形象,刺激消费者的视觉感官,方能让消费者爱不释手。因此,包装也是成功营销中一个不可忽视的环节。

产品命名应注意的要求

一个能够表明产品的特征和使用方法、性能的命名,往往能够左右该商品是否畅销的大局。

——日本学者山上定也

众所周知,企业及企业产品的"牌子"对消费者的选购是有直接影响的,企业产品命名的好坏,与产品的销售之间有极大关系。命名恰当,可以扩大影响,增加销售;命名不当,则可能减少销量。日本学者山上定也指出:"现在销售商品的条件是什么?一是命名,二是宣传,三是经营,四是技术。"他把命名列为畅销商品的第一条件。

总经理在对企业的产品进行命名时,必须注意以下要求:

(1)产品的命名要适应时代经济生活的明快节奏,提高响亮度。

(2)产品的命名要易于传播,不致被混淆。产品命名的目的,就在于使这一产品与那一产品区别开来,使消费者容易认准牌号购买。如某产品的命名易于同别的产品混淆,就会给消费者认购造成困难,势必影响产品的销量。

(3)产品的命名要新颖。新颖,才能给人留下深刻的印象。目前命名常采用比喻法、双关法、夸张法、直陈法、形容法、颂祝法、借光法、反映法、创词法等,无论采取哪一种,都应务求新颖,不落入俗套,不与人雷同。

(4)产品的命名要能给人以艺术的美感,让人在欣赏夸饰巧喻的愉悦中,达到记忆的目的。

(5)产品的命名要能告诉或暗示消费者产品的特征和给消费者所能带来的好处。

(6)产品的命名要有伸缩性,可适用于任何新产品。日本有一个产品叫"味王",开始是用于味精,后来又用于酱油、食品罐头等,以产品种类来看,"味王"二字极适合于食品类。

(7)产品的命名要字音和谐,韵味悠长。

（8）产品的命名要研究消费者的喜好和禁忌，尤其是在出口商品上必须了解消费者所在国家和地区的习俗，切勿犯忌。例如我国的"山羊"牌闹钟，"山羊"在英国是被喻为"不正经的男子"，"山羊"如果出口英国，尽管这种闹钟价廉物美，仍会无人问津。

总之，一种产品要打开销路，占领市场，不仅要求质量高，而且不能忽视名字的作用。起一个既符合产品性能特征，又符合消费者心理需求的名字，无疑会提高产品的知名度和竞争力。

商训深解

私营公司是靠产品生存的，它因能向社会提供必需的产品而存在。对私营公司来说一切宣传都围绕产品，使产品能销得出去，为社会所接受。只有私营公司自身的劳动最终转化为社会劳动，才能取得效益。一家私营公司综合素质的优劣，只有最终凝结在产品上，才能显示出来。所谓"文如其人"，产品也可以说是私营公司向社会推销自己的名片。私营公司的产品是否具有较强的竞争能力，在市场上是否具有真正优势，决定着私营公司的兴衰存亡。

塑造良好的公司形象

良好的公司形象等于公司无形的财富，是公司一种无形的长期保险。
——品牌管理专家陈放

私营公司由于机构相对简单，其公司形象主要包括产品形象、人的形象、环境形象、服务形象。

产品形象即公司产品的质量、性能、商标、造型、包装、名称等在顾客和社会民众心目中的形象，它是公司形象的基础。产品形象的好坏直接关系到公司的形象乃至整个公司的命运。人是公司的主体，人的形象包括了管理者形象和员工形象。环境形象则指公司组织机构的工作、生产和生活留给职工和民众的印象。服务形象是公司的服务给顾客的印象。

公司生意活动以及这些形象构成一个系统,并用传播手段来树立良好的公司形象,以赢得顾客的信任和认同,从而扩大销售。这是推动公司长期发展的一种动力。

"形象"与"信用"尽管属于无形需要,但也是构成生意成功的基本因素之一,应该引起足够的重视。

经商的人都会明白,只有取信于顾客,才有生意成功的希望,但若要取信于顾客,必须要在顾客心目中为本公司树立起一个与之相应的形象。

但要注意,这里所说的形象,是顾客心目中的,而并非是自己心目中的有关本公司的形象。换言之,总经理不能单凭自己的感觉去想象本公司是多么的可信可靠,必须要核对一下顾客的感觉是否与你相同。如果并不相同,那么,你的感觉便是毫无价值的。顾客的感觉才是头等重要的,才是直接影响产品销售的重要因素。

假如你现时只是个小摊贩,在街边一个角落摆摊零售,却想要在广大顾客心目中塑造起一个"可信可靠"的形象那无疑是痴人说梦话。要在顾客心目中塑造一个可信可靠的形象,起码要有一家店铺,要能够较为有效地满足顾客的多种需要,要有行之有效的促销措施才行。离开这些基础条件,就不可能在顾客心目中树立起一个可信可靠的形象。

商训深解

经商好比做人,形象不容忽视,有了好的形象,才能吸引更多的顾客。在竞争异常激烈的今天,顾客面对诸多同类产品,究竟选择哪一家在很大程度上即取决于公司的形象。

私营公司有了良好的形象,公司产品才能更好地取得消费者的信赖,得到社会公众的信任。私营公司只有卖出产品才可能赢利,而要卖出产品就要让顾客心甘情愿地掏腰包来买。良好的公司形象,可以为公司的商品和服务创造出一种消费心理,使推销人员更容易地售出产品,使消费者在内心里更加认同从而购买你的产品。公司的形象良好,可以使顾客感觉到自己受到尊重,感到自己参与其中的重要性。这样,顾客就会喜欢你的产品。

做好品牌防伪工作

公司爱护品牌要像爱护自己的眼睛一样,但是很多人不把品牌当品牌,不把品牌资产当资产。

——著名品牌管理专家陈放

品牌是一项十分重要的无形资产。为使品牌的无形资产不受侵犯,总经理必须对自己公司的品牌实施有效的保护策略。

太阳系列食品曾经在20世纪90年代大起大落,它经历了辉煌、也经历了重创。可以说,从它的身上我们可以看到中国市场经济初期企业的稚嫩和缺陷。

太阳牌食品是西安太阳食品集团公司生产经营的系列食品。其主要品种是太阳牌锅巴,占总销售额的60%。太阳牌锅巴是一种以大米为原料的小食品。在西安和全国市场上风行一时,在消费者中享有很高的声誉。

1992年,该公司负责人李照森陷入了困惑。他坚持施行打假,但是政府相关负责人员到郊区抓了人,第二天就放了出来,对造假者无法构成足够的惩罚。何况一个西安的本地企业,如何对抗全国范围内浩浩荡荡的仿冒大军呢?虽有一腔怨气,太阳公司的打假行动只得不了了之。出现这种情况完全是由于太阳食品对品牌保护不利造成的,所以,当兆信电码防伪技术在西安推广的时候,李照森毫不犹豫地首先采用了这一技术,但是这并不能成为太阳锅巴的保护神。由于锅巴产品本身的易复制性和口味上无大差别性,人们在选择锅巴时,对品牌的忠诚度并不显著。而太阳公司推出的欲占领低端市场的散装锅巴,更使得家庭作坊式的锅巴产品有了从全国各地涌入锅巴市场的可乘之机。与此同时,产品过剩生产、劣质锅巴的涌入,迫使"太阳"锅巴陷入价格大战,其结果不仅失去了原有商业网络,其市场地位也受到很大冲击。

一段低落的时期过后,太阳食品公司经过对失败因素的冷静分析,决定收复失地,方式还是在加强"太阳"品牌的形象上。虽然太阳食品在包装设计上做了很多改进,从根本上消除了假冒产品存在的隐患,而且在产品品种方面也增加了7个系列,但太阳锅巴的表现并未出现太大的转机,直到现在成绩一直平平。

太阳锅巴有喜也有悲,有成功也有失败。从品牌建设角度来讲,太阳锅巴的成功在于准确的品牌定位和品牌宣传。而太阳锅巴的失败一方面在于没有做好品牌维护,使假冒伪劣产品有机可乘,破坏了太阳锅巴的品牌形象和销售网络,使企业的利益直接受到损害。另一方面,作为食品企业,太阳锅巴没有最重要的生存要点,即更高的技术含量和不可复制的专属特性,也就是说太阳锅巴不能像可口可乐那样有自己独特的配方,当竞争者来临时不能保持自己的特性。

商训深解

在全球范围内,打假防伪已成为众多著名企业的重点工作之一。但令人感到担心的是,我国仍有许多公司尤其是私营公司对包装防伪不重视,甚至认为"有人假冒是在替自己出名,同时还挤占了其他品牌的市场",这种看法实在是大错特错,等到自己的产品销量被假冒产品冲击得直线下滑时,再后悔就已经来不及了。

不要自己砸自己的牌子

实践使我们认识到,没有品牌的竞争是无力的竞争,没有品牌的市场是脆弱的市场,没有品牌的企业是危险的企业。

——双星集团董事长汪海

有这样一个例子颇值得私营公司的总经理们品味反省。几年前,某建筑施工单位刚走向市场时,在自己家门口接到一项公路铺建工程,由于管理不善等原因,工期拖延、质量差,最后虽然勉强交付,但企业的牌子却因此"砸"了。在此后的几年里,尽管这个单位的管理水平、职工技术素质和机械施工能力都有很大提高,但先前留给公路建设单位的印象却抹之不去,不仅使这个单位在自己家门口失去了公路建筑市场,就是到外地参与公路工程投标、资格审查也被排除在外。相比之下,有的建筑企业无论在哪个施工领域,总是千方百计创牌子,从而占据一方市场,这种做法是值得学习和借鉴的。

所谓牌子,即公司或经营者的信誉。创牌子,就是树信誉。牌子越硬,公司或经营者的信誉就越好,也就能占据更多的市场。公司或经营者的信誉是无形的,更是无价的。目前的市场竞争机制虽不够健全,但优胜劣汰的法则对每个经营者来说都是公平的,市场机遇总是垂青那些牌子硬、信誉好的企业。所以,私营公司总经理应该把消费者当做"上帝",做到做一样生意,创一方信誉,树一块牌子,占一方市场。

创品牌,树信誉,这是当今市场竞争形势下必要的生存手段,是私营公司求生存、求发展的最佳途径。创品牌不易,保住品牌和信誉就更难。有家馒头店,馒头又大又白,口感很好,吸引了远近不少居民去购买,经常供不应求。可开业几个月之后,人们发现,馒头变小了,顾客也因此渐渐少了,馒头店受到了冷落。原因何在呢?很显然。馒头店的老板取得信誉后就降低了馒头的质量,他满以为消费者会依然如故。其实不然,这种把戏犹如窗户纸一样一捅就破,消费者心中有杆秤,能称出它的轻与重。老板没有把顾客当做"上帝"来对待,而"上帝"岂能容他戏弄?事实上,不是消费者疏远他,砸他的牌子,恰恰是他自己毁了自己的牌子和信誉。

商训深解

人吃亏大凡有两种因素:一是因小失大,顾此失彼;二是虽有前车之鉴,足以为戒,但没有接受教训,存有侥幸心理。这两种因素乃经营之大忌。总经理切记,千万不要自己砸了自己的"牌子"。

品牌是先有品质再打牌子

连产品质量都不能保证,谈何品牌?所以,我提出:"搞好质量是最大的积德行善,创中国名牌是最大的爱国主义。"

——双星集团总裁汪海

一般来说,提高产品质量的途径有四个:

一、按照市场需要进行产品设计

按照"适用性标准",产品只有符合顾客的需求和能够让顾客满意,其质量才算合格。而产品能否满足消费者和用户的需求,则在很大程度上决定于产品的设计。

国外企业在进行产品设计时,极其重视市场调查工作,并根据顾客的意见反复修改设计方案,从而使设计出的产品极其符合顾客的需求,因而有助于创出名牌。

一般来说,名牌产品的设计必须符合以下四个方面:

1. 轻、薄、短、小。《日本经济流通新闻》在列举20世纪80年代热门商品大观时发现,轻、薄、短、小的商品总是最流行的。如,个人计算机、轻型汽车、携带式电子键盘乐器、小型音响组合、小口红,等等。这些热门畅销商品的共同特征是,重量轻、厚度薄、长度短、体积小。

2. 舒适、方便、协调。舒适是指产品的结构要能够适应人体生理结构和使用的要求。例如,组合家具的高度,不仅要考虑居室空间的利用,而且要考虑使用者的身高和手臂长度等。洗衣机从手摇发展到电动、由半自动发展到全自动,方便省力程度不断提高,从而越来越受到了消费者的欢迎。协调是指产品与消费者的生活环境相适应、相配合。方便是指产品在使用中便利、简单。又如,家具、家电等产品要同消费者的居室环境相协调等。

3. 富有情感。随着人们生活节奏的加快,人们都希望在自己的生活中多一些带情感的东西,以松弛心理上的压力,从而对日常生活用品的需求也情感化了。这就要求厂家在进行产品设计时,不能仅仅局限于产品本身的功能,而且还必须注重产品的非功能性因素。

服装的设计就不能仅仅考虑御寒和遮羞,而且要具有美观和情趣,从而才能受到现代消费者的欢迎。

4. 风格独特。独特是指与众不同,标新立异。在现代社会,消费者的购买和消费越来越注重个性,要求产品能够表现自我。这就要求公司在进行产品设计时,必须注重创新,如果步人后尘,是很难创出名牌的。

二、严把原材料和零部件的入库关

产品是否耐用,是否安全、可靠,在很大程度上取决于生产产品所用的原材料和装配产品所用的零部件,特别是以农副产品为主要原料的轻纺工业和需要大量外购零部件、元配件的装配类行业。其产品质量特色在更大程度上取决于原材料、零部件和元配件供应的好坏。

三、严格按照标准和程序进行产品加工

要生产出高质量的产品,一是必须制定出科学、严格的标准,并且要求每个车间、每道工序都必须严格执行标准,不得随意改动标准,不得在标准上有半点违规;二是操作人员必须按照规范和程序进行操作,哪道工序在前哪道工序在后,都是有科学依据的,不得随意变动操作程序。

四、按照规定要求进行产品储存和运输

公司千辛万苦生产出了高质量的产品后,能否保证到了消费者手中也保持高质量,则取决于产品的储存和运输了。

一般来说,为了保证产品的使用价值不丧失、不减少,在产品的储存和运输过程中应坚持文明装卸,及时运输,保证仓库通风、通气、通阳光等。

商训深解

质量是品牌的生命,成功的商业品牌,都有坚不可摧的质量作后盾,质量的好坏决定着品牌的生存和发展。良好的质量和过硬的产品是品牌常胜不衰的原因。成功的公司在占有了一定的市场后,一定要提升质量意识,切不可图小利而丧失大成果。

建立品牌的六大重点

随便哪个傻瓜都能达成一笔交易,但创造一个品牌却需要天才、信仰和毅力。
——广告之父大卫·奥格威

品牌的要点是向购买者提供特定的特点、服务和利益,品牌对质量进行了保证。品牌具有六个重点:

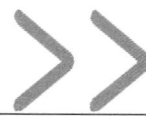

一、价值

品牌体现了制造商的价值感。如别克车体现了安全、高性能等。其营销要推测出这些价值的汽车购买群。

二、个性

品牌代表了个性。如果品牌是人或标志物,你的脑子里会出现什么？如别克就会让人想起一位总经理,一座宫殿或一只老虎。

三、属性

品牌给人带来特定的属性。如别克车表现昂贵、耐用、快捷等。公司可利用属性做广告。别克的宣传是：工程质量世界一流。这显示该汽车属性是精心设计的。

四、文化

品牌可能象征了某种文化。别克的文化意味着——汽车的高效率及身份。

五、利益

品牌并不局限于属性,顾客购买的是利益。属性转换成情感体现了制造商的价值感。如别克车的一句广告："这车充分体现了安全性,要是出现了意外,我也安全得很。"由此可见,属性可转化为情感利益和功能。

六、使用者

品牌的价值、个性和文化,都反映在使用者身上。品牌能被看出所有的含义,我们称为深意品牌。别克车是深意品牌,因为大家了解了它全部的含义。

商训深解

竞争并不在于公司生产什么,而在于为产品增加些什么——广告、送货、包装、客户咨询、融资及其他价值。

由于产品的同质性不断增强,品牌成为了人们挑选商品的因素。好的品牌是一流公司的象征。

品牌是公司的无形资产。品牌是术语、符号、名称、标记或设计,其目的是借以辨认销售者的产品或服务,并同竞争者的产品或服务区分开来,从品牌上可辨别出销售者和制造者。商标法规定,销售者对品牌获有专用权,这与专利权和著作权等不同,后者有一定的时间限制。

经营品牌的三大策略

真正的挑战不在于制作一则广告,而在于让媒体讨论你的品牌。

——经营大师菲利普·科特勒

一、视质量如生命

位于美国加州斯坦福大学附近的惠普公司,以其卓越的经营业绩跨入全球100家最大公司的行列。惠普公司成功的要诀就在于以质量为本,视质量如生命,围绕质量来进行品牌经营。

有位评论家这样说过:"在惠普,处处都以质量为中心,因为员工们看来是不可能把他们所干的任何工作与质量分得开的。要是你向他们问起人事工作,他们会讲到质量;问起现场销售,也会讲到质量;你要问起目标管理法,他们会跟你大谈目标质量控制法"。

这段评论是对惠普公司形象的准确描述。在惠普看来,追求数量、规模上的世界第一是次要的,最重要的是要在质量上保持世界第一。

惠普公司处处都有质量管理目标和考核指标,任何部门都不能置身于质量控制之外。为了搞好质量控制,公司各生产部门都成立质量控制小组或质量监查小组,全面加强质量管理,始终坚持惠普产品质量第一的宗旨,使品牌永远立于不败之地。

二、"不变"的魅力

德国的史斯登啤酒厂,至今仍遵守1516年巴伐利亚公爵威廉四世颁布的啤酒纯度命令,只用麦芽、酵酶、啤酒花和水四种原料制酒,不添加任何其他成分,连原料的运送也仍用马车。如此"不变",在多变的国际啤酒品牌中,反而独具魅力。

美国的可口可乐饮料公司,一直沿用 1886 年研制成的配方,产品风云 55 个国家和地区,年收入超过 80 亿美元。1985 年 5 月,该公司试图更换配方,竟遭消费者反对,不得不放弃。

三、有个性的商品

在商业战争中,富有个性的独特产品才能树立品牌,大范围占领市场。

我国的丝绸业、中草药业,在国际市场上很有个性。江苏工艺进出口公司开发的"扬州柳器",逐渐形成自己的个性,实用而典雅,产品远销欧、亚、美 40 多个国家和地区。

丹麦新兴的风车制造业,是古代文明与现代科技相结合的产物,并以节省能源、防止污染等优点,在国际动力市场上独树一帜。日本马自达公司研制的 MX – 40 型小轿车,变化出带篷、敞篷、无门以及全裸露的汽车外观和不同颜色搭配,在国际汽车品牌中别具一格。

产品个性化,是当今国际市场竞争中的新潮流,缺少个性的品牌是很难生存的。

商训深解

经营一个优秀的品牌,绝非一朝一夕即可完成。在建立品牌之初,需要准确的定位;而在发展过程中,则需要用心的呵护,不计人力、财力、精力;经营品牌还需要有极大的开创精神,不能抱残守缺。只有这样,才能得到消费者的认可,才能在激烈的竞争中保持不败。

明星代言品牌的九大注意事项

形象代言人只是品牌营销中的一个"战术",而不是品牌竞争最终能否取胜的唯一成功之道。

——品牌管理专家陈放

企业在选择明星做代言人时,有哪些要注意的呢?

(1)你的产品是否需要明星做代言?不是所有产品都要找代言人。

(2)你的广告预算是否容许你找明星代言?如果你每个月的广告预算只有几十万,为何要花一笔钱去找明星代言人呢?反正没有人会看到。

(3)你要找谁代言?不必轻信那些只想赚钱的广告公司的随便推荐,你要认真考虑和证实,否则,这个代言人一旦请得不好,就会糟蹋你的品牌。另外,有些厂商找了明星代言,但是该明星的形象实在跟厂商要卖的产品没有什么关联。

(4)代言人的光芒是否超越了产品本身?代言人太红,往往会造成消费者记得代言人,却不记得产品的本身。

(5)你的代言人要帮你做产品代言多久?这牵涉到你的产品生命周期以及代言人本身的宣传周期。

(6)你心目中的明星愿意帮你做代言吗?也许你的形象不够好,明星不愿意帮你做代言,也许你付的钱太少,人家不屑帮你做代言。

(7)你找的代言人是否也帮其他厂商代言?一位明星如果太红,找他代言的厂家就不可能只是一个,这样,消费者对这个明星所代言的产品就可能产生混淆,而你的产品形象就可能迷失在这种混淆中。

(8)你是否已为明星代言人出纰漏做好准备?《007》电影中Q先生有句名言,那就是"不要显露出你的弱点,并且永远要找到逃生的出路"。这句话很适合用在聘请代言人的行销企划上,因为备用方案的准备,可能是决战的关键。

(9)当心不要被明星代言人利用。明星做代言,对明星来说,除了可以好好地赚一笔钱外,好的产品其实是可以提升明星本身的形象的。因此,在合约签订之时，必须注意代言人是否会利用代言机会接触其他业务，把此次代言变成跳板。

商训深解

一般来说，利用明星代言品牌，主要有三个关键阶段：第一阶段是找出产品所需要的社会文化价值，可以反映在那些代言人身上；第二阶段是如何使这些明星代言人将其代表的意义加注在其所代言的产品上；第三阶段是产品如何被消费者所购买。企业必须围绕这三个阶段，让代言人为企业的品牌发挥作用，只有这样，你所聘请的代言人才会给你的品牌带来意义。

为公司取名的十项原则

名不正则言不顺，言不顺则实不行。公司之名称，确实重要非凡。

——策划大师王志纲

名字是很具有个体属性特点的东西，下面所列的只是对公司命名的一些普通的建议：

（1）你必须喜欢这个名字。你可以完全相信可口可乐公司的创始人对可口可乐的名字是非常珍爱的。记住，你公司的名字以后要经常和你个人紧密联系在一起，喜欢它对你很重要。

（2）公司的名字要给人以正确的印象。注意你的公司的名字即便并不明确表达公司的业务范围，但至少不应对外界产生误导作用。

（3）公司的名字不应有消极的影响。公司的命名应本着乐观向上、积极进取的原则。名称的立意和所借喻的事物更应如此，如"阿里巴巴""巨人"等等；还必须避免使用一些消极阴暗的字词和表征。尤其不要为了哗众取宠而把公司的名字与恐怖、绝望、悔恨、痛苦等情绪联系在一起。一个故作深沉的人在现实生活中是不会为众人所欢迎的。从现代心理学的角度讲，情绪个体化的人必然是更注重个人利益的人。因此，公司的名字千万不要陷入"玩深沉"的误区。

（4）公司的名字应为员工所喜欢和接受。确保你的员工会很骄傲地向他们的家人和朋友提到公司的名字。对于外界来说，每个员工都会是企业的代表。一个不喜欢自己的人根本不可能被别人喜欢，一个不尊重自己的人不可能被别人尊重。

（5）公司的名字中尽量避免使用字母和数字。记住，你的公司初创，要想尽一切办法加深别人的印象和联想。公众对数字或字母是不敏感的。像"CNN""301"之类的名字只会在公司已经成名的情况下给人深刻的印象。

（6）公司名字的字数不应太多。这里主要是指公司名称中的表征部分。如"飞熊药业股份有限公司"，我们主要指的是"飞熊"二字为表征部分，即该公司可被别人传称为"飞熊公司"。表征部分应控制在二到三字，不可过长，因为公司的名字要被经常应用，过长就易产生不便，更主要的是要方便公众的记忆。

（7）公司名字应易读易写。注意你的公司名字的用词不可晦涩、生僻、令人费解，必须是易识易写。公司的名字应鲜明上口，喜闻乐见，这有助于提高公司的知名度。比如同样的条件下，"骖虬"公司和"乘龙"公司，这两个名称的流传度后者会远远大于前者。美国的工商管理教材上举了一个这样不成功的公司名：维斯科兹斯，该公司的名字读起来相当拗口，以至雇员和客户都感到相当别扭，最终不得不更换。

（8）公司的名字莫要"鹦鹉学舌"。这反映了本书中"兴办独一无二的事业"的观点。公司的命名要独树一帜，而非人云亦云。"八喜"和"七喜"同时存在还是可以理解的，如果再有一些"六喜""五喜"之类的出现，则未免无趣得很了。这容易为外界所混淆，并且，如果给公众留下拾人牙慧的印象，将极大损害公司的独立形象，不利于公司的日后发展。

（9）公司的名字不要过于专业化。公司一般在成立几年后都要对最初的计划有所修正或改动，所以千万不要在命名时把公司的名字过于专业细分，应保持合理的弹性和余地。"××无线电元件公司"和"××极管公司"绝不是等同的概念。

（10）公司的名字要适合目标公众的口味。饭菜的好坏，关键在于是否适合食者的口味。

商训深解

在街头巷尾，常常可见闻一些父母为孩子取名的趣事。为什么取名字会那么煞费天下父母心呢？原因就在于其中没有一定之规。你的公司的名字也是很值得推敲一番的，因为公司日后如若改换名称，将会付出很大的代价。

第三章

营销法则:一切围着市场转

"故弄玄虚",尽量调动顾客的好奇心

营销就是营心。

——蒙牛乳业有限公司董事长牛根生

日本一家手表厂新生产一种手表,上市以后,一直无人问津,厂家作了许多正面宣传,但效果不佳。后来,该厂打出一则"贬低"新表的广告:"此种手表走得不太准确,24小时会慢两秒,请购买时三思!"该广告实际上是通过"明贬实褒"的方式来反衬新表的优点,果然达到了预期效果,引起了顾客的注意,随即销路大开。

1988年4月27日,美国阿哈罗航空公司的一架波音737客机自檀香山机场起飞后不久,突然,"轰隆"一声巨响,飞机前舱顶盖被掀开一个直径达6米的大洞,一名空姐当即被掀出机外。驾驶员采取紧急措施,把飞机降落在邻近的机场上;令人惊异的是,除了那名不幸的空中小姐外,全机89名乘客和其他机组人员无一伤亡。有关人员立即赶赴现场,对飞机发生事故的原因进行调查。

波音公司面对严峻的考验毫不惊慌,他们派出高级技术人员参与调查。随着调查的深入,波音公司还借助电台、电视台、报纸、杂志等新闻媒体大造舆论,对空难事件大加宣扬。波音公司的解释是:这是一架已飞行了20年、起落9万多次的客机,按照技术规定,它早该退休了。飞机过于陈旧、金属疲劳是造成事故的最主要原因,但即使是一架如此陈旧的波音737,它还能保证乘客无一伤亡,这证明了什么呢?只能证明波音公司的飞机质量的的确确是上乘可靠的。波音公司处变不惊,从容查清了造成空难的原因,并大加宣传,不但没有损伤波音公司的形象,反而使公司"因险得福"。事故之后,波音公司的订货成倍增加,仅国际金融集团和美国航空公司两家就订购了130架波音737,公司在当年5月份的订货额高达70亿美元。

▌商训深解▌

一般商家都会说自己的产品质量如何如何,唯恐有人说自己产品不行。这样,

顾客在心理上常常不会相信,反而没有宣传效果。其实只要变化一下,实事求是,说说自己产品的不足,也同样会赢得顾客的信任。

利用广告的魔力

好广告不只在传达讯息,它能以信心和希望,穿透大众心灵。

——广告大师李奥贝纳

作为一家私营公司的总经理,你对自己的产品质量绝对有信心,你对"货好不怕巷子深"这句从老祖宗那里传下来的俗语深信弥笃,你瞧不起那些产品质量不如你却要大肆到处喧嚷的公司,但是你的产品却一再地积压,被你看不起的公司却红红火火。你感叹:这世界不同了,人都傻了,都只徒虚名了。

其实,你错了,现在的人并没有变傻。不过你也没有全错,因为这个世界真的"不同了",它不再是那个每种行业只有几家作坊的社会,不再是那个交通运输极不便利、产品只能在当地销售的社会。现在的社会是一个产品竞争异常激烈的商品社会,是个交通发达,今日北京明日巴黎的现代社会。在这个社会里,老祖宗的那句至理名言已不再适用;在这个社会里,你不懂得宣传和推销自己,你就只能失败。

广告在现代社会的威力到底有多大,一位资深的美国记者曾这样说:"只要有足够的经费,我能使一块砖头被选为州长。"虽然这句话中很明显地有夸张成分,但我们还是可以从中对广告在现代社会中的力量窥见一斑。

假如你自信自己的产品质量绝对过硬,但是由于不屑进行广告宣传而生意不佳的话,那么,请你去找一家名誉好的广告公司,你会发现,广告真能帮助你创造奇迹。

制造商的使命,就是制造出对人类有用的产品,否则,就失去生产者存在的价值。但并不是把好的产品做出来就可以了,还要想办法让每个人都认识。

在广告宣传上,制造商对于经销商信心的树立,是有帮助的。经销商的使命,是从制造商处购得商品后,直接或间接地将商品售给顾客。但如果制造商认为贩卖是经销商的事，不必做广告宣传，那就会使经销商感到没有依赖，而失去信心。结果就会使销售的业绩一落千丈。相反的，努力为商品做广告，就可完成企业的使命。

今天，广告宣传已是非常盛行。因此，它发展的范围十分广大。我们常可看到为促销商品而做的宣传，或为商品而做的广告。这种广告宣传的意义，是非常之积极的。

商训深解

经商要成功就是要赢利，就是要把自己的产品卖出去，越多越好，而顾客要买你的产品，就必须先要知道你的产品，显然，坐在店铺里"守株待兔"不是最好的经商方法，只有广告才能更直接有效地达到这个目的。

广告制作的根本在于市场信息

企划广告时，就该想到如何销售。

——广告大师李奥贝纳

产品的宣传策略离不开市场信息，拥有详尽正确的市场资料以资印证，既可了解竞争对手的情况，更可协助你下判断。有些私营总经理自以为对自己的产品熟悉，往往凭直觉或经验判断，却忽略了市场的变化，以致拟定的广告方案，可能不切实际。所以，市场信息的搜集对于产品营销是至关重要的。

信息可分为静态信息与动态信息两大类。静态信息，一般是指官方发表的一些公报、统计资料、财经指标，通常可由政府机构、单位所出的专刊或报刊上的报道取得。公司内部的存档资料也属静态信息，可以分类筛选而获得。

动态信息，泛指市场上的行销现状、消费形态、市场特征。市场因为产品区别而各有不同的信息网，且常随时间、地点或流行趋势的变化而不断变化。因此，不论广告主或广告代理商，均应着力于此方面信息的搜集和研究，以确实掌握市场动态，跟上时代节奏，以利产品的推广。

搜集到信息后,下面就要进行广告制作了。

广告制作通常要遵守五个原则,即注意、兴趣、欲望、记忆、行动。

(1)注意。广告首先要唤起人们注意,这是广告表现的基本作用。至于如何唤起人们注意,可采取各种办法,如用特大标题,动听的音乐,惊人的报道,等等。

(2)兴趣。就是说广告表现必须使人发生兴趣。这需要了解消费者的心理。只有感兴趣,人们才会想购买。

(3)欲望。这是指通过广告宣传,要使购买者产生购买的欲望。

(4)记忆。这是指广告表现能给人们留下深刻的印象和记忆。印象很浅,看(听)完就完了,达不到宣传的目的。

(5)行动。这是指通过宣传,使消费者产生购买行动,这是广告宣传的最终目的。

商训深解

广告制作不是天马行空,凭空想象,虽然想象、创意、思维在广告中占了很重要的一部分,但广告的根本在于对市场信息的搜集,脱离市场的广告即使制作得再巧妙,也难打动消费者的心。

广告是为了销售,不是让你去"烧钱"

我们的目的是销售,否则便不是做广告。

——宝洁公司广告部副总裁罗斯·乐夫

在还没有明确地肯定自己究竟需要什么之前,千万不要冲动地花大把钞票做广告,以免得不偿失。

事实上,很多总经理在做广告时,常犯这种无的放矢的错误。看到别人做广告后,销售额直线上升,便不假思索,也仓促上阵厮杀。或是只一心想做广告,却无法确定自己是想卖产品,还是想卖品牌。广告代理商一提再提,稿子一修再修,片子东加西删,好不容易做成了,效果却没有想象中的好,又草草了事。这些现象司空见惯,其原因主要在广告主和广告从业人员缺乏共识,广告和需要未能契合。

所以,详尽搜集市场信息后,应从市场态势、竞争者状况、消费者需求和喜好等方面加以分析整理,进一步认清自己的需要。

需要明确,目标一致,广告自然言之有物。下面告诉你确认需要的三步骤:

一、找出自己的优劣点

不论你想做广告的是商品、商店、个人或是一个活动、一家公司,只有客观地逐条列出,并评定优劣后,自己的强处弱处才可以分辨出来。在明白自己的处境后,对于需要什么,广告什么,当然一清二楚,胸有成竹了。

二、寻求适当的定位

必须借着广告活动,将市场上所占有的位置,搬进消费者脑海。唯有消费者认同,才是一个成功的定位。否则,只是在自吹自擂,很快便会尝到失败的苦果。

三、把需要目标化

由于优劣点的分析,加上定位的概念,发掘出太多有待解决的问题,更发现有太多的优势可以用来定位,并告知消费者。所以,你有十足的理由和非常强烈的愿望做广告。当然,如今你已相当清楚自己究竟需要什么。第三个步骤正是要告诉你如何把需要确定且目标化、单纯化。否则,需要太多,不知取舍,等于没有需要。

商训深解

现今,每个人都在谈论着创意,但坦白讲,这种现状却让人感到忧心忡忡。因为我们很可能会假创意之名犯下一切过失,甚至可能因此而步入一个虚伪的年代。总经理一定要记住,你做广告是为了宣传你的产品和你的公司,这其中,创意是很重要,但不是最重要的。

"攀龙附凤",做广告要能巧打明星牌

明星效应是营销的好方法,使用明星代言的最大好处就是能让该代言人的个人特性投射到产品中来,形成差异化,利用该代言人对目标消费者的影响力来提升品牌的形象和影响力。

——著名营销实战专家张冰

在NBA篮球史上,再没有比乔丹更辉煌的人了。如果没有他,世界上的篮球迷至少会少一半,要知道有多少人是冲着他而奔向球场和坐在电视机前观看篮球赛的。而这位伟大的巨人,却是耐克公司一手"制造"的,而与此同时,这位巨人也为耐克创造了无限的商机,成就了耐克的辉煌。

十多年前每当NBA芝加哥公牛队出场参加比赛时,人们都会发现,这些运动超人头戴耐克帽身穿耐克服,仿佛不经意间,换上了一双印有红白相间醒目商标的耐克运动鞋。这些人有:"飞人乔丹""恶汉巴克利""板寸头皮蓬"……结果,自然是公牛队大获全胜,这早就在人们的意料之中。

公牛队队员从头到脚都穿戴耐克标志,当然不是怕感冒,也不是无意识,因为他们每人都得到了100万美元的包装费,乔丹还不止这个数。他每到一地,都还有一套"乔丹小屋""乔丹之航""乔丹大哥大"的包装。那是他休息、包装和与崇拜者见面的场所。他所需要的一切,都可以从耐克那儿得到满足。

有人说:没有耐克就没有乔丹,没有乔丹也没有耐克。这句话一点儿不假,耐克公司是一个运动员公司,是靠运动员发财的公司,也是一个制造运动英雄的机器。

作为一个北卡罗莱纳州长大的瘦削男孩,乔丹在高中时代曾经在校队选拔赛中惨遭淘汰。只有耐克慧眼识珠,看中了这位黑人小伙子出色的弹跳力和身高臂长的潜质,商学院毕业的菲尔·耐克与乔丹结合,炮制了一个商业帝国,也造就了一段英雄史诗的传奇。菲尔·耐克有过中距离田径选手的经历,但却对美国人普遍热爱的篮球情有独钟。他决心包装迈克尔·乔丹,实现自己的商业加运动员的

理念。

1985年春季,数以百万计的电视观众在黄金时段看到了如下一组镜头:一个篮球飞快地划向露天球场的一端,朝着一位穿着宽松短裤的英俊黑人小伙子飞去。只见这个小伙子轻易地用他那双穿着彩色运动鞋的脚将球勾入掌中;然后,这小伙子开始移动。在球场柏油地面的另一端,喷射机引擎发出刺耳的啸叫声,正加速运转准备起飞,当引擎咆哮声达到顶点时,只见小伙子一飞冲天,直上云霄。慢动作生动地描绘了他在空中向外伸展的四肢,创造出神奇的延伸效果,最后将篮球准确地扣入篮筐里。

这段广告虽然仅有十秒钟,但即使是从未看过任何篮球比赛的观众也会对乔丹的空中漫步印象深刻,为其神奇舒展的力量所倾倒和叹为观止。他的飞鸟般的神奇力量与那双彩色的运动鞋之间的联系被不可磨灭地印在了大人小孩的脑海里。紧接着,人们必然会问这个人是谁,这双鞋是什么牌子了。

在这段著名的"乔丹之航"广告片播放之前,大部分美国人从未听到过乔丹其人,更不会想到他会成为身价千万的世界篮球明星。而自从这段广告片播出之后,乔丹和耐克鞋一举成名了。

耐克的广告随着公牛队的获胜和乔丹的成名,势不可挡风行全球,而且像流行歌曲一样,令人上瘾,人们一再期待他的出现,一段时间内见不到还引来了抗议。可见,耐克公司"借鸡生蛋",以运动员来做产品广告宣传的战略确实取得了极大的成功。耐克总经理菲尔·耐克也因此被称为"体坛最具有权势的人"。

菲尔·耐克认为,耐克作为一个运动公司,与运动员是分不开的,与跑步讲习班等也是有不解之缘。所以耐克公司一定要与运动员交朋友,而这个朋友是不能白交的,一定要交得投入,不怕花大钱,每个运动员都是一只会生金蛋的鸡。为此,必须做到两条:

第一,产品设计要征求运动员和运动族的意见,使之更受消费者的欢迎,这种征求意见是有代价的。

第二,新产品出来请运动员试穿,使他们成为耐克产品的"检验员",正式请运动员为产品作广告宣传。

为此,必须不惜重金,免费赠运动鞋给运动员,送鞋给各名牌大学的球队,捐款给跑步讲习班和职业球赛的团体,等等。每个签约运动员都有数万到数百万美元的保证金不等。

在奥运盛会上,耐克不仅大打广告战,而且制订奖励措施:凡运动员穿耐克运动系列夺得金牌后,公司奖给不等数量的重金。大牌运动员的名字还形成了新产品系列,如以著名的乔丹名字命名的"迈克尔·乔丹气垫鞋"的广告,乔丹一人得了数百万美元。著名球星巴克利也报酬丰厚。因此,巴克利曾带头反对美国奥委会领奖必须穿锐跑公司系列产品的规定,他直言不讳地说:

"我有200万个理由不穿锐步。"

"在这个年代,只要你会打球,就会有不错的前途;有了耐克,前途则更加光明。耐克帮我赚了一大笔钱,我绝不会忘恩负义的。"

这就告诉我们一个极为准确的经商道理,企业可以制造明星,明星也可以带动企业。

商训深解

"攀龙附凤",借明星效应为自己的产品造势,往往能让你的企业更快地成长,也能让你在经商上更快地获得成功。

借树开花,造势宣传扬美名

要单纯,要使人记忆深刻,要让人乐于注意、看得有趣。

——广告大师李奥贝纳

"借树开花"之计,军事上是指借别人的局面布成有利的阵势,即使原来的兵力弱小,也会显示出强大的阵容。事实上,此计同样适用于经商时的广告宣传。

现代人经商,竞争日趋激烈。"酒香不怕巷子深"的时代已一去不返,反倒成了皇帝的女儿也愁嫁。所以,有见识的总经理都善于借着媒体大造声势,以适时、准确、广泛、生动的宣传,提高本企业的知名度,增强企业产品对消费者的吸引力,达到抢占市场、扩大销售的目的。

此外,借助产品规格、型号、式样、包装等,或借装潢商店、修饰门面,形成庞大、丰富的阵容,也可以吸引消费者,提高竞争能力。这些都是"借树开花"在广告宣传中的妙用。吉林丝绸厂的成功就是其中典型的一例。

2005年,吉林丝绸厂由于决策失误,一度积压了大量的迎宾缎、锦花缎及其他面料,资金大量被占用,原料进不来,新项目又无法上马,工厂处于半瘫痪状态。厂长多次派推销员上下打通,八方叫卖,又不惜花重金,连篇累牍地在电视、广播、报刊上做广告,可是收效甚微。

后来,厂领导专门请来了一位舞蹈专家,要对挑选出来的厂里30名男女青年工人进行为期一周的舞蹈培训。厂里的人对此迷惑不解,猜测纷纷,怨声四起。

舞蹈班终于亮相了。男着笔挺的西装,女着优美的旗袍,男女服装色调相配适宜。尤其15位女士的旗袍,是厂里请了服装设计师精心设计制作的,花色款式各不相同,个个楚楚动人。

舞蹈队随着舞曲跳了起来,美妙的舞姿,使在场的人都看呆了。原来他们是带着特殊使命的舞蹈队,即将带着全厂的厚望,为提高丝绸厂的知名度和美誉度,奔赴该市各大著名宾馆开拓丝绸厂的事业。

两天后,在几家宾馆的舞厅门前,车水马龙,人们摩肩接踵,排着长队买舞票。看来,丝绸厂的舞蹈队着实吸引了一大批人。

丝绸厂的客车,一边广播,一边免费赠送《新款式旗袍、西装裁剪法》和《不同肤色、不同体形选用面料的艺术》小册子。这更增添了舞厅前的热闹气氛。

后来有些舞厅经理为了吸引消费者甚至主动上门来邀请丝绸厂舞蹈队光临。

消息在街头巷尾传递,新闻记者也来采访。一时间,报刊、广播、电视屏幕上频频出现《丝绸厂的旗袍、西装,征服了俊俏女郎,风流小伙》《你想楚楚动人吗,请到丝绸厂》等新闻报道,刮起了一股丝绸风。

丝绸厂销售科、销售门市都忙起来了,市内各服装厂、百货商店、个体商户蜂拥而至,甚至外地商场、服装厂也纷纷来函、来电、来人洽谈订货。大宗客户,厂长亲自接待,签订了许多长期的合同。厂里还负责送货上门,丝绸厂的产品一下子成了紧俏货。

从此,该市丝绸厂摆脱了沉重的包袱,插上了腾飞的翅膀,冲出东北,飞向广阔的国内和国际市场。

在经商的广告宣传中,像这位丝绸厂领导那样高明的总经理往往善于运用"借树开花"之计来宣传自己的产品,建立良好的企业形象和名牌产品的畅销气势。

商训深解

资助吸引观众的舞蹈队和时装表演,是以"借树开花"之计搞好宣传的一种手法。尽管观众实际感兴趣的只是舞蹈和时装,但是形形色色的广告不时映入观众的眼帘或传入观众的耳鼓,让观众不知不觉留下潜印象。待到观众需要购买选择时，这些潜在印象无疑就会提醒他们购买广告商品。

以利为"饵"，让利顾客

让名者名归之，让利者利归之。

——商业格言

《孙子兵法》中说："故兵以诈立，以利动，以分合为变者也。"这段话说的虽然是兵法，但也道出了经商做生意的真谛：以灵活的手法经营企业，以利益为"饵"吸引顾客。

怎样才能做到以利为"饵"吸引顾客呢？方法很多，比如有意识地压低单位利润水平，让利于民，以相对低廉的价格刺激需求，可以增大和提高市场占有率，实现公司长期的发展和获利。德国著名的"阿尔迪"商店就是这样做使自己变大变强的。

1948年，特奥·阿尔布雷希特的母亲不幸去世，留给他和哥哥卡尔的只有一个小得可怜的零售店。这一年，卡尔27岁，特奥25岁，兄弟二人努力奋斗，将小铺加以扩大，并增设了几家小分店，都叫"阿尔迪"。

由于资金有限，他们的小店显得既简陋又陈旧，只能出售一些罐头、汽水、点心之类的食品。一年结算下来，所赚的钱微不足道。怎样才能找到经商的窍门呢？兄弟二人商议了半天，仍然找不到答案。

一天下午，卡尔与特奥来到一家"消费商店"。这里顾客云集，热闹非凡。这种情形引起了兄弟二人的注意，到店门看，只见门外一张红色告示上这样写道：

凡到本店购物的顾客，请您把发货票保存下来，到年终可凭票免费购买发货票额3%的商品。

兄弟俩将"告示"看了又看，终于明白了。"窍门找到了！"兄弟二人兴奋地拥抱起来。第二天，全市所有的阿尔迪商店的门前，都贴上了一张引人注目的大红告示：

本店从今天起，开始实行让利3%，如果哪位顾客发现本店出售的商品并非全市最低价，且所降价格不到全市最低价格的3%，可到本店找回差价，并有奖励。

这张告示，仿佛扔下一颗定时炸弹。这一天，全市所有的阿尔迪商店都门庭若市，生意兴隆。营业额一下子剧增好几倍。然而，兄弟俩发现，来阿尔迪商店购货的，大都是附近的居民，这说明生意的局限性。于是，他们在各大报纸、电台等媒体刊登和广播广告。

不久，"阿尔迪"就出现了新的购物热潮，仓库存货一抢而光。兄弟俩更是忙得不可开交，到处组织货源，以保证及时供应。接着，这座城市又出现了10多家新的阿尔迪商店。

自此，"阿尔迪"名声大振，家喻户晓。兄弟俩借机迅速扩大经营，把眼光投向四面八方。汉堡、科隆、波恩、多特蒙德等地，相继出现了"阿尔迪"，生意越来越红火。因为谁都知道，"阿尔迪"的商品最便宜，一般中产阶级、失业工人等，都成了"阿尔迪"的常客。

为了增加销售，阿尔迪商店实施"怪招"。有一段时期，阿尔迪商店发生了一连串的怪事。不少顾客发现商店少收了顾客的钱款，当他们想把钱还回去时，商店的员工谢绝了，这是怎么回事呢？

原来，特奥曾作过多次测试，发现营业员每次找零钱所花的时间太多，大大影响了销售。如果将找零钱的时间省掉，可以多出不少营业额，同时还可以卖出不少商品。于是，特奥决定，阿尔迪商店将所有商品价格的尾数改为0或5。

如此一来，"阿尔迪"所卖出的商品比其他商店便宜了将近一半。所以，无论富豪还是贫民，都乐意光顾"阿尔迪"。

"阿尔迪"因此而美名远扬。据统计，1990年，在整个德国有2000多家阿尔迪商店，而在美国、丹麦、比利时、奥地利等国也有数百家阿尔迪商店。

在德国，38%的罐头、蔬菜盒，32%的啤酒、果汁、汽水、牛奶，27%的黄瓜罐、瓶醋、色拉油、糕点、果酱、香肠、火腿、布丁产品，全都是由阿尔迪商店来出售的。

德国人在食品、饮料、香烟、化妆品、清洁剂、洗衣粉等日用消费品的消费总额为1980亿欧元，而其中的23%，即455亿欧元全落入阿尔布雷希特兄弟的口袋里，真可谓让利3%，赚遍天下。

由此可见，给顾客便宜就是要给企业最大的利润。

商训深解

私营公司的生存依靠市场，利润来源于消费者的回报，所以我们对客户和消费者应心存感激，失去了消费者，也就失去了公司生存和发展的源泉。

私营公司应站在客户的角度考虑问题，以优质的产品和服务回报消费者，满足其需求，为其创造价值，并最大可能地回报社会。

思维要活跃，多找销售出路

成功的营销模式，在于找客户的需求、人的需求，研究不同消费群体的不同需求特点。

——分众传媒总裁江南春

公司生产出了产品，能不能销售出去，直接关系到公司的回报。显然，销路不顺畅，是初创公司时的普遍问题。这就需要苦练推销的内功，获取最大利润。一次成功的推销，是个人智力的灵活闪现。

市场营销作为公司的一个重要决策和经营活动，总是不断地变化，可以说，新的营销方式跟不上，就会让公司见不到利润。因此，对私营公司尤其是初创期的私营公司而言，总经理一定要换脑筋，找出路，不能做落伍者和守旧者。

(1)技术变革的步调加速。现代社会科学技术日新月异，不断出现新的突破。创新的时滞（从技术的发明到商业化之间的间隔）不断缩短，新技术的运用和扩散程度不断提高，促进了一大批新兴产业的应运而生和飞速成长，从根本上改变了传统的产业结构，从而使产品的能耗更低、物耗更小、效率更高、用途更广、种类更多、档次更精、运转更灵活。人们把这种状况称为主技术对产业结构的"软化"。这种软化增加了知识在成本中的比重，未来世界的产品，知识的含量成为其价值高低的重要尺度。

(2)即使在一个很窄的市场分割区，产品和服务的多样化也在激增；而多样化的趋势又促使市场细分化不断加剧，随着消费者收入逐步提高和生活品质的改善，人们的消费欲望也随之发生了改变，追求特殊需求的欲望越来越明显，越来越强烈，不愿意购买与别人相同的东西，希望"突出""与众不同"，甚至"标新立异"。感性消费成为现代社会的消费主流。

(3)分销渠道处于不断地变化之中，传统的销售模式正受到挑战。传销、直销、上门推销等正逐步改变人们的生活。当人们预期的电子售货、计算机和电视导购、自动化商店、家庭维修服务中心和邮购零售成为现代社会的普遍营销方式的时候,公司传统的经营方式、管理制度、发展战略、销售习惯、贸易手段、金融业务、人事制度等都必然会经历一次脱胎换骨的变化。

(4)传统的促销方法正在逐渐失效,信息高速公路、国际互联网络迅猛发展,并带来巨大效益。互联网络的开通与不断完善,为公司营销带来了新的契机,也向传统营销模式提出了新的挑战,预示着一场营销革命即将发生,网络营销时代的来临。上网公司可以利用互联网,以很低的成本进行国内商品信息的查询;对网上目标顾客进行产品测试与满意调查,让顾客自行设计产品,满足个性化需求;可以网上发布有关信息,进行广告、促销活动;可利用网络渠道进行直接的网上交易,或配合传统的送货上门、结算完成交易过程;也可通过网络提供各种售后服务,建立顾客档案,与顾客进行一对一的双向互动沟通。

商训深解

市场的不断变化使得商业环境和竞争结果越来越难以预测,越来越难以为公司的行动提供正确的指导。对资源的拥有不再是决定国际竞争力的关键因素,公司竞争正在从资源竞争转向资源利用能力竞争,而这种竞争,还在于整个营销活动的综合能力以及公司对市场需求的快速反应和公司声誉等非物质因素。

此外,由于产品的技术含量不断提高,"产品的可承受度"这一新的经济术语应运而生,并引起世界各国市场营销者的高度关注。根据国内一著名经济研究所的调查,不少公司在市场推出高新技术产品和服务项目时,遇到消费者不予接受的难题。为了使技术含量越来越高的产品顺利地得到消费者认可,实现最大限度地提高产品市场承受度的目标,以跟上新技术革命发展的步伐,就必须对传统的营销观念和营销技能推陈出新,让需求者更加紧密地参与产品的开发和研制。

建立一个稳健的销售网络

21世纪谁拥有行销网谁就拥有全世界。

——营销大师杰·亚伯拉罕

我国私营公司在销售网络的建立上,大体力度都比较薄弱,其弊端也是非常地明显。我们发现,一些公司还不会建立销售网络,总经理对于建设销售网络存有恐惧心理。现如今的商业社会,一个人单枪匹马就可以创立一番天地的时代早就已经过去了,随着市场的日益成熟,要求公司必须依靠稳健的销售网络参与市场竞争,所以,总经理必须掌握建立销售网的学问。

在建立公司的销售网络时,总经理要考虑的问题有很多,国际市场营销协会所提倡的原则性作法一般包括以下六点:

一、产品类型

销售渠道的选择因日用消费品、耐用消费品、食品、非食品等的不同而不同,不同的商品对销售有着固有的要求。如高价值的贵重品或大型商品要选择最稳妥的渠道,有时甚至"一对一"地面对用户,小型的大规模工业品则要经过批发途径,保鲜食品要尽可能减少流通环节。

二、顾客情况

购买你产品的顾客是大批普通消费者还是少数有特定需要的群体;是遍布于各个收入阶层还是主要针对少数高收入阶层;顾客的分布区域性是否明显,是主要分布在某一地区,还是遍布各地;他们在年龄、性别、行业等方面有无明显的特征。

三、经销商的习惯作法

不同的经销商具有自己的一套惯例,他们对不同商品采取的办法也不同,在价格、回扣、利润率、支付期限和结算办法上会有不同的比较。

四、公司自身的实力

公司是否有能力专营自己的产品,也就是说,公司能否直接向零售商推销产品,而不经过批发商,这种份额可达到多大。要达到这一目的,你必须对自己的基本设施进行投资(仓库、存贮、运输)。这笔费用相当巨大,创业之初的公司是很难有这些资金的。但这些设施功能如得到正确运用,所产生的长远利益是不可低估的,这是你需要考虑逐步予以配套的。

五、经销商的实力

这是一个两难的选择,经销商实力过弱,必然会影响产品的销售和利润的实现,但有些经销商的实力过于强劲,他们的条件十分苛刻,经常迫使公司让步。这种大经销商反过来控制小公司的例子数不胜数。

六、法律制度的限制

有些产品有专门规定的经销路径,有些经销商也只能经销某类商品。

商训深解

对于刚创办的公司而言,常苦于没有一张销售网,而打不开市场局面。

了解了市场的情况之后,紧接着就应选择自己产品的销售体系。由于掌握各部分顾客的情况、市场的竞争、各流通渠道的特点,你要选择最适宜的销售体系来销售自己的产品或劳务。虽然"条条大路通罗马",但究竟哪条路或哪些路的组合可以获得最大限度的短期、中期和长期的利润呢?在进行各种行销和促销活动之前,你必须先做好自己的工作人员和推销人员的准备工作。

总经理必须掌握的6大营销武器

营销是门智力游戏,它是一种占领人心的表演。

——美国著名营销专家罗杰克

怎样掌握成功的推销手段呢?根据成功的经验,可概括为以下几种方法:

一、资料检阅法

这是通过情报收集、资料查阅找到顾客的方法。首先,推销人员可以从本公司内部获得有关推销对象的信息资料。一般公司在派员工推销之前,手里已经掌握了一些基本的顾客与用户,这样的客户花名册就可供推销员使用。另外,财务部门和服务部门也是推销人员寻找和开拓客户的信息来源,从这些部门的资料查阅中,便可以发现许多虽已很少往来却极富潜能的顾客。

其次,销售人员应把目光从公司内部转到公司外部,从企业外部的资料中(如工商名录、统计资料、商标公告、信息书报杂志)寻找顾客。这不失为一种好方法,可减少推销工作盲目性,节省寻找顾客的时间和费用。

二、宣传广告法

这是利用广告媒介来寻找顾客的一种方法。许多公司为促销产品,普遍采取广告与推销并举的销售策略。一方面公司利用电视、电台、报刊、商品介绍书、商品包装、招牌等广为宣传。另一方面,推销员可以利用本公司开展的广告宣传活动来促进自己的推销工作,比如及时解答顾客的函询、邮荐产品的有关资料、利用电话去探询潜在的顾客需求等。这种追踪推销可保持与顾客的联系并能引起顾客的购买欲望。

三、市场咨询法

这是通过市场来了解信息、寻找顾客的一种方法。推销员可以通过信息类服务公司及咨询公司,得到所需的宝贵资料。另外,有很多全国性的经济会议,推销员千万不可错过,例如每年都要召开的名目繁多的展销会、供销会、订货会、工商洽谈会、新产品技术鉴定会、预测讨论会、咨询会,以及各种新闻发布会等等。推销员应利用一切可以利用的机会,与各阶层人士周旋,一旦发现理想的潜在顾客,应立即联系推销。

四、名流关系法

推销人员在寻找潜在顾客时,可充分利用人们对各行各业权威的崇拜心理,有针对性地邀请名流人物向相应的人员领域介绍商品、产品,以吸引顾客。当然,在说服名流人物时,推销人员需要花费较长的时间和精力,但一旦说服成功,就会带来大量的客户。

五、客户利用法

在日常推销工作中,推销人员要与已有的顾客、用户建立起定期或不定期的联系,协助厂方做好售后服务工作,对来自市场和客户的信息及时反馈。一旦推销人员与客户建立了互相信任、真诚合作的关系后,这些顾客与客户就会主动地为厂方推荐新顾客,向顾客介绍新产品。有时客户的一句美言,胜过推销员的千言万语。这样,便可层层扩展,使顾客队伍如滚雪球一样不断生长扩大。

六、区域突击法

对从情报中获悉的顾客源,推销人员有重点地选择某些区域,直接上门拜访或约谈,开展推销"攻势"。采取这种区域突击法,一定要慎重选择访问区域,挑选具有典型意义的区域择优进行;同时对区域内的个人、公司、机构等情况也要事先摸底,通过推销人员展示商品、树立形象、宣传信誉,促进推销对象购买。

寻找顾客后,应最大限度地引发顾客对产品的兴趣。一位推销家曾说过这样的话:"若要顾客对您销售的商品发生兴趣,就必须使他们清楚地意识到,在获得您的商品之后将能得到的好处。"激发顾客兴趣的关键,在于善于利用商品的特点、长处和效益,设身处地、投其所好地为其出谋献策。

▎商训深解▎

销量上不去,一切就都是空谈!

灵活操纵 12 种推销秘笈

为了赚钱而鼓励顾客多买商品,那你只是一个沿街叫卖的小贩,为顾客的利益而宣传商品,那你已是一个推销的行家。

——推销大师齐格勒

在经商方面,运用非常规性思维,抛弃定势思维,亦即出奇制胜,往往能取得异乎寻常的良好效果。

下面介绍的都是出奇制胜的推销方法:

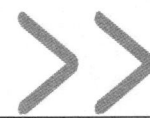

一、重奖造势法

公司在生产和产品营销过程中,对某些在一般情况下难以引起消费者注意的产品信息,公司可以重金(物)悬赏的形式,通过产品广告,把公司的气魄跃然纸上。这样,消费者会表现出异乎寻常的关注和抱着极大的兴趣,而且能通过街谈巷议广为流传,从而产生购买效益。

二、低价让利法

公司开发新产品投放市场,价格高昂,一时不易被消费者接受。因此,公司应首先生产一部分优质产品投放市场,低价销售,以打开市场销路,赢得信誉,扩大影响,吸引消费者。继而推出大批产品投放市场,占领市场,巩固市场。

低价让利尤其适用于新产品占有市场的阶段,在实施低价让利法时要准确做好市场分析和公司内部分析,一旦确定就要坚持下去,哪怕出现一时的亏损也要顶住压力渡过难关,否则前功尽弃,所有的努力都付诸东流,还会给公司造成不良影响。

三、赞助公益法

公司赞助公益事业是一项得人心之举,但社会上要赞助的公益事业很多,公司的财力又有限,因此,公司要把赞助公益事业当做一项营销活动,瞄准社会上对公司生产、产品营销相关的公益事业,做到多"雪中送炭"、多下"及时雨"。在赞助公益事业中,亮出公司的服务宗旨。参与得当的公益事业赞助,可以激发众多的公司业界人士、厂家以及社会各界对公司产生敬重之意,将感激之情转化为购买行为,从而收到投入少、产出多的效应。

四、攀亲"联姻"法

有些公司起初名不见经传,产品一时难以打入市场,在经营上处于弱势,公司可以采取攀亲的办法,借助对方的市场强势,两个公司进行"联姻",进而把自己的产品打入市场。采取"联姻"法的营销手段重在选好联姻对象,"联姻"的目的是借助强势促销,在利益分割后所获利益要超过"联姻"前才有意义,同时"联姻"也要处理好相应的法律问题。

五、名人效应法

名人历来是社会舆论的中心,为社会上人们所注目。有心计的公司精心策划自己的产品与名人"联动"的营销活动,如名人故乡(居)、名人作品、名人参与各类社会活动等,使产品随着名人"亮相""曝光",随之打入国内国际市场。同时,许多公司可广泛同文艺界、书法界、体育界,或某些社会团体共同举办各类联谊会、体育比赛,大大提高公司的知名度,提高公司产品参加市场竞争的能力,从而促进公司的发展。

六、特定顾客法

特定顾客法是指商场只接待特定范围或限次的顾客进店购物,而不是一般商场广招顾客,不分对象,愈多愈好的经商法。

七、情侣商品法

我国商品市场上近年来兴起了一股情侣商品新潮。因为适应了青年男女表达心心相印、志同道合的热恋之情,情侣商品成为市场上受欢迎的商品。生产和经营情侣商品是当前一种适应市场需求,扩大商品销售的良策妙计。

八、反时令销售法

2007年的夏令时节,杭州市场出现了一种往常从未见过的商品销售方法——反时令销售法。杭州解放路百货商店,在高温的夏令时节,举办冬令商品——皮装展销,在炎热天气,专柜里皮风衣、皮大衣、皮茄克、皮套裙琳琅满目,而且销售情况良好。同时,在销售中实行"特价预订",具体做法是在展销期间,按不同品种以7.5折到8.5折的优惠价预定,4个月后交货,如果将近期原皮可能涨价的因素考虑在内,顾客可得到更多的优惠。

九、商品保险法

"保险法"是指有些商品在操作使用中涉及人身安全,如电热毯等,代为顾客办好人身安全保险,切实为顾客的利益着想,通过保险为顾客提供各种安全保障,这样不仅解除顾客购买商品时的一些顾虑,更重要的是商店表现出对顾客的高度负责精神。所以在商品销售中顾客自然会选购保了险的商品,一张保险卡引发了购买欲望,增加了放心购买的信心。"商品保险法"要有针对性地选择商品,不可滥用,同时一定要有保险公司的支持和协助,有保险公司的承诺才能取信于民。

十、改进包装法

在商品销售中,商品包装美不美对商品销售影响十分明显。据美国杜邦化学公司在市场调查中得出的结论:有63%的消费者是根据商品的包装装潢来购买的。这个观点在国外被称为"杜邦定律"。

十一、数量限购法

数量限购法是利用了消费者普遍存在的一种抢俏心理。多数商品的使用价值、质量优劣,人们是很难从价格和外形上判断出来的。所以人们一般从三个方面去猜度:一是商品广告和说明书;二是销售情况;三是推销人员的姿态。

十二、以货易货法

在现代商品销售中,机动灵活地应用以货易货,能够做活生意,扩大商品销售。

商训深解

对很多公司来说,推销是第一阶段的大事,因此有很多总经理开始风雨兼程,想以此来打开自己的营销局面。实际上,成功的营销既靠勤奋获得,也靠灵活操纵推销绝招来获得,关键是要打破思维定势。

按照某种习惯性的方式去考虑问题,这叫作"思维定势";按照某种习惯性的方式去处理解决问题,这叫作"行为定势"。在出现特殊情况时,思维定势和行为定势往往会妨碍人们找到解决问题的新方法,而倘若采用非思维定势的创造性思维,却往往会产生异乎寻常的效果来。

容易忽略的6个销售细节

1%的细节决定100%的购买行为。

——营销格言

在销售过程中,每一次活动都包含了许多细节问题,任何一个细节问题得不到圆满解决,就会导致整个销售活动的失败。这就需要总经理在事先能对整个过程中的每一个细节问题都要重视,都要找到解决的办法,才能保证销售成功。下面这几个细节总经理应该让自己手下的销售人员明确地记住:

一、只比客户穿得好一点

销售员西装革履公文包,能体现公司形象,在任何时候都是不错的选择,但有时候还是要看被拜访的对象,双方着装反差太大反而会使对方不自在,无形中拉开了双方的距离。如建材销售员经常要拜访设计师和施工管理人员,前者当然要衬衫领带以表现你专业形象;后者若同样着装则有些不妥,因为施工工地环境所限,工作人员不可能讲究着装,如果你穿太好的衣服跑工地,不要说与客户交谈,可能连办公室坐的地方都难找到。专家说:最好的着装方案是只比客户穿得好"一点",这样既能体现对客户的尊重,又不会拉开双方的距离。

二、永远比客户晚放下电话

销售员工作压力大,时间也很宝贵,尤其在与较熟客户电话交谈时,很容易犯这个毛病。与客户交谈结束时没等对方先挂电话,自己"啪"就先挂上了,客户心里肯定不愉快。永远比客户晚放下电话,这也体现对客户的尊重。

三、与客户交谈中不接电话

销售员什么都不多就是电话多,与客户交谈中没有电话好像不可能。不过我们的大部分销售员都很懂礼貌,在接电话前会形式上请对方允许,一般来说对方也会大度地说没问题。但事实上,对方在心底里泛起:"好像电话里的人比我更重要,为什么他会讲那么久?"所以销售员在初次拜访或重要的拜访时,决不能接电话。如果来电话的确实是重要人物,也要接了后迅速挂断,等会谈结束后再打过去。

四、多说"我们"少说"我"

销售员在说"我们"时会给对方一种心理的暗示:销售员和客户是在一起的,是站在客户的角度想问题,虽然它只比"我"多了一个字,但却多了几分亲近。北方的销售员在南方工作就有些优势,北方人喜欢说"咱们",南方人习惯说"我"。

五、随身携带记事本

拜访中随手记下时间地点和客户姓名头衔;记下客户需求;答应客户要办的事情;下次拜访的时间;也包括自己的工作总结和体会,对销售员来说这绝对是一个好的工作习惯。还有一个好处就是当你虔诚地一边做笔记一边听客户说话时,除了能鼓励客户更多说出他的需求外,一种受到尊重的感觉也在客户心中油然而生,你接下来的销售工作就不可能不顺利。

六、保持相同的谈话方式

这一点有一些年轻的销售员可能不太注意,他们思路敏捷口若悬河,说话更是不分对象,像开机关枪般快节奏,碰到客户上年纪思路跟不上的,根本不知道你在说什么,容易引起客户反感。

┃商训深解┃

细节在销售的工作中起到决定的作用,细节已经是营销人在销售工作中最厉害法宝。只有在销售细节的轨迹里面才能真正地体会营销的魅力。在每一天面对自己的营销工作时,应把销售的每一个细节进行记录,以备日后在销售过程中进行自我学习。只有把销售工作的每一项任务都进行细节的处理,细分每一个环节,才可能在你的销售工作中体会到大师级的销售感觉。

第四章

管理法则:既要"管得少",又要"管得住"

让员工乐于工作

没有笑脸的公司是痛苦的。

——阿里巴巴集团主席马云

管理学界认为,一个能被称为成功的公司,必须已形成或正在形成一种"三乐"的文化氛围:"顾客快乐、员工快乐、股东快乐。"在这"三乐"中,顾客由于员工所提供的优质产品和人性化服务而感到快乐,股东则因为员工能充分满足顾客需求,创造持续而稳定的利润和良好声誉而快乐。因此,要达到顾客快乐、股东快乐,先让员工快乐是前提与关键。

那么,快乐工作到底是什么呢?"快乐工作"应该有三项内涵。首先,快乐工作是指员工和员工之间、员工和管理层之间融洽相处,工作环境和谐。任何人长期在严格、压抑的环境下工作,都会逐渐丧失激情和创造力,因此公司有必要尽量减轻每一个人的压力感,让他们心情愉悦。其次,公司制度应当人性化而非等级化,要在公司内部创造一个平等相处的工作环境,员工面对决策层时可以自由地表达自己的思想。最后也是最重要的一点,要为员工设计良好的职业规划,使他们与公司一起成长,让"努力工作"成为他们自发自愿的行为,从而上升为"快乐工作"。

一家公司,真正的效益不是逼出来的,而是自动地由员工创造出来的,如果一味去强求工作,只能使产品质量和效益大打折扣。但要员工乐于工作也不是一件容易的事情,还需要总经理付出很大的细心和努力。

首先,平等地对待员工和部下。由个人自尊心而产生的要求平等的精神,平等的意识在公司人才管理中是不可忽视的,优秀的总经理都十分重视这种平等精神,使公司上下齐心,使总经理和员工和谐相处。

其次,对部下和员工要亲切友善,且有关怀同情心。总经理的亲切随和、笑容可掬,不摆架子就会使职员感到总经理很有人情味。

再次,管理人员要能虚心听取员工的意见和建议,使大家"知无不言,言无不尽"。

对员工的薪水要求要尽力满足,特别是企业效益好的时候,谁工作都是为了生存,天下没有免费干活的人。

最后,引导员工由"厌业"到"乐业"。管理者应引导员工改变对工作的看法。如果觉得工作单调,就会没有激情,缺乏创新。看到一个零件,你若能联想到该零件可能在何处制造、用途是什么、有何特征、同样的产品别的公司有没有制造……如此考虑再经过求证,你就能了解同行各公司的情况,从中感到其乐无穷。

商训深解

一个合格的总经理成功管理好一个公司的关键是让员工充分享受工作中的快乐,让员工在工作中体味快乐,在奋斗中品尝快乐,在拼搏中实现快乐。要让员工明白这样一个道理:快乐要工作,痛苦也要工作,为什么不选择快乐工作?

让员工有一种安全感

上班的时候,和员工就是上下级关系,下班的时候可以是伙伴和朋友,但上班的时候不能做朋友。

——巨人集团董事长史玉柱

有一种总经理用人全凭自己喜好,所有违背他的喜好或他认为看不顺眼的人都可能被他赶走。在他手下工作的员工毫无安全感可言。

美国福特汽车公司的总部是一幢漂亮的大楼,许多人称其为"玻璃大楼"。有人也称这个玻璃大楼为"天堂",因为这里毕竟是福特汽车公司的最高权力机构了。

也许人们会认为,天堂里的生活是多么美妙啊!

然而错了,天堂也有烦恼,因为亨利·福特的独裁。

而李·艾柯卡就是在天堂里备受烦恼所困的人。

李·艾柯卡这个福特干将曾回忆说:"在我当上总裁之前,亨利·福特对我来说一直是一位相当遥远的人物。而如今,在玻璃大楼里,我的办公室就在他的隔壁，我和他经常见面，虽然只是在会议上。我对亨利·福特了解得愈多，我就愈担心福特汽车公司的前途和我自己的前途。"

果真如此吗？

"玻璃大楼"是一座宫殿，亨利是最高的统治者，只要他一走进大楼，话就传开了："皇上驾到。"高级职员们会呆在大厅里，希望能遇到他。假如他们的运气好，福特先生也许会注意到他们并和他们打招呼。有时候，他也可能理都不理他们。

亨利每次走进会场，气氛就立即变了。他掌握着这里每一个人的生杀大权。

"把他的头砍掉，然后让他滚！"

他确实常这么做：不经过公正地听取别人的意见，就使一个在福特汽车公司有发展前途的员工完蛋了。

亨利好计较表面的东西，他追求外表。如果一个人衣着合适，说话用词恰当，就会给亨利留下深刻的印象。但如没有好的外表，那就吹了。

1970年12月10日，李·艾柯卡当上了福特汽车公司的总裁，但他与亨利·福特相处得十分谨慎。

一天，亨利命令李·艾柯卡解雇某一位高级职员。按他的看法，此人是搞同性关系的人。

"别犯糊涂了，"李·艾柯卡说，"此人是我的好伙伴。他已结婚，还有了一个孩子。我们一直在一起吃饭。"

"把他弄走，"亨利重复说，"他搞同性关系。"

"你在说些什么？"

"你瞧他，他的裤子太瘦了。"

"亨利，"李·艾柯卡心平气和地说，"他的裤子究竟和别的事情有什么关系呢？"

"他很怪，"亨利说，"一副娘娘腔，把他弄走。"

结果，李·艾柯卡不得不委屈自己的朋友，把他从"玻璃大楼"请出去。

亨利为什么会这样呢？

这种专横地使用权力不只是亨利性格上的缺陷，更可怕的是他对这种做法深信不疑。

在李·艾柯卡担任总裁初期，亨利对他泄露了自己的领导哲学："假如一个人为你工作，就不要让他太舒适。不要让他舒舒服服地按他自己的习惯行事。你做的永远要和他所预期的相反，要使你手下的人处于提心吊胆的状态。"

有谁能想到呢，到后来，李·艾柯卡这位由亨利提拔上来的总裁也"提心吊胆"起来,最后也落了个被赶走的下场。

商训深解

总经理必须让员工有安全感,不能让员工上班如坐在火山口上,如果总经理不考虑员工的"安全需要",让员工每天上班像走钢丝似的,实际上,这是在让公司走钢丝——悬。

真正的优秀的总经理,应该视"忠言"为良药。

培训你的员工

培训是最大的福利。

——蒙牛乳业有限公司董事长牛根生

对于一个员工来说,培训使他懂得如何干好工作,使他掌握目前和未来工作所需要的知识和技能,不断适应新情况发展的需要,尤其能培养在新情况下创造性工作的能力。从更高的层次来看,培训是对人的潜能进一步拓展,既对公司有利,也对该员工本人有利。具体来说,培训员工有以下一些方法:

(1)让员工定期参加一些他们通常不参加的会议,如普通员工参加不熟悉的专业会议,会计师参加市场营销和开发业务会等,使每个员工都能得到一些有关其他同事工作的第一手资料,这将有助于开阔他们的眼界和心胸,增强互助协作精神;

(2)在公司内或公司外组织"一个主意"俱乐部的活动,训练员工的思维和观察能力,养成动脑习惯;

(3)行为模式训练,即利用录像机放映正确的行为表现,进行讨论,明确正确的行为标准,进行人际关系相互促进方面的训练;

(4)业务工作模拟训练,即进行笔头练习模拟,电子计算机模拟,学习和提高管理技能;

(5)让你的小组成员实地观察你如何处理顾客批评,如何举行正式报告会,怎

样到处走走看看,等等,用你的风格去启发他们,用你的素质去影响他们;

(6)实行岗位轮换制度,即让员工定期到本职以外的部门或工作岗位上任职,这种任命虽然是暂时的却是真正的,也就是要求他们在任职期内要有看得见、摸得着的工作成果;

(7)鼓励员工登记入学,参加各种学校举办的继续教育课程,参加公司内部的培训课,并要确保不因为"离开本职工作学习"而使学习者蒙受任何间接的惩罚和损失;

(8)举办由员工和公司总经理共同参加学习的课程和讲座;

(9)鼓励员工积极争取各种专业协会的成员资格;

(10)鼓励员工就自己的研究或工作项目在公司内外进行介绍或报告,尤其是向公司内其他部门和单位做介绍;

(11)使员工乐于到各种临时的跨部门专项工作小组去服务;

(12)邀请本公司其他部门各级人员来与自己部门员工聚会,请他们谈谈需要给予哪些支持与合作,同时鼓励他们邀请自己部门的人去访问他们;

(13)派出150名员工而不是2~3名代表花上整整10天时间去参观某个行业展览;

(14)邀请本公司其他部门或外公司,如用户公司或供应方公司的人到你所在的部门工作一段时间。

(15)任务培训,即在受训人之间实行类似于"上司对下级评价"和"下级对上司评语的反应"等训练,以增加人际关系的经验;

(16)新雇员训练,即对新员工进行多方面实际训练,目的在于强调实习安全和掌握知识、技术。

商训深解

对于总经理而言,培养出有才干的员工乃是他所期望的事,也是身为总经理的职责所在。其实,公司之所以要教育新员工,最终的目标在于尽早培养出专业人才。

人尽其才,将合适的人摆在合适的位置

> 适合的岗位要选择适合的人才。千万不能错位,错位之后成本太大。
> ——蒙牛乳业有限公司董事长牛根生

"若乃人尽其才,悉用其力。"这是《淮南子·兵略训》中的一段话,意思是说,让每个人都能充分发挥自己的才能,用尽自己所有的力量。

任何一家公司,其员工能力都是有区别的,这就像"发动机"和"螺丝钉"一样,公司虽然需要能对自身产生变革性影响的"发动机"型人才,也离不开兢兢业业为公司奉献的"螺丝钉"型的员工。

人才犹如冰山,浮出水面者仅仅占到20%,沉于水底的达到80%,因此,总经理一定要善于发掘人才。我们都知道,公司存在三种人,即制度制定者、制度追随者、制度破坏者。总经理要筛选出最优秀的人才,将他们予以重用,因为重要的位置不能没有好的人才。

多数失败的私营公司一定也有一个致命的弱点,就是总经理单独打斗,不愿意为引进高级人才做出大手笔投入。一些私营公司在用人上本着将就的态度,舍不得花大钱使用高级人才,这些公司的高层人才都是从低层提拔上来的,存在着许多弊端。这些人经验是有一些,但是从大环境看,这些人才放在公司高层位置上就会出问题,毕竟他们的职业技能不缺,但文化水平和管理能力等综合素质还不够,因此,总经理要慎重提拔这类人才。

私营公司总经理要拿出魄力用人,公司一些重要的位置,不是留给自己的亲属,而要吸纳一些优秀的人才,将合适的人,摆到合适的位置尤为关键。

商训深解

"让腰粗的人背土——不伤力;让腿粗的人挖土——有劲;让驼背人垫土——弯腰不吃力;让独眼龙看准绳——不分散注意力。"作为总经理,一个重要责任就是最大程度地开发员工的潜能,要做到这一点,就要使员工与其岗位相匹配,通过岗

位匹配达到开发员工潜能的理想效果。

管理得越少越好

> 在公司的管理方面,我是相信少就是多的道理:你抓得少些,反而收获就多了。
> ——雷蒙·A·克罗克

"管得越少,成效越好",这是杰克·韦尔奇的一句名言。这是一种境界,是一种依托企业谋略、企业文化而建立的至高无上的经营平台。

事必躬亲,只会累坏自己。

习惯于相信自己,放心不下他人,经常粗鲁地干预别人的工作过程,这是许多私营公司总经理的通病。问题是,这会形成一个怪圈:总经理喜欢从头管到尾,越管越变得事必躬亲,独断专行,疑神疑鬼;同时,部下就越来越束手束脚,养成依赖、封闭的习惯,把主动性和创造性丢得一干二净。

美国著名的杜邦公司的第三代继承人尤金·杜邦就是个典型的喜欢事必亲躬、大包大揽的人。尤金·杜邦在掌管杜邦公司之后,坚持实行一种"凯撒式"的经营管理模式,"一根针穿到底",绝对控制管理权力。公司的所有主要决策和许多细微决策都要由他独自制定,所有支票都得由他亲自开具,所有契约也都得由他签订,他亲自拆信复函,一个人决定利润分配,亲自周游全国,监督公司的好几百家经销商,在每次会议上,总是他发问,别人回答。

尤金的绝对式管理,使杜邦公司组织结构完全失去弹性,很难适应市场变化,在强大的竞争面前,公司连遭致命的打击,濒临倒闭边缘。

与此同时,尤金本人也陷入了公司错综复杂的矛盾之中。1920年,尤金终因体力透支而去世。其合伙者也均心力交瘁,两位董事长和秘书兼财务部长也相继累死。

显然,最终将管理者击垮的不是那些看似灭顶之灾的挑战,反而是一些微不足道的鸡毛蒜皮的小事。追其根由,就在于企业管理者不善于授权。这也足以说明,合理授权对于管理者实现企业目标至关重要。

事必躬亲,最后积劳成疾,诸葛亮也不幸早死。作为一个管理者,不能事必躬亲,要懂得授权。面对很多有才华的下属,为什么不授予他们权力,把事情交给他们来办理呢?这样,既有利于增强下属的责任感,又能充分发挥他们的积极性和创造性。一家公司的总经理如果不愿意授权或者不善于授权,那么他所领导的公司一定是一个缺乏活力的公司。

商训深解

随着社会生产的高速发展,生产规模的扩大和部门层次的增多,总经理即使再精明强干,再能力超群,也无法事必躬亲,把什么事情都干好。作为一名总经理,你必须忽略可以忽略的东西,做到既要管得少,又要管得好。

形成有效的奖励机制

联想在带队伍方面是做得比较好的。我们对员工,尤其是对骨干员工有很好的激励方式。激励分两方面,一是物质激励,二是精神激励。

——联想集团总裁柳传志

总经理一定要在企业内部建立起奖勤罚懒的激励机制,用各种物质的、精神的手段,对做出业绩者给予表彰和鼓励,对毫无建树、甚至造成较大失误的人给予批评和处罚,这样,就能在自己的企业中形成人人争先的良好局面。

日本新力公司董事长盛田昭夫不仅在招揽人才上有一套独特的办法,而且还在公司内部建立了一系列别出心裁的制度,对人才进行有效的激励,促使他们更充分地发挥自己的才能。

在公司每星期出版的小报上,允许各下属单位刊登"求人广告",也允许员工发布自己的"求职广告",公司职员可在所有单位之间自由应聘,任何人都无权干涉。公司内部的人才流动,为人才更好地发挥自己的特长提供了广阔的舞台。

与此相反的是,我们常常看到一些企业不惜重金请来人才,但却不能合理地使用,把他们安置在不恰当的位置上,挫伤了他们工作的积极性;还有一些总经理,虽对人才十分重视,并给予了他们恰当的位置和权限,但却对他们很不放心,时时刻刻都想过问一番、干预一下,自以为这是对他们的关心和爱护,结果却反而束缚了他们的手脚,使他们无法大显身手。

建立有效的激励机制,对一个公司尤其是创业型私营公司来说,是相当重要的。人人都有追求成功的心理需求,不管是那些身怀绝技的人才,还是普普通通的员工,这种心理需求都是相当旺盛的。用制度的形式给予他们这种机会,他们潜在的创造才能就会被极大地激发出来,做出连他们自己都会吃惊的业绩。

虽说人的才能有大有小,但我们必须承认,每个人都有特长,只不过由于各种原因,许多人的特长、甚至是才能都被忽视了、埋没了,这是十分可惜的事情。很可能他们自己都没有意识到,但只要确立一套有效的激励机制,把机会提供给他们,他们的特长和才能就会在一瞬间显示出来。

这就好比草原上的狼群。狼群每次捕猎成功,都会把猎物尽情享用,在分享胜利果实的过程中,狼性中英勇顽强、奋发向上的品格被有效地激发了出来。与此相反,如果狼群捕杀不到猎物,就要长时间地挨饿,饥肠辘辘的滋味就是最好的惩罚。

奖勤罚懒的激励机制在狼群中实施得十分彻底,又十分公平,因此狼们不论在什么险恶的情况下,都会拿出亡命之徒的姿态,拼死一战,用血的代价去争取最终的胜利。

商训深解

确立了有效的激励机制,就能充分调动起公司员工工作的积极性和创造性,更大限度地发挥各自的特长和才能,为公司的发展作出更突出的贡献。

如何与员工打成一片

一个公司就像一座大楼,它分为若干层,而每一层又隔了很多小房间,管理者就是要把这些隔层尽量地打掉,让整个房子变成一个整体。

——通用电器公司总裁杰克·韦尔奇

总经理和员工们在一起时,可以不止是上下级关系和工作关系。在工作之外还会有同情共感、痛痒相关的关怀,也可以在工作之余共同娱乐。总之,总经理要和员工打成一片。一个人的能力毕竟有限,没有员工和部下的帮助,总经理不可能走向成功。与部下和员工亲切友善,打成一片,能使自己更有效地迈向成功。

那么,怎样才能与员工亲切友善地打成一片呢?

首先,要平等对待员工和部下。由个人自尊心产生的要求平等的精神、平等的意识在企业人才管理中是不可忽视的。优秀的总经理都十分重视这种平等精神,准确地把握并合理地安排员工,使公司上下齐心,使总经理与员工们和谐相处。

其次,对部下和员工亲切友善,具有关怀同情之心。总经理对部下和员工若能亲切随和,笑容可掬,不摆架子,就会使他们感到他们的总经理很有"人情味",他们也会更加努力地为公司、为企业效劳。这样一个企业就会上下沟通协调,气氛轻松活泼。

再者,总经理还要能虚心听取职工的意见和建议。柯达公司的一名普通工人给乔治·伊士曼一封建议信说:"将玻璃擦干净。"这样简单的内容让伊士曼吃了一惊又觉好笑,但他没有把这当做一张废纸,投入废纸篓。他认为这是员工积极性的表现,于是他立即开表彰大会,发给这位员工奖金并由此而建立柯达建议制度。伊士曼正是由于这样使部下和员工都积极地发挥出其创造性,为企业或公司带来了不可估量的财富。同时也使企业家、管理人员与员工融洽相处,对大家的共同利益"知无不言,言无不尽",为企业或公司的大力发展共同努力。

最后一点,也是很关键的一点,总经理要"深入基层,到处走走"。企业管理应该采取民主作风,不能让部下存在依赖领导的心理而盲目服从,总经理也不能整日"高高在上"。领导工作和管理工作都是在实践中产生的经营艺术,总经理在"深入基层,到处走走"过程中是要做许多许多事情的,例如放开耳朵去听,听职工的闲谈,听部下的意见。

商训深解

深入基层并不是一件容易的事情,因为这里面有上千种因素在起作用。下到基层就要暴露自己,使总经理走出神秘的光环,你倾听意见的能力,你的眼界和抱负,你是否诚实正直以及表里如一,完完全全地显示于大众面前,经受最严格、最挑剔也是最准确的观察家们——广大员工的检验。检验合格,广大的员工便会向你靠拢,向公司靠近,从而形成上下一派融洽又民主的气氛,大大地推动公司迅速向前发展。

总经理用人"十忌"

> 有德有才破格重用,有德无才培养使用,无德有才限制使用,无德无才坚决不用。
>
> ——蒙牛乳业有限公司董事长牛根生

总经理要防止以下 10 种用人之忌:

(1)忌用人唯派。表现为"以人划线""以派划线",是"派"即举,唯"派"是用,借举贤荐能之机,行培植个人势力之实,大搞山头主义,小团体、宗派主义。

(2)忌用人唯亲。任人论亲疏,假公济私,将三亲六眷、七姑八姨及"亲我""近我""私我"者中的庸人当人才使用。大搞裙带风,一人得道,鸡犬升天。

(3)忌用人唯资。用人不注重其实际能力,只讲资历、资格的深浅、老嫩,论资排辈,小字辈只好"熬婆婆""等年头",实属误人误己。

(4)忌用人唯全。按图索骥,用人求纯、求全,求之过苛,不能扬其所长,避其所短,故因瑕掩瑜,埋没人才。

(5)忌用人唯顺。"顺"即顺从,唯命是从者。不管才能如何,只图听话。喜欢恪守本分、循规蹈矩的看家守业者,视锐意改革的开拓者为逞能、狂妄,用前者保险稳妥,用后者没把握,怕捅漏子。

(6)忌用人为凭。"凭"即文凭,用人看其是否"科班出身",看"文凭"的轻重,看不到那些虽无文凭,而在长期工作实践中的自学成才者,对未进学校取得文凭而有卓越才能者,在量才上要压低几分,甚至投以"白眼"。

(7)忌用人唯政。"政"即党政干部,两眼盯着"主线干部",公司干部及其他知识分子干部,放不开选拔干部的视野。把是否登过"党政干部岗位"的这个"台阶"作为用人的准绳。

(8)忌用人唯风。"风"即一窝风、一刀切。不看本单位的实际情况选择干部,而是随风转。

(9)忌用人唯档。"档"即档案材料。只看档案材料,不注重考察实际表现;只看一时一事，不注重考察全部历史。总经理对于员工的缺点及其在历史上发生过的错误，应当严格区分本质和非本质的界限，并看其是否改正了。如果一味地纠缠陈年旧账，就会埋没优秀人才。

（10）忌用人唯"洋"。认为凡是出过国、留过学、吃过洋面包的就一定比本国土生土长的强，只要出国镀过金的不管其水平、能力如何一律重用；本国培养的，水平、能力再高，也得不到承认和重用。而且本国的人才得由洋人来发现、肯定才有可能得到重用。

商训深解

用人是否得当，往往决定事业的兴衰成败，作为公司总经理，在用人时，首先应该注意的就是以上"十忌"。

轻松管理的六个技巧

君忙国必乱，君闲国必治。

——管理格言

一、要分级管理而不要越级插手问事

私营公司发展到一定规模后，要进行必要的分级管理。总经理不要"一竿子插到底"，那是"出力不讨好"的事。对下属的管理人员要在明确责任和奖罚的基础上，让他们有职有权。即使碰到问题，只要不是事关公司大局的事，也要所属的部门自己去处理和解决。这样，总经理不仅能从管理几百人、几千人甚至几万人的沉重负担中解放出来，只要管理几个人就能维持企业的正常运转，而且能够充分地调动下属人员的积极性、创造性、主观能动性和责任感，还可以有更多的时间研究公司的发展方向和重大决策。

二、多想、多看，少说、少干

这是高明的总经理必须掌握的原则。千万不要大事小事都事必躬亲。许多时

候，你只有站在一旁观看，才能真正做到"旁观者清"，而避免"当局者迷"，才能更公正、更有效地判断是非曲直，才能真正看清哪些事情是应该坚持的，哪些事情是需要改进的。即使你比你的下属干得还要好，也不要事事都亲自去干。一个元帅如果必须亲自去冲锋陷阵，一个教练如果必须亲自到运动场上去拼搏，不仅不能说明这支军队的强大和运动队的水平很高，反而说明他将寡兵弱，可能离失败为期不远了。比如一台戏，如果是总经理在台上又唱又跳，而公司员工则坐在台下观看，还可以指手划脚地挑毛病，这样的情景就有点"本末倒置"了。轻松管理企业而又驾驭全局就要多当教练员少当运动员，多当导演甚至观众而少当亲自登台演出的演员。

三、大事聪明，小事糊涂

作为一个总经理，首先要分清什么是公司的大事，什么是公司内无关紧要的小事。凡是关系到公司发展和生死存亡的大事，一定要慎重对待，决不可等闲视之。而大事往往不是每天都发生的。对于那些鸡毛蒜皮的小事，要让下属部门按照分工自己去解决，不要陷于繁琐的事务之中而不能自拔。但是，也要敏锐地观察和分析一些小事的起因和影响，不要因小失大。但是，一般情况下，不必亲自去处理。

四、要豁达大度，不要小肚鸡肠

"泰山崩于前而不惊，无故加之而不怒"是古人称道的所谓大智大勇。总经理也要培养自己一种处变不惊的素质，以对付复杂多变的商业环境。即使公司陷入困境，也要有毛泽东那种"大不了再上井冈山"的气魄。对下属，既要严格要求，又要适当容忍。不要听风就是雨，也不要时时盘查，事事追究。必要的时候，也要睁只眼、闭只眼，看见全当没看见。只要不影响公司的重大利益，对一些事情不必去兴师动众地深查深究。水至清则无鱼，人至察则无友。尤其是中层管理人员，还要适当照顾他们的"面子"和威信，以便他们今后更好地工作。人都有犯错误的时候，甚至会有"一念之差"。有些问题可能会越深究越麻烦，随着时间的推移不少问题会自行消失和解决。如果总经理没有容人之量，就很难形成一个"团结战斗"的集体，也很难调动一切可以调动的积极因素。要知道：如果养活一班没有缺点的"圣人"，是什么事情也干不成的。

五、管理公司不要头痛医头，脚痛医脚

公司的管理制度在颁布之前一定要慎之又慎，颁布之后不要朝令夕改。即使

出现一些这样那样的问题也不必手忙脚乱。中国很多事情都是无为而治,改革初期,农村基层组织瘫痪的几年间正是中国农村经济发展最好的几年。公司管理也是如此,你越想管细管严,管得滴水不漏,反而会越乱。很多时候是"有心栽花花不开,无心插柳柳成荫。"

六、不要事事追求"尽善尽美"

很多总经理,都想把自己管理的公司办成一个非常完美的公司。实际上,这是不可能的。要知道,世界上的万事万物,完美都是相对的而不是绝对的。过分的完美无缺,往往就要走向反面,什么事情都是八个字"适可而止,物极必反"。一个由来自四面八方的群体组成的组织,要想一点问题都没有,那是不可能的。

商训深解

古人云:宁静致远,虚怀若谷。私营公司总经理只有摆脱繁琐的事务,才能站得高,看得远,才能从更高的角度正确地权衡公司经营管理上的利弊得失,才能更好地考虑公司的发展大计和重大决策。当然,要轻松而高效地管理企业,实现某种程度上的"无为而治",也需要有一定的条件基础。总经理要有理论知识和实践经验,要十分熟悉公司的人和事,还要有一定的肚量或胸怀。这样,才能"熟中生巧""艺高人胆大",从而实现轻松管理。因为公司管理从科学到艺术是要有一个过程的。

正确对待有过失的员工

我最信奉的是员工的力量。我相信如果他们犯了错误,应该让他们明白这并不会导致恶果。真正能够导致恶果的,是犯了错误却竭力加以掩盖。但是如果员工不愿意犯错误,那么他们永远不可能作出正确的决策。另一方面,如果他们总是犯错误,你就应该让他们去为你的竞争对手工作。

——花旗集团经营格言

"金无足赤，人无完人。"特别是对那些才干出众、缺点突出的有过失的人，应该先着眼他的长处，而不应执著于他的短处或过错。

下属犯了错，作为总经理应该采取正确的态度处置，这其中大有学问，做到以下五点尤其重要：

一、尊重和信任

员工一旦犯了错误，常会失去周围人的尊重或信任，从而产生孤独感和失落感，进而造成工作无动力，生活无热情，甚至会敌视社会，朝着错误的道路越滑越远。在这种情况下，总经理要特别注意尊重和信任对方。做到这一点，对有过错的员工来说等于肯定了其价值。

二、要容人之过

总经理要容许别人犯错误，容许别人改正错误，对犯错误的人不能一棍子打死。无数事实证明，那些能够容人短处和过错，甚至也能宽容"恶"的领导者，多能成就一番事业。

三、要放手使用

对有过错的下属，总经理如能放手使用，常会收到一石三鸟之效：一能使其更加感激你的尊重和信任；二能使其痛悔自己的过错；三能使其拼命工作，以便将功补过。

四、为犯合理错误的人创造一个宽松环境

总经理在用人时，如何对待"一事之成败"，不仅是领导观念、规章制度、赏罚措施问题，而且是个环境问题。即如何创造一个人尽其才、才尽其用，并能招揽四方人才的环境问题。可以想象，如果"一败就弃""有过就罚"，也不管是什么性质的"过"和"败"，那么有创造才能的下属或社会上的人才肯定会望而生畏。

五、容人之过，但决不姑息迁就

容人之过，决不是对下属的缺点视而不见，放任自流。总经理要满腔热情地帮助他们分析原因，认识到错误的严重性，该批评教育的批评教育，该处分的处分，决不姑息迁就。

▎商训深解▎

任何人都会犯错,问题是能否及时、认真改正错误。对于员工的过失,总经理大可不必抓住小辫子不放,最好的做法是放眼未来,引导大家开创全新的工作局面。

一定要懂得有效授权

总经理的任务则在于知人善任,提供企业一个平衡、密合的工作组织。
——管理大师洛德·凯特寇得

身为总经理对工作兢兢业业是优点,但如果把大部分时间都放在琐事上,自己忙得昏天黑地,部属却轻闲得要命并心生怨气,觉得没有发展前途,这样的领导也不是称职的领导。

贞观年间,唐太宗李世民问大臣房玄龄和萧禹说:"你们认为隋文帝是一个什么样的皇帝呢?"

两人想了一会儿,回答说:"隋文帝能够很好地约束自己,使自己的行为符合礼的要求。他勤于为政,每次上朝,常常要拖到太阳西下的时候才退朝休息。朝中五品以上的大臣,他都要和他们一起讨论政事;担任宿卫的人,他都要和他们一起吃饭。隋文帝虽然不能说是仁爱英明,也算得上是励精图治的君主了。"

李世民听完,微微笑了笑,说:"公等只知其一,不知其二。隋文帝这个人极其明察,可是心术不正。心术不正就会考虑不周,本性明察又容易多疑。他自己是通过欺凌前朝的孤儿寡母才得到天下的,便认为所有的臣子都不可信任,什么事都要自己决定。这样一来,虽然他费尽了心思,累垮了身体,却仍然做不到事事合理。朝臣既然已经知道了主上的为人,也就不敢再说真话了。从宰相以下,大臣们只是接受命令罢了。朕却不这样想,天下如此之大,怎么能靠一个人的思虑来治理呢?朕正在广选天下的贤才,让他们来做天下的事情。朕信任他们,同时督责他们,让他们成功。如果他们能够各尽其才,天下便可以治理好了。"

李世民的意思是说,皇帝一个人再英明,他也没有三头六臂,治理天下要靠尽职尽责的百官。

现实生活中,有些总经理能力很强,经常觉得:"我可以自己做,我也能做得比任何人都好。"这样的态度其实有很多问题,因为你没有三头六臂。你要做的事太多了,那样你的工作就不可避免地会出问题。把那些常规性的工作派给别人去做,你就可以腾出手来做一些更具有创造性、更重要的工作。

商训深解

指派下属、分派工作不是一件简单的事情,需要技巧和艺术,运用好了,总经理轻松自由;运用不好,总经理忙得焦头烂额,到头来也是成绩泛泛。

化解员工抱怨的六大步骤

经理不是只告诉别人怎么干的家伙,而是要激发队伍产生一定抱负,并朝目标勇往直前。

——管理大师 G·雷蒙德

第一步:洞察力是不可或缺的。对某些抱怨的实质,你要有所感知,就需要锻炼自己对员工的洞察力。平时做到多留意,就会早早发现一些潜在的抱怨,以阻止抱怨发生。因此,洞察力是每一个总经理都应该具备的能力。

第二步:试着站在对方的角度去思考他们的抱怨。不要总是站在总经理或管理者的角度去看待抱怨。当你能互换角色去看待抱怨时,你就会避免主观行事,也许你就能发现问题,就能找到解决问题的途径。

第三步:要慎重对待,不要把它当做芝麻小事而置之不理。抱怨,在公司始终要将它当做要事来处理,慎重对待才能将一些隐患和抱怨及时处理,减少公司内部摩擦的发生。

第四步:抱怨不分大小,都要一样对待。任何一个抱怨都不小,一旦不及时处理,抱怨就会快速蔓延,那时再去处理它,难度就会增大,也许你就要付出更多的精力。认真对待抱怨，无论大与小，都要一样对待。

第五步：调整至最佳心态去处理。抱怨一出现，你就必须掌握机会，抱以理解的态度、纠正的勇气及心理准备，将自己的心态调整到最佳位置才是最重要的！

第六步：了解管理层对员工抱怨的处理意见，减少处理偏误。在你做出决定前，最好多了解你的管理层对员工抱怨的看法和处理意见，给自己多一份参考，而后结合自己的看法，拿出最终的决定，减少处理的失误。

商训深解

员工抱怨一旦产生就要慎重，正面去面对这些抱怨，不能掉以轻心，更要有一种平和的心态去理解和处理抱怨。

第五章

质量法则：质量就是公司的生命

质量管理的重要性

全世界没一个质量差、光靠价格便宜的产品能够长久地存活下来。

——华硕总经理徐世明

事实证明,一家私营公司所选择的产品如果在质量上过不了关,那么无论它有多么美好的前景,多么优惠的服务,多么迷人的外观,都是无济于事的,这个项目最终都会走向失败,这家公司也会走向失败。只有搞好质量,才有可能奢谈别的一切。

现在人们讲营销、讲价格,并不代表消费者不重视产品的质量,而是在同样质量的基础上如何吸引消费者注意的问题。无论产品宣传做的多大,只要消费者用一次,认为不好,就很少会再买第二次。从这一角度上说,质量是产品的本,是内涵,而促销或营销是产品的末,是外延。如果私营公司总经理不能意识到这一点,盲目追求销售量,只会使自己产品的销售领域越缩越小。

既然产品的质量如此重要,私营公司总经理当然有必要对产品的质量进行必要的管理与控制。

(1)公司实行质量管理可以提高产品的质量,为产品树立良好的市场形象,提高公司的知名度。

(2)公司实行质量管理可以有效地减少废品与次品,既可以节约能源与原材料,又可以提高劳动生产率。

(3)公司实行质量管理可以将责任落实到个人,与员工的考评相结合,做到奖罚分明,提高员工的质量意识。

(4)公司实行质量管理在一定程度上可以降低客户的投诉率,避免公司因质量问题而卷进不必要的官司之中。

(5)公司注重质量管理可以增加在同行业中的竞争优势,为今后参加更为严峻的市场竞争,做好先期的准备。

商训深解

质量是产品的一种内在属性,它是通过产品的外观、功效、耐用性等多重因素综合体现出来的。产品要有过硬的质量保证,这是经商最为根本的东西,是经商的良心体现,总经理一定要深刻地认识到这一点,在生产经营时,一定要将产品质量放在重中之重的位置上,只有这样,你的产品才有可能赢得消费者的信任,你也才有可能赚到钱。

质量就是公司的生命

蒙牛的产品质量就是蒙牛人的命。

——蒙牛乳业有限公司董事长牛根生

曾几何时,温州商人中的一些人为了掘取最大限度的利润,占领市场,曾偷工减料,造假弄假生产出成千上万的假冒伪劣商品,尤其是皮鞋行业,不少消费者吃过温州"开口牌""断底牌"皮鞋的亏,低劣的产品质量伤透了消费者的心,也让生产这些伪劣产品的企业品尝了被市场抛弃的苦果。看着风生水起的温州市场因在质量上耍心眼玩手段而走上没落之路,温州商人那时真正明白了"搬起石头砸自己脚"的滋味。

由于质量的缘故,温州商人被市场抛弃,被消费者厌恶,成为了过街老鼠。可贵的是,温州人并没有自暴自弃,也没有继续沉沦,而是在冷静反思中吸收了教训,并总结出只有在保证质量的基础上,走品牌化之路,不断强化消费者对产业品牌的印象,企业才能长盛不衰。温州著名企业家王振滔在这一方面有着极为惨痛的教训和深刻的认识。

1980年,王振滔刚满16岁,还只是个毫不起眼的木匠学徒,他背着锯子、刨子等工具在九省通衢的武汉三镇的街头巷尾扯着嗓子大声吆喝,招揽着生意,眉宇间夹杂着少年的忧愁。王振滔出身于清贫之家,那时候的温州人大多生活困难。为了给清贫的家庭赚得一些钱,王振滔很小便背井离乡,出外谋生。那时的王振滔,看着城里人脚上发亮的皮鞋,心里羡慕万分,穿一双皮鞋竟成了他当时的梦想。

经过数年的艰苦劳作,走街穿巷。王振滔存了一笔不大不小的积蓄。凭着这点积蓄,加上向亲朋的筹借,王振滔走上了创业之路,这时,他心目中所想的不仅是自己要穿上一双皮鞋,还要办一个生产皮鞋的企业,这当然是因为当时温州刮起的做鞋风的影响。仅凭着3万块钱,创业初期自然是困难重重,但王振滔认真考察市场,精心购置生产设备,诚恳聘请精通皮鞋生产工艺的师傅,正所谓一分耕耘一分收获,"永嘉奥林鞋厂"的招牌在开业的鞭炮声中挂了起来。

牌子看起来不小,但王振滔的鞋厂严格来说仍然只能称做皮鞋作坊。为了打开销售渠道,年轻的王振滔背上自己厂子出产的皮鞋重返武汉三镇,推销着产品也推销着自己。不少商场和鞋店对王振滔生产的皮鞋颇为满意,但因为当时国营体制的运作模式,拒绝经销他的皮鞋产品。四处碰壁的王振滔病急"乱"投药,想出了个在当时来看非常与众不同甚至有些胆大包天的办法:租用国营商场的柜台,专柜专卖,不与他人掺搅,卖自己生产的皮鞋。这样做的好处首先是商场没有了承担购进和售出的风险,而顾客可以找柜台承租人买货退货,由此商场的责任便没有了。王振滔的专柜专营,在当时的武汉尚属于"破天荒",打破了营销常规。这一尝试同时也开创了个体商户经营与国营单位合作的先例。

当时,顾客对国营店面的信赖程度非常高,王振滔的小店销售又提供了款式和色彩的多样化,这都是有吸引力的因素。不仅如此,作为生产商的王振滔还坚持亲站柜台,直接聆听顾客对皮鞋质量、式样、色彩的反馈意见,这对于及时调整生产计划,无疑大有帮助,也为国营鞋厂所不具。就这样,灵活多变的营销模式加上亲切真诚为顾客服务的态度,为王振滔的皮鞋专柜赢得了惊人的销售成绩,他的一个柜台的月营业额竟比商场十个柜台的总额还高。温州个体经济的优势让国营商场学到了很多先进的营销经验。

但就在王振滔的生意进行得如火如荼时,一场突如其来的灾难让他陷入痛苦的深渊之中。1987年8月8日,这是很多温州商人尤其是温州鞋商刻骨铭心的日子。由工商行政部门查获的众多有牌无牌的温州产的伪劣皮鞋,在杭州市武林门广场被工商行政管理人员点火焚毁。望着这批质量低劣的皮鞋化为滚滚烟尘,消费者无不拍手称快。随后不久,全国范围内也展开了专项治理整顿温州产品的活动。这一消息对消费者来说固然是好事,但对此刻在武汉商场专柜经营皮鞋生意正火的王振滔来说却无疑是一个晴天霹雳,任他千张嘴万条舌也无法为自己辩解。王振滔刚生产出的价值20万元的皮鞋被悉数没收,工商管理部门以5元一双的低价全部处理掉。

无辜受累,遭此冤枉,对初涉商海的王振滔来说简直是致命的。为了讨个公道,这个当年在武汉三镇走街串巷的倔强的温州人,借了几万块钱,与他赖以成长的城市的有关部门打起了官司。经过繁琐的诉讼,虽然只赢回了区区2000元钱,却释放了在王振滔心中聚集的一腔怨气,为王振滔和他的"奥林皮鞋"挽回了声誉。

这次经历当然使王振滔感触甚深,他认识到企业的产品如果没有过硬的质量、没有叫响的品牌、没有广泛的信誉,几乎就成了可以被人任意宰割的羔羊,合法的权益既然得不到保障,也就丝毫没有前途可言。

商训深解

产品要有过硬的质量保证,这是经商最为根本的东西,是经商的良心体现,总经理一定要深刻地认识到这一点,在生产经营时,一定要将产品质量放在重中之重的位置上,只有这样,你的产品才有可能赢得消费者的信任,你也才有可能赚到钱。

君子爱财,取之有道

我是一个商人,做的事情就是在不危害社会的前提下,为企业赚取更多的利润。

——巨人集团董事长史玉柱

"君子爱财,取之有道。"这句话的意思是,每个人都希望有钱,这并没有错,但要获得钱财,必须有原则,不能违背人情义理和政策法规,不能拿产品的质量当儿戏。

商场上常常发生这样的事,有的人明明知道自己产品质量上有问题,但还是想卖出去,怎么办?有一位销售时装的总经理,他明知半腰裙染上污渍,但又不能舍弃不售,所以有顾客购下这条裙子后,就以为瞒天过海,顾客发现前往理论时,总经理只说一句:"是你自己粗心大意弄污了裙子,反而怀疑我们卖劣货。"又或者是"这件事教训你下次买东西时,要检查清楚,否则后果自负"等,顾客当然感到不满,甚至有被骗的感觉,试问在这种情况下,那位顾客还会第二次光临吗?更严重的是,顾客可能规劝各方面亲戚朋友,切勿"帮衬",就这样一传十、十传百,时装店便声名狼藉,要挽回名声时,可能为时已晚,因此要生意兴隆,口碑是重要的,"以诚待客"是做生意之"本"。

同样对待这类问题,有些总经理的做法就很明确,他们把有一点毛病的商品挑出来,写明某某商品有何许毛病,但无伤大雅,且降价销售。这样顾客在看过之后,便会放心购买,且不存在回头扯皮的问题。商店既卖出了积压次品,加速了资金周转,也不失声誉,赢得了顾客的信任,岂不美哉!

"挂羊头,卖狗肉"是旧时奸商的一种不道德的经商方法,在今天的市场经济中,法律绝不允许经营者这样做,即便是经营者偷偷这样做了,被顾客得知后,同样也会遭到唾弃。近年来,形形色色的经营者,各种各样的经营方式,在市场经济的大舞台上大显身手了。许多城市出现了"精品店""专卖店",发财的确有其人,亏了的也不在少数。

据一家晚报载,地处该市的繁华地段,有家"美利法"精品屋,开张那阵,金碧辉煌的门面与琳琅满目的商品在顾客的感觉中相映生辉,高消费者们的时尚需求,又与满柜满架的精巧商品、名优货物"一见钟情",因此生意极好,据说三天赚了6万。

令人可惜的是,总经理办事只有5分钟的热情,并且又好赌,忙过开张就不大"理政",花钱更是挥金如土,店内进、销、存几个环节的工作渐渐乱套,账上的资金越来越少,不到3个月,商店已败象显现。

昔日的顾主进店时,已看不到多少"精品",倒发现不少一般商品在货架上以"俗"充精,于是扫兴而去,另走别家,不再上门;而过去那些在这里看过热闹的人,又以为店内商品像过去一样,又新又昂贵而不敢问津,因此,常在门前过,就是不转弯。

生意萧条,房租、工资等开销又大,当然顶不住,再加上"精品"不精,徒有虚名,失信顾客,开张仅6个月就"关门大吉"。

商训深解

做生意的目的的确是为了赚钱,但赚钱要赚在明处,正所谓君子爱财,取之有道。须知,不正当的经营是要砸牌的,终究会失去顾客。作为一心追求成功的总经理只做一锤子卖卖,虽可得利于一时,发不义之财,但只会搬起石头砸了自己的脚,最终还是逃脱不了价值规律的惩罚。

高质量是竞争的利器

> 21 世纪是质量的世纪,质量是和平占领市场最有效的武器。
> ——美国著名质量管理学家约瑟夫·朱兰博士

20 世纪 60 年代初,日本精工集团适时研制推出了"马贝尔"手表。该表在国内钟表精确度竞赛中连夺 3 年锦标,成为全日本最畅销的手表之一。

在一片喝彩声中,崛起的精工集团开始了自己的"虎山行"计划,向钟表王国瑞士挑战。

瑞士是举世皆知的钟表王国。提起钟表,第一个跃入人们脑海中的国度肯定是瑞士。瑞士的钟表和他们国家那优美动人的湖光山色一样,在全世界人们心目中留下美好的印象。瑞士钟表王国的地位异常稳固,要想撼动它,几乎是不可能的事。然而,精工集团并不畏惧退缩,它暗中积蓄实力,悄悄逼近这个强大的对手,伺机向其发起攻击。

机遇终于向这位无畏的勇士招手了。

1960 年,国际奥委会决定 1964 年奥运会将在日本东京举行。

消息传出后,精工集团的员工群情激昂,决心借此机会强化广告宣传攻势,以显示自己的雄厚实力,向瑞士的"欧米茄"挑战。

"欧米茄"是驰名世界的瑞士名牌钟表。并且,"欧米茄"计时表曾有过 17 次独占奥运会计时权的辉煌历史。瑞士"欧米茄"以它的权威和自信是绝对不会放弃东京奥运会计时权的。

为了摸清对手的底细,精工集团秘密组成了一支精悍的考察队,前往当年在罗马举行的奥运会。

到了罗马之后,精工考察队的技术人员才感到,奥运会简直是"欧米茄"的产品展览会。马拉松以及长跑项目不必说,其他各类项目几乎都是在"欧米茄"的指针下决出胜负的。可以这样说,从大的时钟到裁判员手里拿的秒表,都是"欧米茄"的天下。

更令他们感到惊讶的是,国际奥委会对于"欧米茄"有着绝对的信赖。

然而,不久后,精工考察队的心中便有数了。因为,经过仔细调查后,才知道所有使用"欧米茄"制造的计时装置,几乎都是机械式钟表,而石英钟表只有几部。

这使精工考察队的技术人员不再有畏惧心理,因为他们已经成功地开发出能赶上瑞士机械手表的超常精确度豪华精工表,并已经制造完成,受到国际的好评。

此刻,考察队通过在罗马的比较分析之后,确定日本钟表工业的水平已经具备了和瑞士并驾齐驱的实力。

他们怀着非常振奋的心情回到日本,马上写出了一份调查报告。其结论是:"对于担任东京奥运会的计时装置很有信心,它必须采用比目前在比赛中使用的钟表更先进的设备,而'欧米茄'并不可怕。"

"让欧米茄见鬼去吧!"这是当时精工集团员工们的一致口号。

不久,精工集团从精工舍、第二精工舍以及第三精工舍这三个分公司调来20名技术精英组成了计时装置开发组,以4年后在东京奥运会上取代"欧米茄"为目标,开始了决战。

他们首先提出了"制造比罗马奥运会还要先进的计时装置"的口号,然后制定了精工集团这三个公司所负责的具体工作。

这实在是最高明的做法。因为,要在有限的时间里完成最高水平的产品,这三家公司必须以各自的优秀技术来决定胜败。

经过讨论之后,由第一精工舍负责大型钟表和显示器,第二精工舍负责跑表。由于第三精工舍多年来一直由59A计划小组来开发石英钟表,所以由它来负责研制东京奥运会的石英表,这也是至关重要的一环。

59A计划小组果然不负精工集团众望,抢先研制出一部世界级的最新产品,那就是石英表951二型。这种石英表主要用于马拉松等长跑项目,它重3千克,平均日差0.2秒,裁判可以用一只手轻松地携带着,而且两个干电池可以用一年,和以前有一部小型卡车那么大的石英钟表相比,确实是一大进步。

据说,国际奥委会确定在东京奥运会上用日本造的计时装置,是因为他们看过石英表951二型的性能,留下了异常深刻的印象。

1963年1月,精工集团决定提交一份正式文件给奥委会:精工集团希望提供东京奥运会的跑表、大钟、精密的计时设备等。

同年5月份,奥委会正式回答:请全面加以协助。

"精工舍"终于战胜了"欧米茄",争得了奥运会计时权。

在东京奥运会,精工表大展雄风,加之大力广告宣传,备受赞誉,成了日本的骄傲。

奥运会的比赛计时用表大都要精确于零点零几秒,作为一直垄断奥运会计时权的瑞士表,无疑是行业的龙头,代表制表业的最高水准。只有先用后才能了解它,才有可能超过它,另一方面,如果能夺得奥运会计时权,那么,这样的表不言而喻,肯定是精准无比,这便是"精工集团"的诉求点。通过与瑞士机械表的比拼,日本"精工集团"的石英表以实力说话,一举夺魁。

商训深解

中国有句俗话叫"酒好不怕巷子深"。在市场竞争激烈的今天,这句话有它的局限性,但不可否认,过硬的质量是商战搏击中的利器。

质量是企业的感觉,是理论数据,但更是顾客对公司的认可度。如何保持质量并提高质量,使顾客满意,是保持和争夺企业产品市场占有率的手段。而具体的质量参数标准,往往是同行间对比的结果,这就要求总经理多了解对手,特别是处于行业前沿的对手的产品质量。然后提高自己,以最高的质量来赢得顾客。

产品质量在保证顾客满意的同时,也有其固有的指标:一般而言,第一是安全性,安全是消费者对产品的基本要求;第二是耐用性,消费者都较实际,易选耐用产品;第三是新颖性,喜新厌旧是人类的特性,新颖性能使消费者产生美好的视觉效果。总经理要想在竞争中超越对手就要在这三个方面下工夫。

总之,总经理必须注重质量的需求和满足,以高质量为武器,在市场竞争中战胜对手。

如何正确面对退货

没有品质作保障,冲得快,死得就会更快。

——阿里巴巴集团主席马云

1986年,由消费者拉尔夫·纳德创办的民间团体"汽车安全中心",向美国的国家高速公路交通安全管理局(NHTSA)提交了一份退货申请,这份申请是针对奥迪美国公司开刀的。据报道，奥迪 M 型汽车在驾驶员使用自动档从停车转向行驶或者在倒车时明显地失去了控制，从而很可能引起事故的发生。虽然，此时技术上并没有确定，到底是由于机械出现故障还是由于驾驶员不能够正确使用加速踏板和刹车踏板（因为大多数的欧洲车型中这些踏板相互靠得要比美国车之间近），但是奥迪公司遭受到了压力，它必须对此事作出反应。

即使是这样，这次的退货也使奥迪美国公司花了大约 2500 万美元的费用。这种规模的费用对这种规模的汽车退货来讲是十分典型的。然而，由于奥迪公司的反应迟缓以及奥迪公司在补救措施上的不得力，公司所遭受的打击并没有因此而结束。

接下来，公司看到了铺天盖地的不利报道，电台连续不断地广播关于事故的追踪和一次集体的诉讼行动，这一切几乎摧毁了奥迪公司在美国的销售和它的品牌形象。玛丽·沙利文在她发表于《商务杂志》上的一份研究报告中指出，这个加速踏板问题导致了奥迪 Z 型汽车在再次出售时价格的大幅度降低，较出现这一问题之前降低了 0.5%。这些不利的报道也很快导致了其他奥迪车型在出售时价格的下降，比如，奥迪 X 型汽车的价格下降了 9.2%，甚至连没有用自动档的奥迪四轮驱动车型也下降了 6.8%。

随后，奥迪公司不得不再次投入财力和精力采取一些措施，如再售价值保证计划、广告和促销活动。这些措施虽然帮助奥迪公司恢复了一些销售，但其代价却是极其高昂。在接下来的 1989 年 3 月，NHTSA 的一份报告指出，这些突然的加速问题是由于驾驶员的错误驾驶而非车型的机械问题造成的。

但是，即使是这样，奥迪美国公司的命运也未能扭转。奥迪公司在美国的销售量从 1985 年的 74000 辆下滑到了 21225 辆，而且奥迪公司的经营情况惨淡了很长时间。

商训深解

如果公司对退货处理不当，往往会导致灾难性后果的出现，即便到最后你的产品被证明并没有问题，但是也许还是影响了你在消费者心目中的地位，因为他们会以为你不愿意承认自己的错误，或者没有承担责任的勇气，或者其他，总之，他们会失去对你的信任。要重新建立起消费者对公司品牌的信心，赢得他们的支持，将需要很辛苦的努力和很长的时间。一个并非由产品质量和设计所引发的问题，由于奥迪美国公司没有在危机出现时及时采取得力措施，致使公司付出了高昂的代价。

但退货的损失是可以控制的，只要你有得当的措施、正确的思路，退货甚至还能够成为一个机会，一个让消费者更加信赖公司的机会，从而使退货成为公司长期发展的"源动力"。

千万别在质量上动手脚

无论何时,经商都要力求谨慎,不要自作聪明。在商界生存靠的是实力和能力,非法投机,伪诈毁信的"聪明"之举事实上是最愚蠢的经商方法,它给商家带来的只会是致命性的打击。

——管理专家齐鸣

曾几何时,在中国提起"傻子瓜子"来,可以说是无人不知,无人不晓。然而,如今再向人打听"傻子瓜子"就没有多少人知道了。究竟是什么使这个名噪一时的公司悄无声息了呢?这还得从公司自身说起。

1982年,自称9岁就开始学"经济学"的年广久,突然宣布他的"傻子瓜子"大幅降价,幅度为26%,这场"价格战"对几十年不变的瓜子价格体系造成了极大的冲击。这一举动在改革刚刚起步的日子里,引起了人们的极大兴趣,大家一下子把焦点对准了"傻子瓜子",其他品牌等很快都被"傻子瓜子"压下了势头。"傻子瓜子"一炮走红,风靡一时,成为中国老幼皆知的"电视食品""营养食品",甚至被捧为"中国的汉堡包"。

到了1984年,生产"傻子瓜子"的炒货店与国营商店联营,组建公私合营的"傻子瓜子公司"。至此,"傻子瓜子"可谓是春风得意,形势一片大好。这时,如果"傻子瓜子公司"能够从抓质量、抓管理入手,进一步寻求发展壮大,那么他们的前途是光明的,可是他们的领导人——"傻子"年广久,却开始耍他的小聪明了。这一"小聪明"最终将企业导向错误的航向,直到最后的没落。

1985年,"傻子公司"搞了一次全国范围内的"傻子瓜子"有奖销售活动,每买1千克瓜子赠奖券一张,凭奖券兑现奖品。这在当时算得上产品促销的高招。一时间,公司门前车水马龙,盛况空前。全国各地来函来电,来人来车,纷纷购买"傻子瓜子"以获取奖品。如此一来,"傻子瓜子"在有奖销售的第一天就售出了13100千克,最好时一天卖出了225500千克,这简直是空前绝后的瓜子销售纪录。

可是这一销售成果是以"傻子公司""犯傻"为代价的。其背后的真相触目惊心,原来这些用于有奖销售的瓜子中间,有相当数量是公司从外面购买的非经自己制造和检验的熟瓜子。这是"傻子公司"为凑销售额,从别的公司大量购买的熟瓜子,再贴上"傻子瓜子"的商标,去有奖销售,而这些外购的瓜子中,有很多是陈货劣货,是假冒伪劣产品。

消费者是骗不了的。"傻子公司"的这一看似聪明,实则犯傻的投机行为很快引起消费者的强烈愤慨,大家纷纷要求退货。

更糟糕的是,正当"傻子瓜子"有奖销售活动刚刚"满月"的时候,政府发布公告,禁止所有工商企业搞有奖销售的促销活动。这样一来,一下就将"投机"已经露陷的"傻子瓜子公司"置于死地。它所售出的奖券一律不能兑现,各地纷纷退货,瓜子大量积压,银行催还贷款,再加上公司又打了几场官司,一下亏损150多万元,而且公司的信誉降到了最低点。

后来,查证"傻子瓜子"的这种偷梁换柱的投机手法,并不是在这次有奖销售时才第一次使用。公私联营前,当公司还在搞独家小本生意时,年广久就以批发价,买回国营的"迎春瓜子"近5万千克,贴上"傻子瓜子"的商标,运到上海加价销售,但这一欺骗行径当时没有被人识破。这次面对有奖销售引发的"傻子瓜子"销量猛增,年广久又故伎重施,而且为降低成本,购回的瓜子质量低下,这样一来马上被众人识破。加上政府下令,及时阻止了年广久的欺骗行为,年广久就不得不吞下自己种下的苦果。

为应付有奖销售带来的畸型需求,傻子瓜子公司一共购进瓜子145万多千克,有奖销售期一共卖出去114.5万千克,余下大约有30万千克,造成大量积压。这些积压的瓜子像一个沉重的包袱,拖不走,砸不烂,甩不掉,给公司造成重大损失。事情到这一步已经充分说明欺骗消费者,搞投机的违法生意是不会有好下场的。

可年广久和他的傻子瓜子公司似乎傻到了不能觉醒的地步。在"傻子瓜子"名声损失殆尽之时,他们不是想着如何去挽回名誉,东山再起,而是继续干欺骗消费者的勾当。在这批积压的瓜子中,大部分是陈腐变质的瓜子,是绝对不能再拿到市场上流通的。可是年广久竟然打着"为了让国家减少一些损失"的招牌,对这些劣质陈货采取加工后再销售的办法处理,更有甚者,干脆原封不动地把这些变质瓜子拿出去卖。据统计,在以后的两年中,傻子瓜子公司共销出这些劣质瓜子10万千克,把这些瓜子以每千克3元、1元9角、2元3角等价钱卖出,绝大多数卖到了农村,去骗那些消息闭塞的农民,年广久的生意中充满了投机和欺骗,古人云:"骗人只能骗一时,骗不了长久,骗不了所有的人"。无论年广久怎样投机,怎样骗人,终究是会被人识破的。而他被人识破之时，也就是他的公司之路走到尽头之时，到头来，只会坑人害己，消费者自是上当受骗了，而年广久自己也逃不了法律的惩罚。

商训深解

这个例子提醒我们，经商就要讲究一个"诚"字，对消费者不诚，其实就是对自己不诚。在年广久的"傻子"事业大行其道时，中国的改革开放还只是刚刚起步，一些法律、法规还没有出台，商业规则还不是太完善，所以一些骗术在一定时期里还能大行其道。而现在，中国搞市场经济已经越来越有经验了，更重要的是消费者的自我保护意识逐渐增强，还搞像年广久这样的欺骗行为，其结果只能是自掘坟墓，自毁前程！

追求质量也是一种管理艺术

产品质量是当今市场竞争的焦点和根本手段，是产品能否在国际市场上取胜的一个关键性的决定因素。

——海尔集团主席张瑞敏

在众多私营公司中，真正树立了质量意识的公司才能把质量放在至关重要的地位，也才能真正树立自己的品牌。所以，要生产优质产品，首先要树立正确的质量价值观。

海尔企业就是这样一种紧紧依靠质量而闯出来的家电企业。

1985年，青岛电冰箱总厂生产的瑞雪牌电冰箱（海尔的前身），在一次质量检查时，库存不多的电冰箱中有76台不合格，按照当时的销售行情，这些电冰箱稍加维修便可出售。但是，厂长张瑞敏当即决定，在全厂职工面前，将76台电冰箱全部砸毁。当时一台冰箱800多元钱，而职工每月平均工资只有40元，一台冰箱几乎等于一个工人两年的工资。当时职工们纷纷建议：便宜处理给工人。

张瑞敏对员工说："如果便宜处理给你们，就等于告诉大家可以生产这种带缺陷的冰箱。今天是76台，明天就可能是760台、7600台……因此，必须解决这个问题。"

于是，张瑞敏决定砸毁这 76 台冰箱，而且是由责任者自己砸毁。很多职工在砸毁冰箱时都流下了眼泪，平时浪费了多少产品，没有人去心痛；但亲手砸毁冰箱时，感受到这是一笔很大的损失，痛心疾首。通过这种非常有震撼力的场面，改变了职工对质量标准的看法。

海尔人认为，如果生产的产品质量差一点，就不可能走向国际市场。质量上的小差异，实质上是质量意识的大差异。如果不解决这种观念上的差异，就不可能真正解决产品的质量问题。

正是这种质量意识，企业完成了质的飞跃。1987 年 6 月，世界卫生组织、国际银行第三届电冰箱招标，"琴岛－利勃海尔"力克世界上 15 个参赛企业，一举夺标，成为我国首次在国际上中标的家电企业。1988 年，"琴岛－利勃海尔"捧走了全国电冰箱产品联展"最佳信誉杯"和全国电冰箱行业唯一的"质量管理奖"，摘取了"轻工业优秀出口产品奖"金牌，出口创汇先进企业"金龙腾飞奖"金杯，在轻工部质量管理监督管理委员会和中国质协用户委员会主办的国产双门电冰箱全国联合质量跟踪评定中，又荣登榜首。同年 12 月，电冰箱国优评比，总分第一，又获金牌。1990 年 9 月，青岛电冰箱总厂又获得了"国家质量管理奖"。获此殊荣，按青岛电冰箱厂总厂员工的话说："我们琴岛－利勃海尔的金牌是砸出来的。"

商训深解

产品的质量是私营公司的生命，只有优质、高效的私营公司才能在任何挑战中永远立于不败之地。所以，私营公司必须把好质量关。无论从事任何经营，都要严格要求产品质量。如经营管理没有质量管理的观念，那么这个私营公司就不可能发展。

质量管理八项原则

产品质量是生产出来的，不是检验出来的。

——美国质量管理大师威廉·戴明博士

国际标准化组织（ISO）吸纳了当今国际上最受尊敬的一批质量管理专家在质量管理方面的理念，结合实践经验及理论分析，用高度概括又易于理解的语言，总结出了质量管理的八项原则。这些原则适用于所有类型的产品和组织，是建立质量管理体系的理论基础。

这八项质量管理原则是：

一、以顾客为关注焦点

顾客是公司存在的基础，如果公司失去了顾客，就无法生存下去，所以公司应把满足顾客的需求和期望放在第一位。

二、领导作用

"领导者确立公司统一的宗旨及方向。他们应当创造并保持使员工能充分参与实现公司目标的内部环境。"

领导的作用就是指最高管理者具有决策和领导一个组织的关键作用。为给全体员工实现组织的目标创造良好的工作环境，最高管理者应建立质量方针和质量目标，以体现组织总的质量宗旨和方向，以及在质量方面所追求的目的。

三、全员参与

公司的成功不仅取决于正确的领导，还有赖于全体人员的积极参与。所以应赋予各部门、各岗位人员应有的职责和权限，为全体员工创造一个良好的工作环境，以激励他们的创造性和积极性。

四、过程方法

公司为了有效地运作，必须识别并管理许多相互关联的过程。系统地识别并管理组织所应用的过程，特别是这些过程之间的相互作用，称之为"过程方法"。

五、管理的系统方法

"将相互关联的过程作为系统加以识别、理解和管理，有助于组织提高实现目标的有效性和效率。"

管理的系统方法包括确定顾客的需求和期望；建立组织的质量方针和目标；确定过程及过程的相互关系和作用；并明确职责和资源需求，防止不合格；寻找改进机会,确立改进方向,实施改进,监控改进效果,评价结果,评审改进措施和确定后续措施等。这种方法不仅可提高过程能力及产品质量,还可为持续改进打好基础,最终导致顾客满意和使组织获得成功。

六、持续改进

"持续改进总体业绩应当是公司的一个永恒目标。"

七、基于事实的决策方法

"有效决策是建立在数据和信息分析的基础上。"成功的结果取决于活动实施之前的精心策划和正确决策。决策的依据应采用准确的数据和信息,分析或依据信息作出判断是一种良好的决策方法。

八、与供方互利的关系

"公司与供方是相互依存的,互利的关系可增强双方创造价值的能力。"供方提供的产品对公司向顾客提供满意的产品可以产生重要的影响。因此把供方、协作方、合作方都看做是公司经营战略同盟中的合作伙伴,形成共同的竞争优势,可以优化成本和资源,有利于公司和供方共同得到利益。

商训深解

八项质量管理原则已经成为改进公司业绩的框架,其目的在于帮助公司达到持续成功。

第六章

决策法则：输赢只在一念间

充分准备,迅速决策

> 一个成功的决策,等于90%的信息加上10%的直觉。
> ——美国企业家 S·M·沃尔森

南方有一家经营橡胶制品的公司,为了使自己的产品快速推向市场,营销公司总经理认为要想把公司产品很快推广开来,占有市场,必须先到一些风水好的地方推广,这样可以图个吉利。没想到,事实正好与他们说的相反,因为这种营销策略缺乏科学依据,只是碰运气而已。碰运气式的营销不可能长久,这已经是不需要争论的事实。不久,公司总经理就撤换了这位营销公司总经理,换上了一位敢于大胆决策、懂得管理的年轻人,他立即制定了包括广告、促销、反馈等在内的营销决策,结果不到1年,就给公司创造了8000万元的价值。

实际上,决策是公司总经理责任心和胆量的表现,假如对公司没有责任感,任何决策都会可有可无,碰运气可能会使一次决策成功,但不能次次成功,更多的可能是大祸临头。

做决策除了要准备充分之外,还要该果断的时候就果断,千万别犹豫不决,要讲时效,不能拖延,即该拍板就拍板,万万不可磨蹭。

果断决策不但需要魄力和勇气,还需要高超的技巧。没有技巧的果断无法得到下属完全的信服,更不能得到真正的贯彻执行。所以,身为公司总经理要想做到果断决策,必须克服下面五大障碍:

一、要求永远正确

当你拒绝承认自己的错误时,通常都会把事情弄得更糟。承认你错了并不等于承认你愚蠢,可是,当你明知自己错了而又不想改变主意,顽固地坚持自己的错误,这就是愚蠢的表现了。

二、混淆客观事实和主观意见

你的决策是建立在坚实的事实基础之上的,而不是建立在你的感觉之上的。如果你不能把客观事实和主观意见分离开,你就会遭受到各种各样的烦恼。

三、不了解足够的情况就匆匆地做出决定

缺乏对情况的足够了解往往会做出错误的决定。诚然,有的时候你不可能得到你所需要的全部事实。但你必须运用你以往的经验、良好的判断力和常识性知识做出一个符合逻辑的决定。但是为图省事而不去收集可供参考的各种事实,那就是不可原谅的。

四、害怕别人有什么想法,更怕别人说三道四

有很多人不敢大胆地说出自己的心里话,这是因为他们害怕别人可能有什么想法,更怕遭到别人的议论。他们犹犹豫豫不敢宣布他们的决定的主要原因是害怕别人批评。这就是说他们需要别人认为他们好,不能认为他们不好。

五、害怕承担责任

对于有些人来说,一个决定不是一个选择而是道坚硬的壁墙,那将使他们做任何事情都会感到软弱无力。这种恐惧是紧密地与害怕失败相联系着的。多数的心理学家认为这是商人走向成功的最大障碍。

商训深解

有些总经理总以为,决策是好是坏,是一件说不清的事情,关键还要看运气如何;假如碰到好运气,你的决策可能就会带来一些利益;假如你的运气不好,你的决策可能就失灵了。因此,有些公司总经理不惜牺牲血本,到处拉关系,跑龙套,目的是为公司求个好运,其实,这是非常荒谬的看法,是一种宿命论。公司决策是由人来制定和执行的,而不是由上帝赐给的。先讲运气,那是小看了自己决策的本领。

做决策要学会优选法

决不能在没有选择的情况下,作出重大决策。

——美国克莱斯勒汽车公司总裁李·艾柯卡

任何决策,都不可能是绝对圆满的,总有利有弊,关键要做到:两利取其重,两弊取其轻。这叫决策的优选法,也是私营公司总经理在做决策时必须注意的法则。

做决策,不是个轻率的行为,需要果断下决心,同时也一定要谨慎。总经理应当善于比较各种决策方案,从中找到一个比较理想的决策方案。否则就会担当太大的风险。

决策是总经理确定目标和达到目标途径的选择过程,而目标和达到目标的途径就是决策方案。在决策过程中,常常存在多种决策方案而并不是只有一种方案存在。决策的制定过程,也就是决策方案的选择过程。

一般地讲,任何一项决策方案,都不能使人们达到百分之百的满意。满意是相对的,不满意是绝对的。满意中有不满意的方面,不满意中也有满意的方面,绝对的满意是不存在的。就一项决策而言,如能达到相对满意——利大于弊就算可以了。这是因为,从客观上讲,决策因素众多,而且相互联系相互制约,并且经常发生这样或那样的变化;从主观上讲,受决策者自身能力限制,对决策因素及其相互联系的认识不可能是全面的、彻底的,总会有一些联系及其运动规律没有被认识。这就决定了完全反映客观实际的决策方案是不存在的。另外,各种决策方案本身也都总是有利有弊,利弊共存的。既有有利的一面,也有不利的一面;既有得,又有失。完全是利或完全是弊,完全是得或完全是失的方案都是没有的。

没有百分之百满意的决策方案,并不意味着我们可以选择那些不满意的决策方案。各种方案虽都各有利弊,但利弊大小却是不同的,有些方案利大弊小,有些方案弊大利小,有些方案利大弊也大,有些方案弊小利也小。这就需要决策者要善于运用综合分析方法,对各种方案进行综合分析、评价和比较,看一看哪种方案利最大,哪种方案弊最小,坚持"两利取其重,两弊取其轻"的原则,筛选出比较满意的决策方案。

在实践中，一些总经理在选择决策方案时，常常容易犯两种极端性错误：一是片面认为决策方案应是最佳方案，不是最佳方案就不能选择。当然，最佳决策方案是最理想方案，能选择这样的方案最好。但是，受主观和客观条件的制约，在一定时期一定条件下，选择出最佳方案总是困难的，甚至是不可能的。公司决策的及时性要求使总经理来不及在决策方案选择上兜圈子。那样的话，不仅选择不到最佳方案，甚至连比较满意的决策方案都可能失去机会。二是片面认为，既然难以选择出最佳方案来，那么，随意选择一个决策方案就算了，从而降低决策方案的科学性标准。这样，使得一些公司决策成本大大提高，而决策效益降低，甚至导致决策失误。

商训深解

在公司决策中，总经理既要看到没有百分之百满意的决策，又不能随意降低决策的科学标准。要善于对多种决策方案进行综合分析，比较评价，按照择优原则，选择出比较满意的决策方案来。

会议对于决策者有着重要意义

管理者的决策是这样形成的：听大多数人的意见，和少数人商量，自己做决定。
——香港珠宝大王郑裕彤

你也许已经参加过许多会议了，但是现在你是总经理，你的出现将有着全新的含义。你需要预想一下会被提到的问题并且要为各种各样困难的问题准备好答案。假如你在会上被问得张口结舌的话，你将会失去员工的信任。

在会议上注意不要采取放任自流的态度，不要让员工们喋喋不休而听之任之。很多团队陷入了困境之中，其原因就在于团队的领导者糟糕的组织技能使每个人都很散漫。可以制定简洁的会议议程，邀请必要的人员参加，保持会议进程与时间表同步进行来达到会议的高效。

要精减会议的议程。每安排一次会议议程，可以采用组织性强的方法，为每个议题设定精确的时间。例如,10:15~10:55 用于评估顾客调查的结果,而不是 10:00~11:00。安排另一个议题在 11:00 整开始。这样,如果参与者想休息一下的话,他们为了赢得这额外的 5 分钟将会在不迟于 10:55 的时候结束上一个议题。

为了有效地开好每一次会议,应该按会议议程一步步地进行,清楚地告诉与会人员在本次会议上需要讨论的问题和应该引起注意的问题。将一个关键的问题提出来并强调本次会议的目的是要提出三个具体的解决方案来。假如会中有人忽然转变了话题,可以向他示意,从而使议题回到中心问题上。假如这个人继续嘟嘟囔囔的话,可以通过向大家提示时间来纠正他。你可以说,"由于我们只剩 45 分钟了,让我们回过头来,继续关注这个议题吧"。

假如你想使员工提出大量的建议或者向他们表明你注意聆听他们的意见的话,不要使会议陷入一般性的讨论之中。在会议进程中,当参与者提出一些意料之外的问题时,你也许会失去对会议进程的控制。

比较明智的一个策略是与那些有意见者单独会面,坦诚与之交流,使他们发泄失意感并说出他们的想法。这样,当那些竭力想阻碍会议议程的人在场时你仍然能够按照自己的意愿控制会议。

精明的总经理往往会使会议开得简短,有效率。通过这样的方式,可以有效地管理时间,同时又为员工树立了榜样,教给了他们如何能排除掉各方面的干扰因素从而保持有条不紊。

▎商训深解▎

总经理应该掌握开一个高效会议的方法,只有这样才能对你的决策起到积极作用。

做决策要从全局利益出发

世界上每 100 家破产倒闭的大企业中,85% 是因为企业管理者的决策不慎造成的。

——世界著名的咨询公司美国兰德公司

决策所解决的问题大都是多因素问题。解决多因素问题必然涉及到局部与整体的关系。实践证明,这种关系处理的好与坏,对公司生产经营活动将产生直接影响。因此,在公司决策过程中妥善处理局部与整体的关系,是公司总经理面临的一项重要任务。

制定决策首先要从整体出发,充分考虑和维护全局利益。这是因为,公司是一个系统,它由若干子系统构成。公司作为一个独立系统,有自己的系统目标,同时,组成公司系统的各个子系统,也都有自己的系统目标。公司系统目标与子系统目标的关系,是大目标和小目标、根本目标和从属目标的关系。这就决定了二者首先应该是统一的。只有这样,才能保证公司正常有效地运转起来,进而才能实现公司目标。

公司在生产经营活动过程中,受许多因素的影响,公司目标与部门目标有时会发生不一致、不协调,甚至相互对抗情况。这主要表现在部门决策与公司决策缺乏一致的客观基础,导致部门决策与公司决策对抗、撞车。这种情况虽然不是经常性的,但一旦发生,对公司生产经营造成的影响的确是很大的。它必然打乱公司系统有效运转,使公司系统出现紊乱,分散公司凝聚力,最终导致公司目标难以实现。

这种非经常出现的公司整体与局部的对抗,对公司生产经营显然是非常不利的。解决这一问题,仅靠运行过程的经常校正和强制约束显然是不够的。从根本上讲,就是要在公司决策过程中,妥善处理好公司整体与局部的关系,从整体出发来制定公司决策。这是因为,公司决策需要解决的问题很多,决策涉及到的因素也很多。理论与实践均表明,解决这样一个多因素问题,做到面面俱到、事事周全、毫无遗漏地将各种因素都考虑进去,将各种问题都能使各方彼此满意地解决,实际上是不可能的。更何况,在公司运行的不同时期、不同阶段上,公司面临的任务、所处的环境会有区别,所解决的问题和影响问题的因素也会不断变化。在决策过程中,始终需要把握住公司基本方向和基本目标,统揽全局,统一考虑,从公司整体着眼,综合分析公司问题和影响因素,而不能孤立地去研究公司中的某一些问题,简单地分析影响因素。如果那样的话,就会出现从局部看是合理的,而从整体看又是不合理的情况。从而导致公司内部运转发生不协调,公司基本目标的实现受到不利影响。

强调在公司决策过程中的整体和全局观点,并不意味着可以不考虑局部。事实上,局部是整体或全局的基础。没有局部,也就没有整体,忽视了局部,整体也必然受到了不利影响。

特别是有些问题，局部直接决定着整体的状况和效果。所谓"木桶原理"，讲的就是这种情况。木桶盛水量的多少，取决于其最短的那块木板。同样，一个公司的整体效益大小，往往取决于"卡脖子"的那个环节或"短线"的那个方面，如原材料能源供应、产品销售环节等。"卡脖子"或"短线"问题解决了，整体效益状况就会改观。因此，在决策过程中，在坚持整体性前提下，还必须适当考虑局部影响，对局部问题和局部因素，也应放在整体过程中去分析、去研究，使局部问题的解决力求达到整体性效果。

商训深解

总经理不能急近功利，盯住一点局部的小利益就心动起来，而要有整体观念，从大局入手，算清利弊关系。在总经理决策时，这叫不要戴上"显微镜"，而要拿着"放大镜"。总的来说就是，大处着眼，小处入手！

总经理应该分清轻重缓急

如果有一个项目，首先要考虑有没有人来做。如果没有人做，就要放弃，这是一个必要条件。

——联想集团总裁柳传志

很多总经理做决策时，往往出现或者眉毛胡子一把抓，或者将非主要矛盾当做主要矛盾来处理的情况。这样，不仅耗费了大量人财物力，更主要的是不能及时解决公司工作中遇到的急需解决的问题，给公司生产经营造成不利影响。

轻者当缓，得者当急，关键决策，由于和公司生死攸关，更是一刻也不能忽视。做决策，必须有主次，不能眉毛胡子一把抓，否则就会什么都抓不住，公司也无效益可谈。

和做任何事情一样，公司决策也要有轻重缓急。这是公司总经理应当把握住的问题。

公司活动是非常复杂的，它涉及到公司的内部条件，也涉及到公司外部因素。

因此，这就决定了它需要解决的问题是如何使公司内部活动达到与外部环境平衡的众多问题。

公司活动中的问题，大都需要通过决策来解决。事实上，每一次解决问题的过程，也就是一次决策的过程。公司活动的复杂性、多变性，决定了公司需要解决的问题不是单一的：有生产经营问题，也有公司管理问题；有思维方式问题，也有技术问题；有内部协调问题，也有外部公关问题。总之，需要解决的问题很多。

一般而言，尽管公司在其活动过程中要遇到并需要解决许多问题，但在不同时期和不同场合，总会有一些问题是主要的，而且又是当前急需解决的；而另一些问题则是次要的，是当前不急需解决的。在决策过程中，对公司面临的许多问题，应运用矛盾分析方法进行仔细分析、研究，分清问题的主次和轻重缓急，有计划、有步骤地集中力量解决那些急需解决的问题。这样，就抓住了主要矛盾，抓住了问题的关键，并将带动次要问题的解决，带动全局的发展。

为了在公司决策过程中抓住主要矛盾，就需要对公司在一定时期面临的各种问题进行分析：

（1）结合公司在某一时期的生产经营活动状况，研究确定公司面临的各种问题；

（2）对各种问题进行分类排队，通过比较找出对公司生产经营影响最大的最主要的问题；

（3）根据主要问题，研究制定对策。这是确定决策问题的一般过程。由于公司生产经营活动是连续不断地进行的，在这一过程中会不断出现新问题。因此，原先确定的决策问题随着时间及其他条件的变化有可能被其他新问题所取代，而降至次要矛盾地位，其他新问题上升为主要矛盾。充分认识到这一点，对公司决策者来讲是非常重要的。

商训深解

事实上，决策本身既是一件硬性工作，也是一件弹性工作，但不能固执行事，应该采取灵活的方法，控制好决策的过程，该先就先，该后就后，做点弹性处理也是总经理的智慧所在。

做出正确决策的三大方法

> 抓住时机并快速决策是现代企业成功的关键。
> ——美国斯坦福大学管理学院教授艾森哈特

一、培养自身决断的能力

如果你想发展你的决断能力,那你就必须有勇气,还得有真才实学。你必须善于研究和分析问题,抓住事物的本质,你必须对当时的形势做出迅速而准确的评价,只有这样,你才可能做出正确、明智、及时的决策来。

在条件极其不利的情况下,你必须具备运用正确的逻辑推理、运用常识性知识和运用分析判断的能力,这样,才能迅速地确定应该采取什么样的行动,才不至于失去转瞬即逝的大好机会,除此之外,你还需要有相当的预见能力,以便你能够预见在你的决定实施以后可能发生的情况和反应。当形势需要对你原来的计划进行修改的时候,你要采取迅速的行动对原决策做必要的修改,这样会加强你的手下人对你作为他们的总经理的信心。

二、要能安排好工作的主次与先后顺序

当你知道什么工作可以由别人来做的时候,你就可以把它们分配出去,不要再去费心考虑它们。对于那些剩下来的必须由你本人亲自处理的事情,你也得分出主次和先后。

三、掌握做决策和下命令的一些技巧

一旦你已决定要做什么事情,那你下一步要做的就是制定一个详细的计划和下达命令,如果你想达到预期的结果,你的计划必须切实可行。

明确的任务必须分派专人去处理,各种须供应的物质和设备必须齐备,为了确

保最大限度的合作,每个人和每个团体的积极性都必须充分地调动起来。为了推动中间环节的进行速度,最后期限必须明确地固定下来。总而言之,这个执行计划必须能回答如下五个特殊的问题:

①为什么这项工作必须得做?

②什么事情必须得做?

③谁来做?

④在什么时候、在什么地方去做?

⑤将如何去完成这项工作?

当你认为计划做得比较充分之后,下一步要做的就是向你的下属发布口头命令或者书面命令。你的命令必须发布得清楚准确,不能让人有任何误解。制定计划和发布命令都是工作的关键,也是作为总经理责任的一个主要部分。如果你想得到驾驭下属的无限能力,以上这些也是一种必须具备的能力。

▌商训深解▌

当你掌握了以上三种技巧的时候,你就具备了及时做出正确决策的能力。

办法大家想,决策自己定

大事在于思虑周详,计划在于身体力行,谋略在于集思广益,决断在于自己。

——**管理格言**

总经理要有辨别是非善恶的能力,同时要把握住决断、取舍的权力。

美国前总统里根是一位"明星总统",他在担任领导人期间,个人风格发挥了不容忽视的作用。里根是一位现实主义者,实行的治政方针明确而又有条理,一经确定便坚定不移地加以推行,坚定并不意味着一意孤行。里根是善于博采众长的。出任8年州长的里根不能说没有领导经验,但在许多领域他并不是内行。然而精力旺盛的他喜欢与各界人士进行直接的接触和对话,从中了解情况、增长知识。里根说:"一个领袖必须具有能够适应新环境的能力。"早在担任加州州长时期,他就显示了这种能力。在解决某一方面问题前,他总要召集各方会议,遇到下级来请示什么,他常常反问一句"前任州长是怎样处理的?"在广泛了解了方方面面的意见以后,择其中之精华,自己做最后决定。有人说他不像个州长,倒很像个甩手的"董事长":小事不管,大事靠别人出主意。里根对此评语不以为然,他对州政府官员们说:"当州长就要像当董事长一样,管好大事就行了。至于小事,我相信你们都能管好。"里根出任总统以后,仍然坚持这种工作作风,长袖善舞,广结人缘,顾及公众利益、国会反应、党派利益等纷繁的因素,不拘成规,果断决策。里根为正在做领导的总经理树立了良好的工作榜样。

商训深解

我们不能太相信我们身边的贪婪之辈,他们会为了私情而做出不合法度的事。人才招揽与举荐,工作的计划与建议,这些可以交给手下干部们去处理,但是,总经理必须具备辨别是非、善恶的能力,必须掌握决断、取舍的权力。所以姜子牙告诉周武王说:"无法独自做出决定,依靠别人的意见做决定的领导,是失败的领导。"不能独自决定是否抛弃,依赖众人的建议决定抛弃;不能独自决定是否获取,依靠众人的建议决定获取;不能独自决定是否实行,依赖众人的建议决定实行;不能独自决断是否惩罚,依赖众人的建议决定惩罚;不能独自决定是否奖赏,依赖众人的建议决定奖赏。贤能的人不重用,不肖的人不辞退,德高望重的人不尊敬,这样的领导如何做好自己的工作呢?

做决策要讲科学不能完全凭直觉

正确的决策来自众人的智慧。

——美国社会学家 T·戴伊

感性决策的特征就是凭着"大概""估计""大致上""可能""好像"等非理性判断进行决策。

传奇商人史玉柱在巨人大厦项目上的决策过程,就是典型的感性决策。

巨人集团兴建巨人大厦时从 18 层一直加到 70 层，投资额由起初的 2 亿一直增加到 12 亿。这一系列决策的变化完全是凭史玉柱的个人感觉做出的。

史玉柱认为，建大厦应主要依靠自有资金，他设定的筹资方案为：自筹 1/3，卖楼花筹 1/3，向银行贷 1/3。实际上，到巨人集团发生危机时，主要是用自筹资金和卖楼花所得而未向银行借一分钱。那么，巨人大厦是怎样把巨人集团拖入一场灾难的呢？

大厦由 54 层加高到 64 层时，史玉柱决策的依据只是设计单位的一句话"由 54 层加到 64 层对下面基础影响不大"。当决定由 64 层加高到 70 层时也未经过严密的论证，只是凭感觉认为应该没问题。结果施工时，发现巨人大厦处在三条断裂带上，为解决断裂带积水，大厦支柱必须穿越 40～50 米的沙土而达到岩石层，再打进岩石层 30 米。如此一来，便多投资了 3000 多万元，使建筑工程耽误了 10 个月（其间地基被水两度淹没）。

由于未料到地基出了问题，当 70 层的地基打完时，所筹楼花已经用尽，巨人想从银行借贷，但当时的宏观调控政策使得银行对巨人集团过于吝啬。巨人集团只好从生物工程方面抽取资金，到 1996 年 6 月，共从生物工程方面抽取 6000 万元资金，其中 5 月份是抽取最多的一个月，当月各子公司共交来了毛利 2750 万元人民币，史玉柱把净留下来的 850 万元资金全部投入到巨人大厦的建设中。

由于过量抽血，使得维持生物工程正常运作的基本费用和广告费用无法到位，生物工程这个产业开始萎缩。到 1996 年 7 月以后，保健品销量急剧下降。史玉柱发动了一场秋季攻势，力图挽救颓势，也未奏效。

巨人大厦抽干了巨人集团的血，当生物工程一度停产时，巨人大厦终于断了资金供给，不得不停工，一场危机就全面爆发了。

巨人大厦建设过程中的决策看来就像场儿戏，对资金筹措缺乏周详的考虑，施工前也没有一个完整的可行性方案。巨人集团给国内同行上了惨烈的一课。

商训深解

不可否认，优秀总经理的直觉可能会有很高的科学性，也许他在一念之间得出的结论需要许多理论工作者进行大量的推理论证才能得出。但是，有三条应该清楚：

一是他的直觉未必"百发百中"，他的直觉判断不可能都正确，很多曾辉煌一时的企业家最后栽就栽在自己的一个错误判断上。

二是即使他的判断是正确的，但也只能是方向上的正确，在一些细节如投资成本、利润及风险等诸方面仍需要理性科学的论证、计算,而我们的一些私营公司总经理就是不爱做细节上的工作,决策常有浪漫色彩,完全是理想化的。公司毕竟是一个经济组织,其根本目的就是要获取利润,那种不计成本、不算利润的浪漫主义决策行为只会使公司在你死我活的市场竞争中被淘汰。

三是公司规模较小时,感性决策往往能成功,公司一大就不行了。今天这些有所作为的企业家,都是从市场中真枪真刀拼杀出来的,在投资项目中往往能表现出惊人的市场敏感及胆识与魄力,但是我们应该认识到,初期小规模的项目决策需要获得和处理的信息量毕竟有限,企业家凭借个人聪明智慧就可以完成。而随着决策项目规模的扩大,需要处理的信息量成倍增加,仅靠个人感觉是难以胜任的。一些项目初步框算起来利润丰厚,并且完全切实可行,但潜在着许多不可控因素。在没有充分准备的情况下,这些不可控因素突然爆发出来,就会使企业和企业家陷入进退两难的尴尬境地。

总经理要具备果断的判断力

犹豫不决固然可以免去一些做错事的可能,但也失去了成功的机会。
——美籍华裔企业家王安博士

犹豫心理一经渗入总经理的心里,总经理将会陷入一种尴尬的境地,欲左顾右,欲右顾左,内心深处的矛盾冲突便会一点点逐渐在行为上表现出来,从而影响正常的管理工作。

同时犹豫心理对总经理的情绪也会产生负作用,容易使人急躁不安,彷徨无措,导致被动和失败。

有犹豫心理的总经理,原本深思熟虑的投资方略和经过认真细致制定的投资计划,在决策时或是忽然间产生了自我不信任感或是受到外界因素的影响,会对自己已策划完善的投资计划发生动摇,很容易导致计划最终得不到实施,丧失了获取投资收益的大好良机。

在公司投资中,犹豫心理导致总经理瞻前顾后、决策不明、错失时机的现象是很多的。这种现象有着一定的普遍性。

公司投资过程是从产生投资动机开始,经过对自身主观状况和外界客观因素的综合分析,然后据此分析结果做出决策,最终将决策内容付诸行动。犹豫心理往往是在马上要行动的关键时候出现,使总经理改变决策或回过头来重新思考。等到再一次确认原决策正确,应该实施的时候,外因或内因已经起了变化,所决策的内容不能再正常进行了。

总经理应当明白:一个决策实施时,既有获胜的机会,也有失败的危险。但是一旦决策好了,该出手时就出手。

一个公司不仅在如何正确决策时要果断,在发现决策失误时,也应立即采取果断措施加以纠正,不应听之任之,这一点,是尤为难能可贵的。

（1）当你能够做出迅速而准确的决策时,你手下的人就会信任你。为了能够做出这样的决策,你必须广泛收集材料加以分析,下定决心,在下达命令时,要对你做出的决策充满信心,要表现出无论如何都不能失败的样子。

（2）当你对你的决策表现出判断正确、认识深刻的时候,人们就永远会竭尽全力为你工作。如果你能在最不利的条件下进行逻辑推理并能不失时机地利用各种有利的条件采取行动,你手下的人就会尊重你高超的判断能力和决策能力,他们会竭尽全力为你效劳。

（3）作为一个总经理,你应该为你的整个企业树立起这种榜样,表现出这种姿态。如果你对你的行为有把握、有决心,那么手下的人就会对他们的行为有把握和有决心。他们自然就会成为你的一面镜子,在这面镜子里你可以看到你是一个什么样的人,你在做什么,又是怎么做的。

（4）没有自己做决定的能力是一个人遭受挫败的主要原因,这不仅表现在商业及管理方面,也表现在人们解决个人问题方面。

商训深解

由于市场环境的不确定性、偶然性,不仅给企业总经理带来了危险与竞争,同时也带来了希望与机遇。在激烈的市场对抗中,企业经理人假如不能发现机会,及时利用战机,就不可能正确地决策。

"军"令如山,将决策贯彻到底

> 决策如果得不到贯彻实行,那就等于是一张废纸。
> ——美国著名管理学家赫伯特·西蒙

若下属能够依照你的意愿而完成所赋予的任务,就没有问题。但是在现实生活中,并非一切皆如此顺利。相信你一定有过因遇到阻碍而无法完成工作目标的经历。

无法达到预期的营业额、经费超出预算、拿不到预约的原料、无法在约定期限内交货、无法回收成本,诸如此类的情况,相信你经常碰到。或许你也可能听过下属的埋怨:"这很难办呀!""请再多宽限几天。""我已经尽力了。"你应该如何处理呢?

基本的原则是,你不可轻易地向下属妥协。虽然达到目标并非易事,然而若每次皆延迟进度,重新修正,最后任务的内容就变得含糊不清。

即使对下属有些过意不去,你仍须坚定地重复你的命令。你需要大声地激励对方:"不要净说些丧气的话,努力去做看看!"做一个可以对下属说出不讲理的话的上司,这不也是一种理想吗?

公司里的工作包罗万象,并且各具特色,我们无法一概而论,但现今的上班族似乎缺乏工作时的最后冲刺力。

每个人都有能力把工作做好,公司里也有很多有能力的优秀员工,而且很多业务都已电脑化,所以大部分的任务皆能达到一定的成果。

但也有许多任务,只因一点小差错便产生了天壤之别。或许你经常后悔,如果当时再叮咛下属的话,他就能够和对方签约了;或者你再唠叨一点,下属就能与想见的人见面了。

下命令时,总经理必须大略预测一下未来的情势。遇到此种状况时要如此做,演变成那样时则需要那么做。在最后的阶段时更需用心,详细地指示下属,如此就比较不易出问题。

我们经常听到有人主张，下命令要简洁。若因此而产生错误，岂不是白忙了一场，故应该改为下命令要详尽，不给听令者留下退路。

详细地说明命令的内容不会有任何坏处。虽然有人认为："一旦全部委托下属，就不要横加干涉。"但若拘泥于此，可能会失败。

你必须在适当的时机，对下属不厌其烦地叮咛、确认、监督、激励，有时甚至需要伸出援手。或许下属会觉得厌烦，你也无须太在意。

当然，换一个角度看问题，如果上司太过热心地叮嘱，太过于督导下属，也会产生问题。并非一切事务皆可盲目地往前冲。

在完美主义的上司手下工作的人比较辛苦，而且有时压力也会重得让你承受不了。不过，也许你会认为这是一个新趋势。

你是要锲而不舍地追求，抑或就此紧急煞车？是坚持己见，或是与对方妥协？若选择与对方妥协，妥协的极限又在哪里？诸如以上情况的判断，都是牵一发而动全身的。

判断也会因内容的不同而有所变化，虽然我们无法提出一个总体的结论。建议在所有的情况下，你都必须考虑一个基本原则。那就是，以员工的观点来考虑一切事物，不要只顾追求公司的利益。由于业务的扩展而造成了刑事责任的追究，并且失去了员工的信赖，类似这种企业的消息每天都会出现在报纸上。你必须牢记，员工若得不到幸福，公司就不可能兴盛。

另外一个原则是，公司的目标必须以完成社会的正义为宗旨，简单地说，就是对社会要有所贡献。

一家公司若只以盈利为目的，员工们必定会自甘堕落。你与你的下属就会在这家公司里虚度岁月了。

商训深解

很多时候，公司经营不善就是因为决策得不到贯彻，总是有人接二连三地提出各种各样的问题，质疑先前已经确定下来的决定。在这里，我们并不是提倡总经理"把头埋进沙子里"，对已经做出的决定就不闻不问，一味遵守。只是你确实需要一段时间去看看那些已经确定了的决定是不是正确的，频繁的变更只会使你处于等待观望状态，而不是一直向前进。更重要的是，这样做还会影响到你在公司的威信。每一次当你对已经做出的决定犹疑不决时，你也同时在自己员工的心里制造了一种困惑。因此他们也会跟着你总是摇摆不定，沿一条曲折的路前进，不仅这样，他们还会觉得你简直就在浪费时间。如果你一直是这样优柔寡断、犹豫不决,肯定会导致你的团队不是立即执行你的决定,而是等到他们认为你再也不会改变主意时,才真的去执行。

情绪不好时不要急于做决策

> 万科之所以能走到今天,就是因为有稳定的心态,一步一个脚印。在这个社会上,有很多事情是没法超越的,不是你想多快就能多快。
>
> ——万科股份有限公司董事长王石

《孙子兵法·火攻篇》说:"主不可以怒而兴师,将不可愠而致战,合于利而动,不合于利而止。怒可以复喜,愠可以复说;亡国不可以复存,死者不可以复生。"

发怒等负面的情绪对工作业绩有很大的影响。因为,人在发怒的时候,智商基本上是零,如果这个时候做决策、干工作会缺乏效率。

一个错误的决定做出了,后果是不堪设想的,往往悔之晚矣。特别像孙子说的发动战争这样的关系国家生死存亡的大事,更是不能凭情绪决定。不论怎样生气,都要坚持一个原则:做出的决定是否对国家、对单位、对家庭、对子女有利,有利者,为之;不利者,避之。一定要记住"怒可以复喜,愠可以复说;亡国不可以复存,死者不可以复生"的道理。

我们不妨试试。

记得有一位昔人曾总结了一条很好的经验,那就是在生气的时候先睡上一觉,醒来的时候再处理问题,那样就冷静得多了。

总经理不妨试试。

商训深解

作为一名公司管理者,身负公司发展的重任。在管理过程中,总经理要时刻保持清醒,保持舒畅的情绪,在管理过程中做出明智的决策,创造更高的价值。

第七章

团队法则：最锋利的就是你和你的团队

单枪匹马是闯不出一番事业的

一个公司把什么都靠在一个人身上,这样的公司最脆弱。

——IDG 亚洲区总裁熊晓鸽

现代社会,已经不是一个人单枪匹马就能闯出一番大事业的时代了,离开他人的帮助和意见,这样的总经理往往会在复杂多变的商场上碰得头破血流。

一家规模很大的公司招聘高层管理人员,9 名优秀应聘者经过初试,从上百人中脱颖而出,闯进了由公司老总亲自把关的复试。

老总看过这 9 个人详细的资料和初试成绩后,相当满意。但是,此次招聘只能录取 3 个人,所以,老总给大家出了最后一道题。

老总把这 9 个人随机分成甲、乙、丙三组,指定甲组的 3 个人去调查本市婴儿用品市场,乙组的 3 个人调查妇女用品市场,丙组的 3 个人调查老年人用品市场。老总解释说:"我们录取的人是用来开发市场的,所以,你们必须对市场有敏锐的观察力。让大家调查这些行业,是想看看大家对一个新行业的适应能力。每个小组的成员务必全力以赴!"临走的时候,老总补充道:"为避免大家盲目开展调查,我已经叫秘书准备了一份相关行业的资料,走的时候自己到秘书那里去取!"

两天后,9 个人都把自己的市场分析报告送到了老总那里。老总看完后,站起身来,走向丙组的 3 个人,分别与之一一握手,并祝贺道:"恭喜 3 位,你们已经被本公司录取了!"然后,老总看见大家疑惑的表情,呵呵一笑,说:"请大家打开我叫秘书给你们的资料,互相看看。"原来,每个人得到的资料都不一样,甲组的 3 个人得到的分别是本市婴儿用品市场过去、现在和将来的分析,其他两组的也类似。老总说:"丙组的 3 个人很聪明,互相借用了对方的资料,补全了自己的分析报告。而甲、乙两组的 6 个人却分别行事,抛开队友,自己做自己的。我出这样一个题目,其实最主要的目的,是想看看大家的团队合作意识。甲、乙两组失败的原因在于,他们没有合作,忽视了队友的存在!要知道,团队合作精神才是现代企业成功的保障!"

"就招聘员工而言,我们有一套很严格的标准,最必要的是团队精神。"微软中国研发的总经理张湘辉博士说:"如果一个人是天才,但其团队精神比较差,这样的人我们不要。"

中国IT业有很多年轻聪明的人才,但团队精神不够,让他们独立做一个编程或者网页,这是没有什么问题的,但一旦他们选择创业,往往很难成功。

看看下面这些情况是否在你的身上发生过:

从不承认团队对自己有帮助,即使接受过帮助也认为这是团队的义务;

遇到困难喜欢单独蛮干,从不和其他团队成员沟通交流;

好大喜功,专做不在自己能力范围之内的事。

一个总经理如果以这种态度对待所面对的团体,那么其前途必将是黯淡的。只有把自己融入到团队中去的人才能取得大的成功。融入团队必须要有强烈的团队意识,不要以为自己是总经理,就什么都由自己来决定,要和"狂妄""自视清高""刚愎自用"坚决作别,代之以"众人拾柴火焰高""众志成城""齐心协力"的团队意识。

总经理是否具有团队合作的精神,将直接关系到他的创业能否成功。

作为一个总经理,只有把自己融入到整个团队之中,凭借整个集体的力量,才能把自己所不能完成的棘手的问题解决好。

商训深解

作为总经理,你自己一个人的成功并不算是真正的成功,团队的成功才是最大的成功。对每一个总经理来说,谦虚、自信、诚信、善于沟通、团队精神等一些传统美德是非常重要的。而团队精神在一个公司,在一个人的事业发展中都是不容忽视的。

增强凝聚力,发挥整个团队的力量

要想在中国取得成功,增强凝聚力是你必须要迈过的一个坎。

——巨人集团董事长史玉柱

看这样一个统计数据:5年之内,90%的创业型企业会倒闭;10年之内,剩下的10%的企业中90%也将会退出市场,也就是说,10年之后,只有不到1%的创业者会幸存下来。虽然这个数据不一定准确,但也反映出了一个基本事实,选择创业的人,失败的远比成功的多。

创业者为什么"死亡率"如此之高呢?许多人分析主要的原因在于创业过程中,几个股东意见不一致,发生内斗。粗略一看,确实是这么回事。但事实上却不尽然。

事实上,人力资源才是创业成功与否的最关键要素。创业者之所以多遭破产厄运,最主要的原因在于他们缺少一支优秀的创业团队。可以说,失败的创业者从创业一开始,就奠定了创业失败的命运。

搭建一支优秀的创业团队对任何创业者而言,都是一项至关重要的工作。那么,我们应该如何搭建一支优秀的创业团队呢?换句话说就是,优秀的创业团队是啥样的呢?

这里首先要说到的就是团队凝聚力,也就是说一个好的创业团队,必须有强大的团队凝聚力。

团队凝聚力是维持团队生存的必要条件,对团队的潜能发挥有着重要作用。如果一个团队丧失凝聚力,就会像一盘散沙,难以维持下去,并呈现出低效率状态;而团队凝聚力较强的团队,其成员工作热情高,做事认真,并有不断的创新行为,因此,团队凝聚力也是实现团队目标的重要条件。

作为团队领导人的总经理,在给予每位成员自我发挥的空间的同时,要破除个人英雄主义,搞好团队的整体搭配,形成协调一致的团队默契;同时还需让团队成员懂得彼此之间相互了解、取长补短的重要性。如果能做到这些,团队就能凝聚出高于个人力量的团队智慧,随时都能创造出惊人的团队表现和团队绩效。

早在1945年,号称"经营之神"的松下幸之助就提出:"公司要发挥全体员工的勤奋精神",并不断向员工灌输所谓"全员经营""群智经营"的思想。为打造坚强的团队,在20世纪60年代,松下电器公司会在每年正月的一天,由松下带领全体员工,头戴头巾,身着武士上衣,挥舞着旗帜,把货物送出。在目送几百辆货车壮观地驶出厂区的过程中,每一个工人都会升腾出由衷的自豪感,为自己是这一团体的成员而感到骄傲。

在给全体员工树立团队意识的同时,松下公司更是花大力气发动每一个工人的智慧和力量。为达到这一目的,公司建立提案奖金制度,不惜重金在全体员工中征集建设性意见。

正是因为松下公司充分认识到团队力量的重要，并在经营过程中处处体现这一思想，所以松下公司的每一个员工都把工厂视为自己的家，把自己看做工厂的主人。纵使公司不公开提倡，各类提案仍会源源而来，员工随时随地——在家里、在火车上，甚至在厕所里，都会思索提案。

松下公司与员工之间建立起可靠的信任关系，使员工自觉地把自己看成是公司的主人，产生为公司做贡献的责任感，焕发出了高涨的积极性和创造性。松下公司因此形成了极大的亲和力、凝聚力和战斗力，使公司不但从一个小作坊发展成世界上最大的家用电器公司，而且成为电子信息产业的大型跨国公司，其产品品种之多，市场范围之广，成长速度之快和经营效率之高都令人惊叹！

当团队必须完成某一共同而艰巨的目标时，团队的凝聚力往往会极大地增强，总经理是公司团队的带队人，要善于增强和运用团队的凝聚力。

第一步，设立需要团队成员分担困难的目标和工作条件，包括思想上、管理上和物质上的困难，以及能够将团队成员们拉到一起来的时间期限。

第二步，将开始的目标限制在非常近和有一定局限的范围内，从而使关于战略或管理诸方面的分歧淹没在紧迫的任务中。

第三步，不断重复这种目标设定的过程，从而使团队成员了解他们对待彼此、对待任务以及对待问题的行为和反应方式。这种对团队其他成员的了解是建立在相互信任的基础上，因为信任对团队的凝聚力最为重要，而这种信任，并非一般感情意义上的信任，而是一种对任务及目标的认识结果。如果说信任是增强团队凝聚力的一个条件，那么团队成员之间的密切交往就是建立信任的主要手段之一，这种方法对普通员工来说是有效的，对于总经理与合伙人之间，总经理和企业高层管理人员之间也是有效的，甚至可能更为有效。

第四步，总经理要善于将长期、抽象的目标转化为紧迫、具体的目标，并使团队的所有成员都清楚地了解其共同面临的危机。如要实现企业的赢利目标或降低成本的目标，它都需要制订一系列切合实际的具体的中间目标来完成。这种方法，比抽象的目标更能使团队成员达成共识。

商训深解

21世纪的竞争是人才的竞争，除了实施增强团队凝聚力的思想和组织措施外，总经理还应当将薪资计划与公司的长期战略挂钩，另外，还要建立非货币性的壁垒，因为除了金钱，声誉也是非常重要的，将每一位团队成员的公众形象同企业的战略支持活动联系起来,要利用各种机会,使团队成员为战略实施付出努力。

团队的好坏决定事业的成败

如果把我的公司的资金、设备、场地、客户、原料全部拿走,只留下我的管理团队;四年之后,我还是钢铁大王。

————钢铁大王卡内基

有人说,公司的运作最终是团队的运作,团队的好坏决定事业的成败。在一个团队中,只有做到"心往一处想,劲往一处使",让每一位成员找到自己的位置,才能使团队形成一股合力,事半功倍地完成每一项任务!相反,在一家公司中,如果十个人十条心,你做你的我想我的,才能不去发挥,知识不去运用,只说不做,心思整天都用在制造谣言、制造矛盾上。那么,无论这个团队中的成员学历有多高、技术有多精、学识有多深,团队成员的力量也不能朝着有利的方向发展,一切才华、学识对于这个企业来讲都等于零。因为,在团队里没有"谁"比"谁"更重要,团队的好坏取决于所有的成员。

比如,世界500强之一的沃尔玛就是一家非常重视团队作用的企业。在沃尔玛的高层管理者看来,公司中的每一个成员就像墙上的一块砖,每块砖固然牢固,但要使砖凝结成具有力度的一堵墙,不可缺少的则是砂浆。也就是说,整个团队要有一个共同的目标、要有一种团队精神。在这一精神的主导下,团队中的全体人员围绕着共同的目标一起努力,相互尊重、相互信任、畅所欲言,这样团队才会不断前进。俗话说得好:"三个臭皮匠,超过一个诸葛亮"。在一个优秀的团队中,有困难可以靠集体的力量去克服,没有的东西就会创造出来,缺少的东西也会心甘情愿地去补上,这样的公司就会战无不胜,这样的公司才会显示出无穷的魅力。

诚然,这种团队意识,绝非沃尔玛公司所独有。类似于这种把个人归属于集体的团队意识,也是很多国际公司刻意追求和培养的。团队的好坏决定事业的成败,说的就是团队这种意识能使员工们工作热情更高,工作体验更深,从而也使他们的生活更具价值。这是一种只有协同合作才能制造出的触动人类心灵深处的精神,并从内心深处发出"同甘共苦,精神共享"的呐喊。

■ 商训深解

一个民族要发展、要强盛,必须以"民族团结"作为支撑。同样,一个公司、一个部门要发展、要提高,也必须依靠团队精神。人们常说:团队精神的力量是无穷的,揭示的就是这样一个带有普遍意义的道理。所以,在新的历史时期,某项事业的成败,在很大程度上将会取决于团队的好坏,人心齐,泰山移,人心散,诸事败。

团队执行力:现在,立刻,马上

> 孙正义跟我有同一个观点,我们俩人在东京讲过,一个方案是"一流的 Idea 加三流的实施";另外一个方案,"一流的实施,三流的 Idea",哪个好?我们俩同时选择"一流的实施,三流的 Idea"。
>
> ——阿里巴巴集团主席马云

所谓团队执行力,指的是贯彻战略意图,完成预定目标的操作能力。它是团队竞争力的核心,是把企业战略、规划转化成为效益、成果的关键。

阿里巴巴团队就是一支执行力非常强的团队。阿里巴巴集团主席马云曾自豪地将阿里巴巴称为"一支执行队伍而非想法队伍"。他还在各种不同场合反复强调,有时去执行一个错误的决定总比优柔寡断或者没有决定要好得多。因为在执行过程中你可以有更多的时间和机会去发现并改正错误。

马云说过一个在国内企业界非常著名的段子:"孙正义跟我有同一个观点,我们俩人在东京讲过,一个方案是'一流的 Idea 加三流的实施';另外一个方案,'一流的实施,三流的 Idea',哪个好?我们俩同时选择'一流的实施,三流的 Idea'。"当然,客观地说,阿里巴巴是一个既有一流 Idea 又有一流实施的团队,否则不会有今天。

在阿里巴巴创业之初,马云就多次要求自己的员工具有很强的执行力。在阿里巴巴内部,一直传播着这样一个故事:

阿里巴巴刚成立时，一些员工对公司的未来并不是充满信心，因为那个时候，市场上最受宠爱的网络公司是新浪、搜狐这样的门户网站，而阿里巴巴的模式是独创的，当时还没有多少人能认识它的价值。

当时，中国对外贸易通道主要靠"广交会"、国外展会或者依托既有的外贸关系，还很大程度上受控于香港贸易中转。入世在即，很多中国中小企业迫切需要自主控制外贸通道。马云认为阿里巴巴能够而且应该肩负起这个使命。

实现方式，马云坚持用BBS。"只要能发布供求信息，能按行业分类就行。"其他人不同意，拍着桌子同马云吵。争吵达到最激烈时，马云仍不改初衷，他始终认为方便用户才是对的，自己的思考也是对的。"阿里巴巴用户是不怎么会上网的商人，一定要简单。"

1999年3月，马云在外地发电子邮件要求手下立即完成BBS设计，手下还是不同意。马云怒了，拨通长途电话，尖叫："你们立刻、现在、马上去做！立刻！现在！马上！"他真想立马飞回去，猛拍他们脑袋。

由于马云的强硬要求，阿里巴巴的发展方向最终确定下来，并获得了有效的执行。这也使得阿里巴巴在互联网泡沫时期不仅坚持下来，而且实现了赢利。

总的说来，马云就是这样一个领导：有意见，你可以提；有想法，你可以说；你甚至可以和他吵，可以和他打一架。但是，这里存在一个前提——在马云还没拍板之前。一旦马云决定了的事情，九头牛都拉不回；一旦马云下了命令，你就必须"立刻、现在、马上"去执行。

2004年，马云为阿里巴巴定下了每天赢利100万元人民币的目标；2005年，马云又为阿里巴巴定下了每天缴税100万元人民币的目标。虽然公司内外对能否完成这些目标提出了极大的质疑，但出人意料的是最终都一一实现了。这也就是马云团队超强执行力的真实体现。这些都值得每一位总经理认真学习。

商训深解

一个公司团队是一个组织，一个完整的集体，它的执行力也应该是一个系统、组织和团队的执行力。执行力是公司经营成败的关键，只要公司团队有好的管理模式、管理制度，好的带头人，充分调动团队成员的积极性，管理执行力就一定会得到最大的发挥，团队就一定能创造最大的利益。创业要实现"办一流企业、出一流产品、创一流效益"的经营宗旨，解决管理中存在的问题，就必须在员工中打造一流的团队执行力。一个执行力强的公司，必然有一支高素质的员工队伍，而具有高素质员工队伍的公司，必定是充满希望的公司。

科学的团队管理机制

一个公司的规矩太重要了,谁都无权破坏。管理必须无情。

——巨人集团董事长史玉柱

对于总经理来说,在团队内部,一定要形成一套科学有效的管理机制,使公司能够时刻保持正常、高效的运转,这样,整个团队才能对市场的任何变化都保持高度的敏锐,总经理也才能快速、准确地做出反应,使自己永远掌握主动权。

上令下达、下情上达,确保整个团队的密切联系,对团队内部的潜在问题时刻给予关注,才能防患于未然,确保整个团队的健康。

总经理如果发现有些团队成员自以为是,各行其道,甚至居功自傲,功高震主,公然与上司分庭抗礼,造成了公司的分裂,严重干扰了公司的正常秩序,那么就必须采取断然措施,将这些"害群之马"尽力清除干净。

日本伊藤洋货行把饮食业的奇才岸信一雄招聘进来,委以重任,推动了公司业务的飞速发展,尤其是饮食部门,在他的直接领导下,更是取得了非凡的业绩,在短短十年时间里,业绩就激增数十倍,令业内人士震动不已。

但随着公司业务的不断发展,岸信一雄却与公司董事长伊藤雅俊的分歧越来越严重。伊藤雅俊是一个传统型的商人,他强调诚信为本、顾客至上,要求公司以严密的组织形式来保证经营的顺利进行,但岸信一雄却恰恰相反,他个性粗犷,行事豪爽,对部下比较放纵,更注重于开拓市场,大胆扩张。

两人的分歧越来越严重,以至于到了水火不容的地步。岸信一雄有超人一等的业绩做后盾,显得越来越强硬,对伊藤的批评和指责不屑一顾,我行我素,俨然成了公司里的一个异类。

伊藤再也无法容忍了,就狠下心来,断然将岸信一雄解雇了。对于人们的非议,伊藤辩解说:"纪律和秩序是公司的生命,不守纪律的人一定要处以重罚,即使会因此减低战斗力也在所不惜。"

这番话是很有见地的,任何公司都必须以纪律和秩序作为基础,这样才能确保正常的经营，才能凝聚成强大的力量，战胜一切艰难险阻，才能团结奋进，以不可阻挡之势，不断开发新产品，开拓新市场，让公司走向更加辉煌的明天。

如果公司内部出现几个岸信一雄式的人物，那么对公司的负面影响必将是十分久远的。将这样的人物清除出去，是正确的、及时的，也是可以理解的。但是由于这样的人物确曾对公司做出过卓越的贡献，因此在进行这种处罚的时候，一定要慎之又慎。

伊藤解雇岸信一雄，就曾招致相当强烈的批评，被人指责为滥杀功臣、容不下人才，似乎他成了小肚鸡肠、心狠手辣的暴君。可见，要想避免这样的事情发生，就应该事先制定一系列科学的规章制度，确保公司的正常秩序，使全体员工和部门领导既各负其责，又互相合作，具有较强的凝聚力。

对于那些确有才能、能够独挡一面的团队成员或者领导，在对他们给予足够信任、让他们把才能尽量发挥出来的同时，还要对他们的权限和责任给予一定的约束，并用规章制度的形式体现出来。

如果公司内部已经发展到了伊藤洋货行的那种局面，作为领导者，就必须早下决心，及早除去对公司构成严重威胁的心腹大患，以免矛盾进一步激化下去，给总经理带来更严重的灾难。

商训深解

科学的内部管理机制是公司团队管理的重要内容，只有根据自己团队的具体情况，逐步建立并进一步完善它，才能使自己的团队永远保持组织严密，进退一致，具有强大的战斗力，在市场竞争中无往而不胜。

不抛弃，不放弃

不让任何一个队员掉队的团队是最优秀的团队。

——阿里巴巴集团主席马云

《士兵突击》是一部经典军事题材的电视剧，该剧传达的核心价值观是六个字：不抛弃，不放弃。这种精神给很多观众带来了温暖和鼓舞。

该剧中，史班长正是因为对主角许三多的"不抛弃，不放弃"，才造就了一个不可多得的尖兵；而许三多也正是因为对队友的"不抛弃，不放弃"，才谱写了一段又一段的感人故事。

"不抛弃，不放弃"符合现代管理学崇尚"人本管理"的理念。人本管理以尊重人性、挖掘人的内在潜能为宗旨，努力通过创造一种宽松、信任的外在环境而充分发挥人的主动性、团队精神、责任感、创新性。

一个成熟的总经理，必然有着属于自己的团队，而在团队中也必然有落后的成员，不可能都是一样优秀。对总经理来说，是简单地放弃，还是互帮互助共同走向成功？毫无疑问，是后者。首先，简单放弃不利于打造一个成功、高效率的团队，因为，这样做只能是让团队成员处于一种紧张的工作环境，心理压力很大，每日惶惶不安，同事关系也很紧张，团队精神差，这种环境下的员工有一种被动感和被指使感。中国人自古就清楚"唇亡齿寒"的典故，今天你这个总经理可以简单地放弃他，明天我的价值被榨取干了你也可能简单地放弃我。其次，法律环境也不允许简单放弃，因为这样做可能违反劳动法等法律条规。再次，简单放弃易带来抱怨，被放弃者不心服口服，有时甚至会报复创业者，这样的例子在商场上不胜枚举。

商场如战场，总经理需要用心学习士兵的品质和精神。

一、"不抛弃"，关心团队成员

有一位总经理，在他的营销团队中有一个业务员，不爱说话，沟通技巧和营销技巧很不好，别人跟他说话的时候，他会呆滞地看着别人，显出一副走神的样子，他的第一任主管曾经和这位总经理说：经理，给我换个人吧，我觉得他不行，经销商也说他不行。但这位创业者没有同意，他说：你先带一带吧，不要轻易否定一个人，也不要道听途说，你要亲自教，亲自考核，之后如果还不行，再换人不迟。后来由于区域整合，换了一个主管，由于新的主管注重培养人，该业务员很争气，勤奋刻苦，很快独挡一面，负责的那个区域业绩不断稳步提升，升为营销主任。

这样的例子在商场上其实有很多，有些团队成员的能力是需要一定的时机才能彻底发挥出来的，只要总经理"不抛弃"，给他以机会，他就能释放出自己的光和热。

二、"不放弃"，让你团队坚定创业信念

士兵许三多，连单杆都爬不上去，却凭着没日没夜的努力，在杆上连续大回环

333圈,破全连纪录,他因此而昏迷了好几天,这就是信念;士兵许三多,被贬到专门收留"垃圾士兵"的五班,面对着天天无所事事、浑浑噩噩的队友,而他却始终保持着士兵的本色,每天负重长跑10公里以上,这就是信念。

商训深解

团队必须是一个凝聚的整体,有一个共同的信念。如果没有"不抛弃、不放弃"的精神,就不可能让团队发挥出最大的力量。

与团队伙伴同享荣耀

大家做出努力之后有公道的回报,在利益分配方面比较公平。这是我们团队的决窍。

——IDG亚洲区总裁熊晓鸽

正确对待荣誉的三种方法是:感谢、分享、谦卑。作为总经理,最应该做到的是分享,学会分享是一种获得别人真诚帮助的方法。

美国有家罗伯德家庭用品公司,八年来生产迅速发展,利润以每年18%～20%的速度增长。这是因为公司建立了利润分享制度,把每年所赚的利润,按规定的比率分配给每一个员工,这就是说,公司赚得越多,员工也就分得越多。员工明白了"水涨船高"的道理,人人奋勇,个个争先,积极生产自不待说,还随时随地地挑剔产品的缺点与毛病,主动加以改进。

与此相反,有一位卡凡森先生,很有精力,他是一家出版社的编辑,并担任下属一个杂志的主编。平时在单位里上上下下关系都不错,而且他还很有才气,工作之余经常写点东西。有一次,他主编的杂志在一次评选中获了大奖,他感到十分荣耀,逢人便提自己的努力与成就,同事们当然也向他祝贺。但过了个把月,他却失去了往日的笑容。他发现单位同事,包括他的上司和属下,似乎都在有意无意地和他过意不去,并回避着他。

过了一段时间,他才发现,他犯了"独享荣耀"的错误。就事论事,这份杂志之所以能得奖,主编的贡献当然很大,但这也离不了其他人的努力,他们当然也应分享这份荣誉。他们不会认为某个人才是唯一的功臣,总是认为自己"没有功劳也有苦劳"。自己"独享荣耀",当然会引得别人不舒服,尤其是他的上司,更会因此而产生一种不安全感,害怕失去权力。

当你获得荣耀时,对他人要更加客气,荣耀越高,头要越低。另一方面,别老是提及你的荣耀,说得多了,就变成了一种自我吹嘘,既然你的荣耀大家早已经知道,那你何必总是提及呢?

商训深解

成功者往往不会独享荣耀,说穿了就是不要去威胁别人的生存空间,因为你的荣耀会让别人变得黯淡,产生一种不安全感。而当你获得荣誉时,你去感谢他人、与人分享、为人谦卑,这正好让他人吃下了一颗定心丸,人性就是这么奇妙,没什么话好说。因此,当你获得荣耀时,一定要记住以上几点。如果你习惯了独享荣耀,那么总有一天你会独吞苦果!

留住团队中的关键人物

要让所有员工都知道,他们来就是要把公司做大。

——阿里巴巴集团主席马云

领导 GE 公司成为世界数一数二企业的杰克·韦尔奇在 GE 公司最初的经历十分有趣,他在进入该公司一年后十分不满公司的官僚主义,打算另谋高就,结果是 GE 公司副总裁鲁本·加托夫苦口婆心地劝留了他,不惜做出让步,成功挽留了一个优秀的人才,而这个人才在后来也确实将 GE 公司带入了一个辉煌的时代。而这也成为鲁本·加托夫本人的管理生涯中最值得大书特书的地方。

获得博士学位后,杰克·韦尔奇进入了 GE 公司。他主要负责 PPO 材料的研制工作,这种新型材料在所制定规格的颜色与展延性上有一些小问题存在,但韦尔奇依然热情工作,努力去克服一个又一个的难题。

韦尔奇成功地推出 PPO 材料时,他被公认为 GE 公司塑胶部门的一颗脱颖而出的新星,成为众多化工公司关注的焦点,开始有猎头公司盯上他了。就在韦尔奇雄心勃勃地要大展宏图之时,他发现 GE 公司存在着严重的官僚主义,首先体现在薪酬管理问题上。年底时,公司给韦尔奇加了 1000 美元的薪水,他为此感到很高兴。但很快,韦尔奇发现无论员工表现好与坏,在工作的第一年终结时,每一个人都获得 1000 美元的加薪。

生性要强的韦尔奇无法忍受 GE 公司对人才的偏见,他认为既然付出了努力,就应该得到等额的回报。而他相信自己应该获得更高的薪水,所以他毅然地向 GE 公司塑胶部门主管提出了辞职。当时位于芝加哥的国际矿物化学公司十分欣赏韦尔奇的才华,他们向韦尔奇提出,只要他愿意加入 IMC 做一名化学工程师,他就能获得 25000 美元的年薪,相当于韦尔奇在 GE 公司的两倍。韦尔奇略做考虑,就接受了这个职位。

就在韦尔奇预备动身的这一天,正在麻州考察的 GE 公司副总裁鲁本·加托夫闻讯赶到了塑胶部门。他对这位年轻的化工博士早有耳闻,尤其是他研制出 PPO 材料以后,塑胶部门的业绩直线上升。加托夫意识到,GE 公司应该留住像韦尔奇这样的人才并委以重用,不然对公司是一大损失,同时也增加了竞争对手的锐气。

加托夫找到了韦尔奇,极力劝他留在塑胶部门。他知道年轻人的脾气,便许诺给他以三倍于现薪的薪酬作为他的年薪,工作出色后还有奖励,并且答应他只要他工作再出成绩,就委以更多的责任。

加托夫使用更高的薪水和更高的职位诱使韦尔奇重新回到 GE 公司来上班,他成功了。这个来公司不到一年就想跳槽的小个子青年在今后 40 年内一心一意在 GE 公司工作,并在 1981 年成了公司的总裁,领导 GE 公司雄踞全球企业 500 强中的第一强。

1963 年,加托夫果然没有食言,让这位年仅 28 岁的韦尔奇执掌 GE 公司塑胶部门化学发展运作部门。韦尔奇成了 PPO 工艺开发项目领导人,他们的任务是将 PPO 转变成具有商业价值的产品,但这种材料看起来并不具有很多潜在的市场价值,因为它很难塑造成型。但杰克坚持搞下去,后来终于找到了突破口,制成了一种在高温下具有很高的强度,并且容易塑造的材料,这种塑料制品的商业名称叫"诺瑞尔"(Noryl)。

1965 年,韦尔奇建议 GE 公司建造一座价值 1000 万美元的工厂生产诺瑞尔。到了指定一名经理的时候,没有人愿意接受这个工作,谁都不愿为一种商业价值未能证明的产品去冒险。唯有韦尔奇渴望这个工作,他知道这是一场艰苦的战斗,但是他所具有的能力却是其他搞技术的人员所缺乏的,那就是销售一种产品的能力。他感觉到,应该先把诺瑞尔卖给 GE 公司内部的诸多企业,但当时所有的家用器具都是用金属制造的,韦尔奇就用诺瑞尔制造出了电动罐头起子,这样他就有了一种可以销售的终端商品了,借此他让人们相信,诺瑞尔还可以有许多其他用途,包括汽车车身和计算机外壳等。

1968 年,来到 GE 公司只有 8 年的杰克·韦尔奇成为了 GE 公司最年轻的一位总经理,负责整个塑胶事业部门,其中包括莱克森(Lexan)与诺瑞尔两个新商标产品。1981 年,他成为 GE 公司的第八任总裁,同样是该公司历史上最年轻的总裁,也是人们评价为最有魄力的领导人。

事实证明 GE 公司副总裁竭力挽留韦尔奇是个英明无比的决定。类似韦尔奇的人才在公司中有很多,作为一个总经理要尽最大努力去留住这些进取心强的人才。下面是留住这些人才的几个简单方法,相信会对总经理有所帮助。

1. 时常与员工交谈工作,使双方就有关问题达成一致。
2. 给人才委以更多的责任。
3. 了解员工的思想活动。如果说一个总经理有责任对其员工的思想状况敏感地作出反应,那么虽然难以探测他们心中的秘密,起码应使员工能够接近自己,并暴露思想动态。
4. 大胆起用。在任何一个公司,新聘用的刚刚从大学毕业的优秀生最容易跳槽(一般在两年之内),他们是公司花了很多心思争取到的人才,这样失去,会给公司带来许多损失。
5. 对能力突出的人才给予快速提拔。有时候,总经理有幸得到一个能力极强、以致没有人会怀疑他一定会沿着台阶一直上升的员工。这时,总经理在提拔这个员工时需多动脑筋,如果处理得好,你不仅不会失去他,而且还会给公司带来许多价值与财富。
6. 提供丰厚的报酬。较高的报酬当然是吸引人才跳槽的主要原因之一。在进取心强的员工看来,它至少是体现了总经理对自己能力的重视,是区别于一般员工的一种有效方式。

商训深解

进取心强的员工是公司最富有价值的、积极的资产,是团队中的关键人物。这一类型的员工往往具有很强的自我表现欲,当总经理无法满足他们实现自我价值的要求时,就会感到自己的价值取向和总经理的价值取向存在较大差异,因而抱怨得不到总经理充分的重视和支持,而有可能另寻更加重视、更好发挥他们才华的环境。所以,总经理挽留这类人才,最简单的方法是做出适当让步,为其提供能够发挥其才华的条件。

发挥团队力量的基础——挥洒个性

如何让每一个人的才华真正地发挥作用,我们这就像拉车,如果有的人往这儿拉,有的人往那儿拉,互相之间自己给自己先乱掉了。我在公司里的作用就像水泥,把许多优秀的人才粘合起来,使他们力气往一个地方使。

——阿里巴巴集团主席马云

我们该培养什么样的团队精神呢?或许应该先搞清楚:什么是团队?

什么是团队?看起来这不像一个难以回答的问题。在今天,团队似乎随处可见,而人们也早已泛滥地使用这个词汇了。可如果我们深究:什么样的团队才能够使工作做得最出色、什么样的团队管理才能够真正提高团队的效率时,那就不是一件容易的事情了,这就必须要寻本溯源,回到对"团队"的再理解上来。

《团队的智慧》的两位国际知名作者琼·R·卡扎巴赫、道格拉斯·K·史密斯一再强调要精确地区分团队和一般性的集团:团队不是指任何在一起工作的集团。团队工作代表了一系列鼓励倾听、积极回应他人观点、对他人提供支持并尊重他人兴趣和成就的价值观念。

我们再来看看韦尔奇提到的典型团队——运动团队,不难发现:其一,团队最基本的成分——团队成员,是经过选拔组合的,是特意配备好的;其二,团队的每一个成员都干着与别的成员不同的事情;其三,团队管理是要区别对待每一个成员,通过精心设计和相应的培训使每一个成员的个性特长能够不断地得到发展并发挥出来,这才是名副其实的团队。

这样,团队与一般性集团鲜明的差别就显现出来了——创造团队业绩。团队业绩来自于哪里?从根本上说,首先来自于团队成员个人的成果,其次来自于集体成果，一句话，团队所依赖的是个体成员的共同贡献而得到的实实在在的集体成果。这里恰恰不要求团队成员都牺牲自我去完成同一件事情，而要求团队成员都发挥自我去做好这一件事情。

商训深解

团队精神的形成，其基础是尊重个人的兴趣和成就。设置不同的岗位，选拔不同的人才，给予不同的待遇、培养和肯定，让每一个成员都拥有特长，都表现特长，这样的氛围越浓厚越好。

建设团队的一个误区

最好的CEO是构建他们的团队来达成梦想，即便是迈克尔·乔丹也需要队友来一起打比赛。

——通用电话电子公司董事长查尔斯·李

作为总经理，都会情不自禁地做一件事：使自己的团队成员趋近于自己，包括趋近于自己的工作方式、为人处事、性格爱好……每个人都喜欢与自己兴趣相投或性格相近的人相处，并容易相处融洽，但是，世界是由不同特征的个体组成的。因此，作为总经理最大的难题，就是要避免这一误区。注意求同存异，保留不同的思想，利用好团队的合力。虽然，谁都喜欢别人赞同自己，不同的声音听起来总有点刺耳，作为总经理，由于要维护自己领导的尊严，往往比一般人更难做到倾听不同的声音，尤其是当这声音是来自下属的时候。但是，对总经理来说恰好又是最需要这些不同的意见，因为这些意见往往是最珍贵的。接受不同的意见和观点，对此加以重视和思考，既有利于防范决策风险，又赢得下属的尊敬。因为只有在开明的总经理的领导下，在友好团结的工作气氛中，团队员工才会以高度的责任心和对总经理的高度信任下勇于提出自己的意见。

商训深解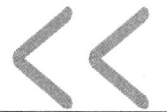

如果把团队建设比做是建造一个缤纷灿烂的花园,那么作为一个园丁,必须了解各种植物花朵的生长特性,以及培育种植的专业知识,不仅让物种各自能在自由、合适的环境下生长,还能够培育它们不断地繁衍下去,才能使整体价值得以体现。总经理就是这个培育者。虽然每一个人的参与都是团队成功不可分割的一部分,但是绝对没有完美的个人,只有完美的团队。在新经济时代,若要驾驭优秀的团队,总经理需要走的路依然很长。

塑造团队精神

小成功靠个人,大成功靠团队。

——微软总裁比尔·盖茨

团队精神不仅仅是对员工的要求,更应该是对总经理的要求。团队协作对总经理的最终成功起着举足轻重的作用。据统计,私营公司在执行决策时失败,最主要的原因是总经理和同事、下级处不好关系,缺乏团队精神。

执行过程中的团队精神包括四个方面:

一、同心同德

组织里的员工应该相互欣赏,相互信任,而不是互相瞧不起,相互拆台,对方反对的我就拥护,对方拥护的我就反对。总经理应该引导下属相互发现和认同别人的优点,而不是拉一派,打一派,故意让下属对立,以突显自己的权力。

二、互帮互助

不仅是在别人寻求你的帮助时提供力所能及的帮助,还要时时寻找机会主动地帮助别人,自己掌握的那些技能和信息是别人所需要的,就应主动提供给别人。反过来,我们也要坦诚地接受别人的帮助。

三、奉献精神

组织成员愿为组织或同事付出额外努力。

四、团队自豪感

团队自豪感是团队里的每位成员的一种成就感或自得感。这种成就感或自得感集合在一起，就成为这个团队战无不胜的战斗力。

商训深解

对总经理而言，真正意义上的成功必然是团队的成功。脱离团队去追求个人的成功，这样的成功即使得到了，往往也是变味的和苦涩的，长期下去是对公司有害的。因此，总经理的职责决不是个人的勇猛直前、孤军深入，而是带领下属共同前进。

团队协作的意义

协作是一切团队繁荣的根本。

——美国自由党领袖大卫·史提尔

一个团队中，每个成员都有自己的特长，也都有为团队奉献的精神，可是如果不把这些分散的、个人的力量拧成一根绳的话，就形成不了推动一切的合力，甚至会因为各自为政而相互掣肘。

井深大刚进索尼公司时，索尼还是一个只有20多人的小企业。但总经理盛田昭夫却对他充满信心地说："我知道你是一个优秀电子技术专家，就像好钢要用在刀刃上一样，我要把你安排在最重要的岗位上——由你全权负责新产品的研发。希望你能发挥榜样的作用，充分调动其他人的积极性。您这一步走好了，企业也就有希望了！"

"我？我还很不成熟，虽然我很愿意担当此重任，但实在怕有负重托呀！"虽然井深大对自己的能力充满信心，但是他知道总经理给他的担子有多重——那绝对不是一个人的力量能应对的。

"新的领域对于每个人都是陌生的，关键在于你要和大家联合起来，这才是你的优势所在！众人的智慧合起来，还能有什么困难不能战胜呢？"盛田昭夫很自信地说。

井深大一下子就豁然开朗了，他说："对呀，我怎么光想自己？不是还有20多位员工吗，为什么不虚心向他们求教，和他们一同奋斗呢？"

他找到市场部的同事一同探讨销路不畅的问题，他们告诉他："磁带录音机之所以不好销，一是太笨重，一台大约45千克；二是价钱太贵，每台售价16万日元，一般人很难接受，半年也卖不出1台。您能不能往轻便和低廉上考虑？"井深大点头称是。

然后他又找到信息部的同事了解情况，信息部的同事告诉他："目前美国已采用晶体管生产技术，不但大大降低了成本，而且非常轻便。我们建议您在这方面多下工夫。"他回答："谢谢。我会向着这方面努力的！"

在研制过程中，他又和生产第一线的工人团结协作，终于一同攻克了一道道难关，1954年研制成功日本最早的晶体管收音机，并成功地推向市场，索尼公司也由此开始了公司发展的新纪元！

井深大就好像一个足球队的队长，调动了每一个球员的积极性，把团队的力量发挥到了极致，终于取得了伟大的成就，而他自己也荣升为索尼公司的副总裁。

商训深解

任何一个组织的成功，都有赖于所有员工的努力。每个员工都必须为组织的成功负起责任，也必须为其中的每个同事的成功担起义务。而每个员工的出色协作，都会为整个组织的辉煌增添绚烂的一笔；如果每个员工各行其是，则会为组织最终的瓦解留下隐患。

只有把组织里所有的力量拧成一根绳，组织才能发挥出巨大的能量，才能使整个组织的执行力发挥到极致。

第八章

人脉法则：人脉就是财脉

做生意就是做人情

> 柳传志给了我很多管理上的经验,段永基给了我很多宏观理念上的启发。
> ——巨人集团董事长史玉柱

所谓投资"人情生意",说简单点,就是在生意之外多了一层相知和沟通,能够在人情世故上多一份关心,多一份相助,即使遇到不顺当的情况,也能够相互体谅,"生意不成人情在"。

俗话说得好:在家要靠父母,在外靠朋友。在外经商就得做"人情生意",只有做好这笔生意才能编织好自己的人际关系网。

张新根是杭州一家笔庄的总经理。1989年在杭州创业,当时的他十分窘迫。那个时候是他人生中的最低谷,苦到买不起煤饼自己找柴禾烧饭。即使如此,他也并没有放弃,而是经常出没于杭州的各个画廊、美术院校,只要有机会就给别人看他的笔,正当他四处碰壁、万般无奈的时候,改变他命运的一个人出现了。

张新根在某一天的一个画廊里,当时任杭州画院副院长的周文清老师也来画廊参观,张新根看周老师气度不凡,就拿出一支上好的毛笔要送给周老师,周老师看后感到很惊讶。这次巧遇使周文清老师对他的笔产生了浓厚的兴趣,以笔会友,两个人在研究笔的过程中结下了深厚的友谊。为了让更多的人了解他的笔,周文清决定帮他开一个笔会,并免费提供场地。通过笔会,张新根认识了画院更多的朋友,还帮助他解决了欠了多年的债务问题。还掉债务后,张新根的心情也轻松起来。时间久了,通过书画家们和顾客间的相互介绍,他的笔庄在杭州渐渐有了名气。

不久后,张新根将他的笔庄开在一个冷清的文化用品市场二楼的拐角里,气氛虽然冷清,但张新根却有他的目的。喜欢毛笔的人都是一些文人,不喜欢很热闹的地方,书法家、画家来这一看就会觉得比较高雅,地方也比较宽敞。有时他还会经常给顾客试笔,如果环境很吵闹,试笔就感觉不出来,那么在清静的地方,就不会打断他的思路,也能感觉到这个笔质量如何。张新根的生意后来越做越大,如今,张新根已经拥有两个笔庄、一家工厂,每年制作销售毛笔四五万支,成为杭州颇有名气的"文化型富豪"。

其实,做生意投资人情,谈的就是一个"缘"字,彼此能够一拍即合,但要保持

长期的相互信任、互相关照的关系也不那么容易,总经理仍然需要不断进行"感情投资"。尤其在商场上,各自都为各自的利益,人与人交往不能不防,所以很容易互相起疑心。情场上,最爱的人常常会变成最恨的人,这在商场上也屡见不鲜。相互最仇视的对手,往往原先是最亲密的伙伴。反目为仇的原因,恐怕谁也说不清,留下的都是互相指责和怨恨。

走到这一步是一些总经理忽略了投资"人情生意"的结果,甚至已经忘掉了这一点。生意场上的许多男人都有这种毛病,一旦关系好了,就不再觉得自己有责任去保护它了,往往会忽略双方关系中的一些细节问题。例如该通报的信息不通报,该解释的情况不解释,总认为"反正我们关系好,解释不解释无所谓",结果日积月累,形成难以化解的问题。特别是人们关系好之后,总是对另一方要求越来越高,总以为别人对自己好是应该的(因为我们关系好),但是稍有不周或照顾不到,就有怨言(怎么能这样呢?要是别人还可以原谅,但我们是朋友啊)。由此很容易形成恶性循环,最后损害双方的关系。

可见投资"人情生意"应该是经常性的。在商务交际中不可没有,在其他任何时候,任何地点都不能没有,人情如同人际关系中的"盐",缺之一切都会淡然无味,更不用谈有很多朋友了。一个成功的总经理应该懂得把人情生意做得恰到好处,这样才能让自己的事业更加顺畅。

商训深解

人是有情之灵物,人人都难逃脱一个"情"字。尽管在商场上素来有"认钱不认人"之说,但是"人情生意"却从未间断过。鸟可为食而亡,人亦可为情所动,凡是经营成功的总经理大多都善于投资"人情生意",编织自己的人际关系网,这使得他们能在复杂的商场上游刃有余。

学会向赢家请教和学习

从每个人身上找到各种机会,不断学习,从而反过来影响别人。

——阿里巴巴集团主席马云

无疑，每一个总经理都想在商场干一番事业，都想做出一些成绩。但在很多时候，他们都喜欢将这些愿望强加于自己一个人的身上，认为独立地完成一件事才是本事，在他人面前即使别人比自己强，他也要独自逞能，不愿向他人请教。这种爱面子的心理往往是总经理做事的最大负担。

1982年，美国哈雷摩托车的主管前往日本本田摩托车设在俄亥俄州的工厂访问，结果令他们大吃一惊。当时本田在美国重型摩托车市场拥有40%的占有率，是哈雷最强劲的对手。因为骑摩托车的人都认为本田的摩托车不但价廉，而且比哈雷耐用好骑。

哈雷当时只想学学本田用来打败他们的科技，但是他们在本田厂内却看不到电脑，也没有机器人，没有特别的作业系统，只有少量的纸上作业。他们看到除了30名职员领导着420名装配工人外，再没有别的了，只是这些员工对工作显得很满意。

本田的赢，赢在它会活用常识，而这也是哈雷可以学习的地方，5年以后，哈雷重振旗鼓，在美国重型摩托车的市场占有率从23%倍增到46%。一切都是因为俄亥俄之旅使哈雷的态度有了革命性的转变，从美国式的好勇斗狠变成卑微可亲、到处求知的形象。在一年之内，哈雷采用了最好的人事管理制度和品牌策略，这些使哈雷得以脱胎换骨。

学习是出人头地的必然前提。你若想在一个行业做出一番成绩，成就一番事业，就要勇敢地向你的同行中的前辈和成功人士学习，事实上，这并不是一件多丢面子的事。你应该公正无私地评估自己的目标和能力，然后模仿学习，调整适应，如果肯努力的话，有时还能超越你原来学习的对象；相反，如果为了面子而逞能，那等待你很可能是失败。

还是孔老夫子说得好：三人行，必有我师。无论经营哪一行业，离开向他人的学习，那就什么也做不成。没有苏格拉底就没有柏拉图，没有柏拉图就没有亚里士多德，而没有亚里士多德，就很可能没有后世的很多优秀哲学家。

向赢家学习请教的效果十分明显。以眼镜制造商"西柏视力"的前董事长东尼为例，虽然从未碰上哈雷那样的破产危机，但还是因为肯向赢家学习而获得彻底的改变。他发现耐心再加上以顾客为导向的作业管理，才是置身世界领袖之林的途径，这使他的经商理念完全改观。

商训深解

山外有山，人外有人。放下面子，向他人请教，你就会发现在他人身上，有很多值得你学习、对你有益的东西。

总经理不要以为只是自己需要向赢家请教,事实上,那些功成名就的大企业家同样离不开向他人请教。美国康州诸瓦克的史都李奥纳,是全球管理最好的超级市场之一。史都李奥纳有一辆巴士,公司就利用这辆巴士定期载员工出去参观别的同行业,有时还到400英里以外的超级市场参观。他们把这种实地参观叫做"一个点子俱乐部"。每个员工至少要找到一处别家超市比李奥纳强的地方,而且要提出如何可以迎头赶上甚至超过的点子。

总经理无论从事那一行,都有你值得学习并模仿的赢家。此外,消费者和客户也是必须请教的对象。

与金融单位搞好关系以备后路

金融单位也是企业,也是做生意的。只要你有胆量和魄力,尽管可以根据自己的需要去与他们做生意,谈条件。对于已经上市的金融单位,你甚至可以入股。

——通用电气原总裁杰克·韦尔奇

外部资金是公司维持和扩大再生产不可缺少的条件。既然一个公司的发展和规模壮大依赖外部资金的程度这么高,总经理就必须着手去解决外部资金问题。取得外部资金,必须通过银行信贷而获得资金,这就不可避免地要与金融界打交道,想办法取得金融界的有力支持,获取公司发展所需资金。这样,公司的生产经营活动才能正常运转,公司的生产规模才能更好地壮大起来。如果公司与金融界的交道打不好的话,对公司发展所起的负面影响是不可估量的。因此,与金融界打交道时,需要注意一些问题。

一、恪守信誉

不仅仅在中国,就是在世界的其他一些国家,讲究信誉对金融界来讲也是重要的。公司在与金融界打交道时,恪守信誉这一问题千万含糊不得,稍微含糊,会使你在此之前所付出的任何努力都将成为徒劳。因此,公司在向银行贷款时,一定要对自己的按期偿还能力以及也许会出现的变化因素作充分的估计,以便使自己更好地做到"恪守信誉"这一点。如果对于金融界来说,公司因种种原因多次失信,那么金融界将会失去与公司业务往来的基本信心与兴趣。相反,如果公司能够坚持做到恪守信誉,事情就不会出现令人消极的一面,公司与金融界的关系将会变得更融洽。因为金融界不会不清楚,自己只有把钱贷出去才能获取利润。自然金融界只想把钱贷放到安全可靠的地方。如果它面对的是一个恪守信誉的公司,那么该公司是很容易获得其所急需资金的,而且还能够享受到种种优惠。由此可以看出,公司与金融界打交道时,恪守信誉很重要。

二、让金融单位有安全感

我们不能忽视这样一点:金融界也是经济实体,它是很讲究实惠的。当公司向银行提出有关贷款申请时,一定把这笔钱用到哪里,将来会产生怎么样的经济效益向金融界讲明白。在这样做时,要特别注意方法问题,能让金融界切实认识到你的投入定能得到很好的回报,由此认为,偿还贷款是绝对没有什么问题的。

三、经常与金融界保持联系

当公司得到了金融界的贷款之后,应该经常、及时地向金融界有关方面通报信息,定期向他们汇报产业项目的进展情况、资金周转情况。当他们来到公司检查有关情况时,千万要热情周到地接待,主动呈报、公布有关资料,积极配合他们完成检查。总经理只有这样做,才能长期而且有效地与金融界保持联系,而金融界也会更有兴趣与信心和你的公司合作。但有一些公司却不这样做,当他得到了贷款后,马上由笑脸转变成冷漠的脸,认为现在是金融界求他了,这样做无非是断了自己的后路。

▎商训深解▎

与金融单位打交道,最重要的是取得信用,让他觉得投资在你身上的钱可以收回。很多人觉得与金融单位打交道手续太过繁琐,而且比较难以取得对方的信任,事实上,只要你按照我们上面所说的去做,就会发现,这并不是什么难事。

找到你的商业贵人

> 我很荣幸有缘与孙正义先生握手。若是没有这次握手，阿里巴巴和淘宝网的事业不会像今天这样顺利展开，尤其是在我收购雅虎中国的行动中。
>
> ——阿里巴巴集团主席马云

马云的创业之所以能取得成功，于一个人有着很大的关系，他就是软银集团的孙正义，甚至有人认为没有孙正义，马云就不可能取得成功，这固然是夸大之辞，但由此也可见孙正义的确是马云的贵人。

孙正义一手创建软银公司（Softbank Corp），是当今数字化信息革命的英雄，被喻为"日本的比尔·盖茨"。他在不到二十年的时间内，创立了一个无人相媲美的网络产业帝国。他的这个帝国并非是受其统治的帝国，而是一个由他支持扶助的高科技产业帝国，他不是在自己独自享受，而是为使更多的人掌握高科技信息，贡献出他的智慧与才能。

孙正义在全球互联网界，可以说，是一个"神"一样的人物，他以一己之力掀起日本的互联网风暴，又独具慧眼地选择重金投资雅虎，在43岁时，成为亚洲首富，总资产高达3兆日元。阿里巴巴、当当网、携程旅游网、盛大、网易……等等在中国炙手可热的网站，都有他的投资。美国《商业周刊》杂志把孙正义称为电子时代大帝（Cyber Mogul），推崇至上。凡是了解他的人，和他共事的人，都认为孙正义不愧此称号。

2000年10月，摩根士丹利亚洲公司资深分析师印度人古塔给马云发来了一封E-mail，称有个人"想和你秘密见个面，这个人对你一定有用"，地点就在北京富华大厦。古塔所说的这个人正是孙正义。

在这次会见中，来自软银、摩根士丹利以及国内众多互联网企业的CEO均在座——有人为中小企业融资而来，有人为投资而来。由于前来面谈中小企业融资事宜的企业太多，孙正义只给每个人20分钟时间阐述公司业务规模、商业模式和目标。

看到这样的情形，马云对这次会面的兴趣就淡了一些。但当投影机调出阿里巴巴网站的页面后，马云还是耐心地向孙正义陈述了阿里巴巴的情况。6分钟以后，他被叫停。

孙正义饶有兴趣的这样问道："你要多少钱？"

马云回答："我不要钱。"

"不要钱你来找我干吗？"孙正义有些诧异地问道。

"不是我来找你投资，是朋友让我来找你的。"马云的回答有些孩子气。

这样的对话，现在看来是非常具有戏剧性的。而真正戏剧性的并不只是这段简短的对话。尽管此前马云刚刚获得了500万美元的投资，但是在那个互联网投资疯狂的年代，500万美元又算什么呢？无数的.com公司都在为融到更多的钱而对投资商努力展示自己的魅力，只有马云例外。但或许正是马云这种反常的回答，刺激了孙正义，他决定投资阿里巴巴，并诚恳地邀请马云去日本和他详谈。

2000年底，经过和马云多次接触和对阿里巴巴的深入了解之后，孙正义决定向阿里巴巴投资3000万美元。3000万美元在当时是一个非常巨大的数字。这条新闻在当时的互联网界引起了轰动，人们都认为这下马云和阿里巴巴是交上了好运。可马云就是这样与众不同，在经过一段时间的思考后，他做出了出乎所有人意料的举动，他竟然对孙正义在国内的助手这样说道："我们只要足够多的钱——2000万美元，太多的钱会坏事。"孙正义的助手听到马云竟然说出这样的话，当即暴跳如雷，认为这太不可思议了，这个马云实在是太不识抬举了。随后，马云向孙正义说明了这件事。

对于孙正义，有人这样评价："他几乎是一个让人无法拒绝的人。"因此向孙正义说"NO"是需要极大勇气的，而马云无疑就是具备这种勇气的人。

最终，孙正义选择了让步，答应了马云的要求，而这也是他投资经历中最大的一次让步。2001年1月，经过一番协商之后，软银与阿里巴巴正式签约，由软银投入2000万美元帮助阿里巴巴拓展全球业务，同时在日本和韩国建立合资企业。

自此，阿里巴巴开始进入全面发展阶段。由此可见，孙正义的确是马云和阿里巴巴的创业贵人。

商训深解

在经商的人际关系网中，只要对经商有利的人，他都可以成为你的经商指导。然而大多数人却很少向身边的人学习经商的经验和技巧，而忽略这一资源的富有性，往往会导致你经商多走很多弯路。

与媒体搞好关系

媒体与企业相互依赖。

——蒙牛乳业有限公司董事长牛根生

一般私营公司的总经理都很少与新闻界打交道,但如果你的生意做大了,或作出了突出贡献,那么,就一定有媒体记者来采访你。任何一个总经理如果忽视了电视、广播和报纸在未来事件和公众形象中的影响作用,那无疑是错失了将生意做强做大的最好机遇。新闻媒介可以帮助你在竞争中脱颖而出,他们也可能把那些暴发户一下子变成你和你的同行都得认真对待的竞争对手。多注意《焦点访谈》这个节目就会明白,要是撞到记者的"枪口"上,让他觉得下次应该把你或你的机构作为"大坏蛋"曝光的话,那结果可就不妙了。因此,任何一个总经理,都应重视搞好与新闻媒体之间的关系。那么,如何与新闻媒介打交道呢?

一、要明白,他们的盘子里也许已经盛了很多菜

只有那些和新闻媒介打交道经验很少的人,才会期望那些编辑、记者们放下手中所有的事,只来关心自己这一件事。除非你是个超级明星,或者是位重要的政界人物,否则记者给你的时间总是很有限。所以,你们一旦接上头,你就应该直奔主题。任何其他的做法都会让人把你看成是刚出道的新手,你讲的事情在新闻媒介中露面的机会也要大受限制。

二、不要发表过度的言辞

记者往往是极为敏感的一群人。如果你讲的话站不住脚,或者给人留下的印象是你想把一个纯粹新闻素材变成一条有偿商业信息,那你或者会被打断,或者会受到猛烈的攻击。是的,你是有一些信息想让人了解,但是记者也有自己的工作要做。如果让人觉得你像是个卖二手车的,对记者所追求的角度和要求的形式,不去努力适应的话,就不必奇怪自己没有得到预期的那种关注,或者没有得到自己期望

的那么长时间的镜头。

三、新闻媒体往往是连锁性的,报道会带来更多的报道

别的新闻机构对你的故事越关注,你就越容易使任何一家报纸相信,你提供的是一条重要的、及时的新闻。但是你必须动作迅速,在你的新闻材料中还要强调,最重要的电视台和出版物曾报道过你的消息。

四、过多地受到新闻媒介的注意,并不见得总是好事

记者们是一群打心眼儿里愤世嫉俗的人,并不是因为他们比其他人敏感,而是因为他们从长期的苦涩经验了解到,和他们打交道的很多人感兴趣的是隐瞒重要事实,只讲事情的一个侧面。揭这些人的老底儿有两个好处:它让记者更加感觉到自己做的工作是有效的和道德的,而且它还能提供一些有趣的、戏剧性的素材来填充报纸的版面和电视节目。所以,绝对有必要向你接触的任何记者表明,你不是坏人!要做到这一点,你可以用一种公正的、不偏不倚的态度来谈论问题,有时可以承认差错和疏忽,强调你很关注一般市民所关心的事情。

五、一个好的"钓钩"应该能用一两句话就说明白

如果你得用多于一个长句或两个短句的话才能让人理解你的"中心思想",那你还得再下点工夫。一个能吸引人的故事,应该能一下子有力地把读者或听众的注意力,引向某种让人立刻就能发生兴趣的东西,这种东西或者关系到直接的利益,或者有不同平常的本质,或二者兼备。如果你试图赢得媒体注意的努力收效甚微或毫无功效,那可能是因为你所传达的东西缺少简短、有力的吸引人的地方,不能刺激新闻媒介把它变成一项报道。如果你试图让新闻媒介报道你的公司,那么确定宣传中内在的引人之处就是你的责任,而不关记者的事。

六、要做好应付局促场面的准备

你碰到的很多新闻人员,他们之所以干这一行业就是因为他们有一种软磨硬泡、咄咄逼人的个性。有的时候,记者或主持人的确是来势汹汹,或者使出种种让人觉得味道不对的手段。他们不见得是在攻击你,而仅仅是因为他们干的是新闻这一行,这一行最大的忌讳就是枯燥无味。在大多情况下,只要你顺着这种"诱"的格式来,就能够让人理解你的观点。如果不这么做,而是"虚晃一枪,跳出圈外",或者闭口不言,那只会落个"最差嘉宾"的名声。

七、采取合作的态度

与传媒建立良好的关系要花时间和精力,但是一旦建立,受益无穷。如果记者来找你要新闻,向他们提供线索,努力帮助他们。有朝一日你可能需要他们的帮助。努力提供准确无误、实事求是的信息。经常会出现报道失真的情况,原因在于当事人没有花时间解释自己的真正想法。如果你的话被引用错了,首先与记者联系,友好地与他们讨论这个问题。不要对记者说该如何写。如果你怒气冲冲地闯进编辑室,你将失去记者的尊重和友谊。

八、有效地对付传媒的猜测

有这样一个故事:在国家公园里成千只鸟被毒死了。新闻传媒用通栏大字标题和情绪激昂的文章对这一丑闻大加批评,引起公众一片喧哗。

负责喷洒杀虫剂的部门立即向报界发表声明,承认犯了错误,用错了杀虫剂。他们解释了这种情况如何发生的,打算采取什么措施,保证不再重蹈覆辙。他们对事实真相的及时说明使令人尴尬的爆炸局面缓和下来,不致进一步臭名远扬。

及时说明事实可以减少批评,制止谣言。

做错了事,就该承认。不要怕说"我们犯了错误"。你的诚实会使大多数怒气冲天的批评者消除气恼。及时公布你将采取的行动,等到弥补过错之后再作一次说明。

▌商训深解▌

现代社会可以说是一个媒介社会,经商应该多和媒体发生关系,发挥它们的"喉舌"作用,为自己造名造势,这样可以把你的牌子打出去,让更多的人成为公司的客户。

如何用自己的资源建立关系网

> 这个世界不是属于有权人的,也不是属于有钱人的,而是属于有心人的,因为有心才能创造财富、积聚权力。
> ——蒙牛乳业有限公司董事长牛根生

你如何用自己的资源建立关系网,以便有朝一日使你的事业也顺利起来呢?

一、下决心扩大你的接触面

定一个目标:每周至少结识一个新朋友。《同鲨鱼一起游泳》的作者哈维·麦凯说过"优胜者和失败者的区别在哪里呢? 在于认识朋友的多少"。

二、主动进行接触

眼要尖,耳要灵。学会认识一个可能成为商业伙伴的朋友。在火车上、在健身俱乐部里、朋友的朋友、客户的朋友、孩子们的朋友,甚至报刊上报道的人,都可以想办法交朋友。对每个人都要作出多次努力,不要轻易放弃。

三、保持众多的机会

有些机会可能会消失,这是必然的。但你必须认真对待每一个机会,并应当多为自己创造许多机会。

四、期望受到欢迎

如果你没有受到欢迎,也不必沮丧。请记住,人家在交朋友方面,也许有自己的日程安排。这回没有会见你,可能下次愿意同你见面。对每个人来说,情况总是不断变化的。

五、首先为他人做点什么

关系网是双行道,有来有往。要表现出,你参加他们的关系网,对他们是很有价值的,把他们需要认识的某人的姓名和电话号码告诉他们;把他们感兴趣的某本杂志的文章寄给他们;给他们发份邀请,请他们参加星期日网球赛;帮他的孩子解决上学的问题;帮他购买一张体检保险卡;给他们送一些公司的产品样品等等。请记住:人人都需要帮助,每个人都有不同的需要,要去做那些他们最需要别人帮助去做的事情。

六、保持接触

打电话、共进午餐、写封短信、祝贺、恭维几句、请教、征求意见等等,打好基础以后，就可以进一步发展了。

商训深解

总经理要树立对人际关系的长期投资的观念。有些短期内看似不重要的人和事，长期看就可能很重要。所以公司的总经理如果能把钱适时地投在人才上面，投在一些比较有能力的朋友身上，回报必定远远超过你的投入。

生意归生意，朋友不能丢

买卖不成仁义在。

——经商格言

商场上有一句话："生意是生意，朋友是朋友。"意思是说这二者最好不要混淆，用私人感情来做生意，或者做生意中讲情感，都是要不得的。所以有人就采取很分明的态度，谈生意决不讲感情，交朋友决不谈生意，两者分得清清楚楚。

但是，在商务交际中，真的能完全排除情感作用吗？当然不能。人逃脱不了感情，人与人之间的关系更是如此。人们共事，感情是否相投，是互相接受的一个重要因素。在任何情况下都是如此，所以，虽然说"生意是生意，朋友是朋友"，但是在实际交往中，生意和朋友是密不可分的。人们往往在生意中交朋友，同时在交朋友中做生意，互相参照，同时进行。成功的生意人总是生意和朋友都旺，互相促进。生意好，朋友多；而朋友越多，生意越好。

所以有人提出这样的说法：以商会友，以友促商，互相提携，大家发财。

问题是如何才能形成这种良性循环，使竞争对手成为朋友。

其实，商场如战场，往往是不打不相识。也就是说，商场上的朋友多半是通过互相竞争认识的，但是商场确实又不同于战场，因为做生意是一个互惠过程，双方都能得利，这生意才能做成，这也就使得商场上交朋友有了可能性。

这种可能性一般体现在以下几种交际原则之上：

第一，双方有利可图的交际和交易。彼此都能理解对方的要求，尊重对方的利益。友谊会随着生意活动日益增加。

第二，于己无害，于对方有利的交际和交易。这里指的是当自己得利不大，或无力获得情况下，给别人提供机会和可能性。这就是所谓商场上的"帮一把"，使彼此的信任更进一层。

第三，无利可图但双方都感到愉快的交际活动，包括共同商讨一些问题、参与某项活动、交流某方面的信息等，不断加深彼此的相互了解和共识。

第四，生意活动的特殊优惠和优先原则，是朋友之间牢固关系的体现。所谓"肥水不流外人田"，在商场上同样适用，好朋友必然有更多的利益分享机会。

商训深解

先交朋友，再做生意——无疑是最具中国特色的人际交往模式。在某种意义上说，它已经成为中国生意人心照不宣的成功潜规则。一个不懂游戏规则的人会被视为"傻子"，只有洞悉这一成功潜规则，为自己赢得更多的朋友，才能在生意场上立于不败之地！

怎样与同行打交道

常去同行那里看看，生意不会清淡。

——经商格言

既然是同行，就要面对这样一个问题："同行是冤家"。因此在与同行交往时必须注意，只能做一个"冤家"的朋友，与同行之间的交往是有一定限度的，或者说只能在某些方面成为朋友，因为同行毕竟还是商业上的对手，要在激烈的市场中进行竞争。下面着重谈一下与同行交往时应注意的几个问题：

一、不要损害消费者的利益

消费者是企业的上帝，任何企业如果没有消费者的承担和支持，都只有面临消亡的命运。就算有的广大消费者因为消费需要，一时无力杜绝企业的不公平之举，还有消费者协会及国家有关保护消费者的法律法规,会保护消费者的切身利益。从中可以看到,企业之间的任何合作,都不能以侵害消费者的利益为前提!

二、与供应商的关系要良好

现代的工业生产日益复杂,一个企业要想维持正常生产,不断壮大企业规模,必须依靠供应商提供原料、零部件、设备及能源等,不仅是这样,供应商能否提供质优、价廉的商品、原料,还直接影响到企业产品或服务质量的优劣。另外,供应商还可以为企业提供一系列宝贵的信息,如市场信息、价格信息、消费趋势信息等。由此不难看到,企业要想提高经济效益,与供应商维持良好的关系是重要手段之一。因此,同行之间的合作,千万不可忽视与供应商的关系!

三、与经销商的关系要至诚

经销商在把产品从企业转给消费者的过程中,起着十分重要的作用。由于经销商肩负着产品销售的重任,因此,企业与经销商的关系,不单单有助于企业争取经销商的合作,还可以促使经销商积极而又主动地宣传、维护企业的声誉。这一点是十分重要的!

▎商训深解▎

在商业利益上,讲求"有钱大家赚"。如果不能同时获益,那么双方斗个你死我活也无可厚非,否则,还是不妨与同行多打交道、多合作,双方同时获利岂不是皆大欢喜。

第九章

风险法则：不怕有风险，就怕不谨慎

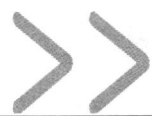

经商就是要敢于冒险

超乎常人想象的冒险,是安全。

——蒙牛乳业有限公司董事长牛根生

中国人向来注重办什么事都以"安全"为重,只要做得到,绝对不去冒险。做起生意来更是如此,寻求做四平八稳的生意,岂知生意场上风险多,不担风险的生意只能做得平平淡淡,没有大的起色。生意场上,一个敢冒风险,敢面对重大损失的人,就会被人们讥笑为不懂"安全"的人,而带着"安全帽"做生命,生意却常常沾不到边,这一点在商场上经过风雨的人都深深懂得。

其实,亲自投身到生意场上,就会发现,愈是依赖安全的人就越能避免冒险,而事实上避免冒险也就避过了一次次发财的机会。因为机会的代价常常便是冒险,而每一个人也不可能一面憎恨冒险,一面又热爱自由。有人认为,进步的主要因素便是冒险,做人必须学会正视冒险的正面意义,并把它视为赚钱发财的重要一步。

在成功总经理的心目中,人在生意场上就是一项挑战,是一项本能的想战胜他人的挑战,是一项经过准备、要赢得胜利的挑战,从而显得生意场上人人具有强烈的竞争心态。如果一个人不愿冒险尝试停留在自己面前一闪即逝的机会,那么他永远只能拾到他人遗下的骨头。过度谨慎与粗心大意、漫不经心同样糟糕,因为,人要做生意就离不开机会,过度谨慎就会失去机会,就会成为"安全赚钱"而实际上赚不到钱的人。

一旦看准,就大胆行动,这在如今是许多商界成功人士的经验之谈。冒险和出奇相联,出奇和制胜相伴,所以西方的谚语说:"幸运喜欢光临勇敢的人。"许多先前是商界的人,现在常常失落于种种局限之中,面对着风险不敢冲刺。冒险是表现在人身上的一种勇气和魄力,险中有夷,危中有利,倘要创立惊人战绩,就应敢于冒险,不冒险,怎么会有机会?如果冒险了十次,六次成功,四次失败,你还是成功的。

商训深解

良知告诉人们：想发家致富又怕担风险，往往就会在关键时刻失去发家的良机，因为风险总是和机遇联系在一起的。从某种意义上说，人们冒险有多大，取得成功的机会也就有多大；人们冒险有多少次，把握机遇的可能也就有多少次。从平凡人走向富翁需要的是把握机遇，而机遇平等地送到大家面前时，有勇气和胆略者才能抓住它，走向成功。勇气和胆略意味着的就是去担当风险。

风险与机遇并存

谁若是有一刹那的胆怯，也许就放走了幸运在这一刹那间对他伸出来的香饵。
——法国文豪大仲马

在一家效益不错的公司里，总经理叮嘱全体员工："谁也不要走进8楼那个没挂门牌的房间。"但他没解释为什么，员工都牢牢记住了总经理的叮嘱。

一个月后，公司又招聘了一批员工，总经理对新员工又交代了一次上面的叮嘱。

"为什么？"这时有个年轻人小声嘀咕了一句。

"不为什么。"总经理满脸严肃地答道。

回到岗位上，年轻人还在不解地思考着总经理的叮嘱，其他人便劝他干好自己的工作，别瞎操心，听总经理的，没错，但年轻人却偏要走进那个房间看看。

他轻轻地扣门，没有反应，再轻轻一推，虚掩的门开了，只见里面放着一个纸牌，上面用红笔写着——把纸牌送给总经理。

这时，闻知年轻人闯入那个房间的人开始为他担忧，劝他赶紧把纸牌放回去，大家替他保密，但年轻人却直奔15楼的总经理办公室。

当他将那个纸牌交到总经理手中时，总经理宣布了一项惊人的结果——"从现在起，你被任命为销售部经理。"

"就因为我把这个纸牌拿来了？"

"没错，我已经等了快半年了，相信你能胜任这份工作。"总经理充满自信地说。

果然年轻人把销售部的工作搞得红红火火。

勇于走进某些禁区，你会采摘到丰硕的果实，打破条条框框的束缚，勇为天下先的精神正是开拓者的风貌。

如果你只是想平平庸庸、蝇营苟苟的生活，那么，你可以维持现状，你也用不着有多么大的自信，但是如果你想成功做人，圆满做事，想干出一番事业，你就得敢去冒险，拿出自信心去拼，这样才有可能把握住出人投地的机遇。

商训深解

机遇往往与冒险并存。如果你不去尝试，不敢冒险，那么你也就不可能把握住机遇。而敢于冒险的前提就是要拥有自信，没有自信的冒险，只是瞎打误撞，即使能取得成功也只能是一时之快而已。

冒险是打开财富之门的钥匙

一个理性的人，就应该有充分的果断和勇气，凡是自己应做的事，不应因里面有危险就退缩；当他遇到突发的或可怕的事情，也不应因恐怖而心里慌张，身体发抖，以致不能行动，或者跑开来去躲避。

——心理学大师洛克

陆肇天刚到香港时，由于内地资历香港不予承认，所以被迫出卖体力，做小生意。最后他从一笔刀片订单中开始积累了一定的资金，终于办起了陆氏实业公司。

陆氏实业公司第一次腾飞是在1976年。当时正是电子计算器萌芽之时，许多大厂家看好这一新产品，但是拿不准，犹豫不敢上手，想观察清楚再下决心。但陆肇天的小公司却没有那么多顾虑，看准这是投入电子计算器市场的有利时机，全力以赴，抓紧生产液晶电子计算器。正因为他及时早着先鞭，竞争者少，在市场上放缰驰骋，获得成功。等到群起效尤，市场饱和，陆氏已饱食远飓，积累了经验和资金，为公司下一步发展打下了新的基础。

机会又一次来临。中国大陆实行改革开放政策，陆肇天得力于来自内地的生活经验，看准了内地市场的巨大潜力和进行合作的有利时机，看到了内地劳工成本低廉和深圳蛇口近在咫尺,以及对外优惠的有利条件,立即与内地开展合作。

陆肇天当时便看到电视机是内地人民生活电器化的第一急需品,有庞大的需求市场,而率先生产黑白电视机,大量投入当时的内地市场,从而取得极大成功。及至内地人民生活水平提高,他又及时转产彩色电视机。由于已建立起的内地市场良好关系,公司营业额一直稳步上升。产品拥有广阔、稳定、可靠的内地市场。营业额中,85%来自内地。年产量已增至80万台,供应电视机套件给内地装配的厂家亦由7家增至12家。当年纯利润3430万元,可见业绩不凡。同时还不断在设计上推陈出新,如方形机身、平面直角、立体声等吸引客户,成为较早与内地建立良好合作关系、得到有力支持的香港电子业先驱。他的业绩证明其眼光之准、动手之快。

从陆氏的经历来看,他有敢冒风险的精神。他鹰隼般的眼光是从生活磨炼中升华的结果,既得力于先天,更成熟于后天。

商训深解

没有什么比自己当总经理更好的工作了,不需要看别人脸色,利润永远最大化,但你看到这把交椅背后必须承受的风险了吗?若有志于在商业上有所成就,实现自己的人生价值,就必须敢冒风险。

冒险给人带来众多成功机遇的同时,也伴之而来众多失败的可能,而且失败远远大于成功。

尽管有很多人因为风险而一蹶不振,但是风险和利润往往成正比。所以有人崇拜也有人畏惧。风险越大,竞争越小,利润就越大,成功的机遇就越大。许多成功的商人甚至把冒险当做致富的必要条件。冒险就是抓住机遇,生意和人生的成功,常常属于那些敢于适度冒险、抓住时机的人。

敢于冒险和善于冒险是精明商人的特点和本色,但冒险与孤注一掷还是有区别的,如果两者混为一谈,冒险就会成为鲁莽,那将失去你所有的东西,包括东山再起的资本和信心。

冒险也要认准方向

毫无目的的冒险,是盲动。

——苏宁电器董事长张近东

1981年,闻名世界的服装大师皮尔·卡丹做出了一项惊人之举,各大报纸的视角又集中到新的一期卡丹传奇上:他以150万美元的价格买下了位于巴黎协和广场附近、皇家路上的马克西姆餐厅。当时的马克西姆已是经营惨淡、举步维艰,不仅濒临破产,而且前景十分的暗淡。对手们终于以为卡丹也有了眼光走神的时候,不少人已经洋洋得意地预言将有一个悲惨结局的诞生。卡丹的决心不可动摇,他请来专家将餐厅装饰一新,恢复了19世纪田园史诗般的风格,以希腊神话中女神的形象设计四周的幕墙,一种优雅、安静、舒适的情调在餐厅中荡漾开来。精雕木饰线条自然流畅,古色古香之中却也浮现当代的韵味。不仅环境上了档次,服务也有了新的面貌。他特聘名师精心制作食品,提高招待人员的素质,提高饭店的服务质量,这样一来,"旧貌换新颜"的饭店很快便成为巴黎大名鼎鼎的餐厅,而几年的苦心经营之后,马克西姆餐厅的名气有如汉堡包那样风靡世界,其影响远远超出了巴黎,甚至法国,从而成为卡丹手中的另一张王牌。马克西姆这个名称也成为了巴黎餐饮业的金字招牌。

"成衣大众化"的思想被卡丹运用在他新兴的餐饮产业中。创造性地被贯彻下去,而高档瑰丽的马克西姆就成为了这次冒险行动的第一件试验品:卡丹认为,如果像马克西姆这样的高档餐厅只继续做少数人的生意,而不在民众中寻找市场的话,能够生存下去的机会就很少。但如果反其道而行之,改变这种作风,走大众化的道路,业务则会越做越宽,必然大有前途,马克西姆这样的金字招牌才会焕发出新的生机与活力。于是,他首先将巴黎的马克西姆餐厅,从只对少数人开放的高级餐室,变为大众化、平民化的人人都乐意光顾的快餐店。这种整型改变的冒险风格在不久的将来又一次被证明是聪明而富有远见的选择。

大规模的经济衰退很快在法国上演。失业人数每一天的指标都在创新,社会消费水平的下降和人均购买力的降低使那些坚持俱乐部式的高级餐厅业主们,不可避免地陷入了困境。每天只能在晚餐时间勉强经营,而早餐和午餐却生意清淡,门庭冷落。幸运的马克西姆则因"大众化"的选择保证了就餐人数,依旧生意兴隆,并且反而在危机中逐步壮大,将餐厅开出了法国,迎来了全球经营、遍及世界各大城市的意想不到的成功。

从服装到餐饮,卡丹在他不熟悉的领域开始了新的征程,"无人敢为我偏为"再一次成就了卡丹新的梦想,然而,他的梦想还不仅仅于此,冒险的精神以另一种方式悄然继续。经典的饭店理论往往都强调"特色就是文化,风格就是生命",而卡丹这一次的逆其道而行之却让我们明白另一个道理:冒险家的字典里,绝没有规则这样的字眼。当短视的人们仍迷失在规则的混沌中时,你跳了出来,利用规则,而不被规则所束缚,毫无疑问,你将是不争的胜利者。

时装业和饮食业的成功,卡丹帝国的两大商业支柱从此树立了起来,皮尔·卡丹终于实现了自己的诺言:"执法兰西文明的两大牛角(时装、烹调),面向全世界!"

俗话说战略上出现问题,战术越卓越就离成功越远。皮尔·卡丹在战略上选择正确了,冒险转型认对了路,因此他即使不懂餐饮,也能把这一行做好。

商训深解

当一个公司经营出现困难时,一般分为内部原因和外部原因。

一件产品完成了它的历史使命,虽不情愿但又不得不退出历史舞台的时候,对于生产它的公司来说,只有无奈地选择限产或停产,这就是外因造成的。如果选择停产的话,公司要想继续生存下去,就必须转而生产别的畅销产品,但前方漆黑一片,贸然迈步就可能坠入深渊,这就存在一个冒险选择认对路的问题。

公司转型从投入资金、更新设备到训练员工,以至新产品营销都是一个大范围的调整。转产后的产品销路好则前途一片光明,新产品卖不出去,甚至面临新一轮淘汰,公司则会因此面临困境。

任何一个公司的转型都是一场冒险,关键就是认对路,只要方向正确,即便一时打不开局面,市场最终还是你的。

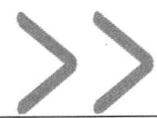

胆大还需心细，无谓的风险不要冒

> 成功者至少需要兼备两种品质：一是执著大胆的性格；二是对市场敏锐的嗅觉。
>
> ——阿里巴巴集团主席马云

冒险是有代价的，要知道世界上绝没有万无一失的赚钱之道。那如何规避风险呢？这就需要在"胆大"的同时还要"心细"。

近年来，温州购房团在全国各地频频出击，给人们留下了深刻的印象。人们只知道他们"下单迅速，团体购买，出手很大，快进快出，富有视觉冲击力"，却很少关注他们"心细"的特点。

"温州人对市场的分析太细致了"，一房产公司总经理佩服地说，"他们先分析秦皇岛的环境要素对房地产升值的影响力，再分析秦皇岛市投入100亿元资金改善城市基础设施，扩张了房地产升值空间，又将秦皇岛目前每平方米3000元左右的房价与对岸大连每平方米上万元的房价做比较；为了了解当地的生活水平，他们会向餐馆服务员细细询问每月的工资收入等。最后才认定秦皇岛的房价有上升的空间。"

赚钱需要胆大，这点是毫无疑问的，但也需要心细，心不细则极有可能会"翻船"。克劳赛维茨在其大作《战争论》中指出：一个优秀的将军，勇气与谋略应该平衡发展。勇大于谋，会因为轻举妄动而导致失败；谋大于勇，会因为保守而贻误战机。

商场如战场，这个观点同样适合于厮杀在商业战场上的人们。勇敢不是瞎撞乱闯，而是以自身知识和经验为后盾，凭高屋建瓴的远见卓识、果敢迅猛的冒险精神，当机立断地做出决策并付诸实施。

有理智的勇敢是冒险，无理智的勇敢就是冒进。想赚钱一定要分清冒险与冒进的关系，要区分清楚什么是勇敢，什么是无知。无知的冒进只会使事情变得更糟。

不可否认，改革开放之初就发财的那些人，"胆大"之于"心细"要多得多。因为那个时候人们还没有商业意识，以"经商"为耻辱，各项法律法规也不完善。所以，市场机会多如牛毛，只要敢去捞，大多都能发一笔财。而现在呢？如果你不仔细分析市场，就没头没脑地乱闯，那失败是一定的。

在探讨中国公司成长史时，一些数据颇能让人震撼：中国公司平均寿命8年左右，私营公司平均寿命只有3年。中国很多公司之所以稍微上规模就容易"雾失楼台，月迷津渡"，本质原因就是不能正确地认识什么是有胆识的冒险，什么是无理智的冒进。稍微取得点成绩就发昏，极易做出快速扩张的决策，而且缺乏科学的战略计划，又不注意基础管理，当然容易导致失败。

胆大还需心细，另外无谓的风险也不能冒，这是成功人士经过多少风雨之后总结出来的"心得"。

在商界，有很多敢于冒险的生意人，但在关键时刻，对于一些利润太高、风险太大项目时，他们总是慎之又慎，甚至中途放弃其投资，他们很少涉足那些风险又高利润又高的行业。他们一般不会对高利润动心，因为他们知道"世上没有免费的午餐"，伴随高利润的，肯定是高风险。

日本的"生意之神"松下幸之助就是这种投资理念的信徒。

1964年，日本松下通信工业公司突然宣布不再做大型电子计算机。对这项决定，大家都感到震惊。松下已花5年时间去研究开发，投入10亿元巨额研究费用，眼看着就要进入最后阶段，却突然全盘放弃。松下通信工业公司的生意也很顺利，不可能会发生财政上的困难，所以令人费解。

松下幸之助所以会这样断然地做决定，是有其考虑的。他认为虽然大型电脑的利润高，但是风险太大，加上当时公司用的大型电脑的市场竞争相当激烈，万一不慎而有差错，将对松下通信工业公司产生不利影响，如果到那时再退出，就为时已晚了，不如趁现在一切都尚可撤退，赶紧一"走"为好。

事实上，像西门子、RCA这种世界性的公司，都陆续放弃大型电脑的生产，广大的美国市场，几乎全被IBM独占。像这样，有一个强而有力的公司独占市场就绰绰有余了，更何况在日本这样一个小市场？

富士通、日立等7个公司都急着抢滩，他们也都投入了相当多的资金，等于赌下整个公司的命运。在这场竞争中，松下也许会胜，也许就此消退下去。松下衡量得失后，终于决定撤退。

投资时，撤退是最难的，如果无法勇敢地喊撤退，只一味无原则地冒险，或许就会受到致命的一击。松下勇敢地实行一般人都无法理解的撤退，足见其人眼光高人一筹,不愧为日本商界首屈一指的人物。

所以说,冒险赚大钱一定要注意以下几个问题:

(1)我们无论将钱投放在何处,除了关注回报率之外,还要清醒地认识与之相应的种种风险。

(2)任何人在承受风险时,都有一定的限度。所以进行投资时,必须考虑自己能够承受多少风险。

(3)不要冒不必要的风险。如果要冒险,一定要冒该冒的险。

(4)降低风险最有效同时也是最广泛地被采用的方法,就是分散投资。

(5)好的防守即是最好的进攻,成功投资的窍门就在于避免犯能够避免的错误。

商训深解

生意场中打拼的人们应该知道,并不是所有的冒险都让你挣到大钱,很多时候冒险会让你输得精光。冒险不是盲目,不是赌博式的孤注一掷,而是在通过客观分析的基础上得出的较为科学的判断,这样的冒险才是有意义的。

看准机遇,就要敢于冒险

朝一定目标走去是"志"。一鼓作气中途不停止是"气",两者合起来就是志气。一切事业的成败都取决于此。

——钢铁大王卡内基

福勒是美国一位贫穷黑人家庭中的孩子,为了在社会上生存,他决定把经商作为生财的一条捷径,最后选定生产肥皂。首先,他采取自销的方法,挨家挨户推销肥皂达12年之久,后来,他获悉供应他肥皂的那家公司即将拍卖,售价是15万美元,他决定买下这家公司。但他在做肥皂生意之前的12年中一点一滴地只积蓄了2.5万美元,最后,福勒与那家公司达成了协议:他先交2.5万美元的保证金,然后在10天内付清剩下的12.5万美元。如果他不能在10天之内筹齐这笔款子,就会丧失所交付的保证金,也就是说他将倾家荡产。

福勒为了筹集资金,他首先想到他在推销肥皂的12年里,获得了许多商人的尊敬和赞赏,于是他去找他们帮忙。他从私交的朋友那里借了一笔款子,也从信贷公司和投资集团那里得到了援助。然而到了第10天的前夜,福勒只筹集了11.5万美元,也就是说,还差1万美元。福勒回忆说:"当时我已用尽了我所知道的一切贷款来源。那时已是沉沉深夜,我在幽暗的房间里自言自语:我要驱车走遍第61号大街。"

夜里11点钟,福勒驱车沿61号大街驶去。驶过几个街区后,他看见一所承包商事务所亮着灯,他走了进去。在那里,坐着一个因深夜工作而疲乏不堪的人。福勒意识到自己必须勇敢些。

"你想赚1000美元吗?"福勒直截了当地问道。这句话把那位承包商吓得向后退去。"是呀!当然喽!"他答道。"那么,给我开一张1万美元的支票。当我奉还这笔借款时,我将另付1000美元的利息。"福勒对那个人说。他把其他借款给他的人的名单给这位承包商看,并且详细地介绍了这次商业冒险的情况。福勒离开这个事务所时,口袋里筹够了这笔款子。冒险精神使福勒不仅没有倾家荡产,而且生意日渐兴隆,渐渐发展成为拥有七家公司和一家饭馆主要股份的富翁。

福勒由一个穷人发展成为富翁的故事,启迪着急于在市场上求利获胜的人们:机遇来临时要敢冒风险,不要因不愿承担风险而失去机会。

商训深解

很多时候商机是稍纵即逝的,一个有头脑的总经理应该看准了商机就行动,不要拖延而失去绝佳良机,敢于冒险,出奇制胜,是成功人士必备的素质。

抓住万分之一的机会

我甘布士会成功,就因为我是个抓住了万分之一机会的笨蛋。

——美国百货业巨子约翰·甘布士

美国百货业巨子约翰·甘布士就是这种能抓住万分之一机会的人。

有一次,甘布士要乘火车去纽约,但事先没有订妥车票,这时恰值圣诞节前夕,到纽约去度假的人很多,因此火车票很难购到。

甘布士夫人打电话去火车站询问:是否还可以买到车票?

车站的答复是:车票已售光。不过,假如不怕麻烦的话,可以带好行李到车站碰碰运气,看是否有人临时退票。

车站反复强调了一句,这种机会或许只有万分之一。

甘布士欣然提了行李,赶到车站去,就如同已经买到了车票一样。

夫人问道:"约翰,要是你到了车站买不到车票怎么办呢?"他不以为然地答道:"那没有关系,我就好比拿着行李去散了一趟步。"

甘布士到了车站,等了许久,退票的人仍然没有出现,乘客们都川流不息地向月台涌去了。

但甘布士没有像别人那样急于往回走,而是耐心地等待着。

大约距开车时间还有5分钟的时候,一个女人匆忙地赶来退票,因为她的女儿病得很严重,她被迫改坐以后的车次。

甘布士买下那张车票,搭上了去纽约的火车。

到了纽约,他在酒店里洗过澡,躺在床上给他太太打了一个长途电话。

在电话里,他轻轻地说:

"亲爱的,我抓住那只有万分之一的机会了,因为我相信一个不怕吃亏的笨蛋才是真正的聪明人。"

有一次,维尔地区经济萧条,不少工厂和商店纷纷倒闭,被迫低价抛售自己堆积如山的存货,价钱低到1美金可以买到100双袜子。

那时,约翰·甘布士还是一家织造厂的小技师。他马上把自己积蓄的钱用于收购低价货物,人们见到他这股傻劲,都公然嘲笑他是个蠢才!

约翰·甘布士对别人的嘲笑漠然置之,依旧收购各工厂和商店抛售的货物,并租了很大的货场来贮货。

他妻子劝他说,不要把这些别人廉价抛售的东西购入,因为他们历年积蓄下来的钱有限,而且是准备用做子女教养费的。

如果此举血本无归,那么后果便不堪设想。

对于妻子忧心忡忡的劝告,甘布士笑过后又对她道:"3个月后,我们就可以靠这些廉价货物发大财。"

甘布士的话似乎实现不了。

过了10天后,那些工厂贱价抛售也找不到买主了,便把所有存货用车运走烧掉,以此稳定市场上的物价。

太太看到别人已经在焚烧货物,不由得焦急万分,抱怨起甘布士,对于妻子的抱怨,甘布士一言不发。

终于,美国政府采取了紧急行动,稳定了维尔地区的物价,并且大力支持那里的厂商复业。

这时,维尔地区因焚烧的货物过多,存货欠缺,物价一天天飞涨。

约翰·甘布士马上把自己库存的大量货物抛售出去,一来赚了一大笔钱,二来使市场物价得以稳定,不致暴涨不断。

在他决定抛售货物时,他妻子又另告他暂时不忙把货物出售,因为物价还在一天一天飞涨。

他平静地说:"是抛售的时候了,再拖延一段时间,就会后悔莫及。"

果然,甘布士的货刚刚售完,物价便跌了下来,他的妻子对他的远见钦佩不已。

后来,甘布士用这笔赚来的钱,开设了5家百货商店,业务也十分发达。

如今,甘布士已是全美举足轻重的商业巨子了,他在一封给青年人的公开信中诚恳地说道:

"亲爱的朋友,我认为你们应该重视那万分之一的机会,因为它将给你带来意想不到的成功。有人说,这种做法是傻子行为,比买奖券的希望还渺茫。这种观点是有偏见的,因为开奖券是由别人主持,丝毫不由你主观努力。但这种万分之一的机会,却完全是靠你自己的努力去完成。"

不放弃万分之一可能的机会,努力将它变成成功的珍贵机会,这正是成功人士的"心计"所在。

商训深解

机会有大有小,十拿九稳的事谁都会去试一试,而一旦机会降到万分之一时,恐怕一万个人里面也只有一个人敢去尝试了,而那个敢于尝试的人,才是真正敢于冒险的人,才是真正离成功最近的人。

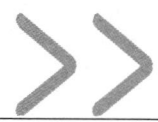

别让经验束缚了头脑

> 经验过多反而危险。
>
> ——经商格言

20世纪90年代,伴随着我国市场经济体制改革大幕的拉开,一大批企业迅速崛起。史玉柱领导的巨人集团风光无限,先后在电脑业、房地产业、保健品业等领域全面开花,掀起了规模扩张的热潮。

但是,旧有的成功经验不能保证在其他市场上一帆风顺。不久,巨人集团轰然倒塌,引起了人们深刻的思考。仔细考察史玉柱的失败可以发现,他在企业重大决策方面过于依赖旧有的成功经验,离开了自身的实际情况,结果在盲目行动中导致了滑铁卢之败。

在信息化、全球化浪潮的裹挟下,市场环境更加复杂多变。在新经济变革浪潮中,能够成为"百年老店"的世界顶级企业可谓是凤毛麟角。任何一个公司总经理都要不断适应新环境、研究新情况,才能做出正确决策,制定科学发展规划。

美国 GE 前领导人韦尔奇有过这样的观点:"企业要跟着市场变,要走在市场的前面。"尽管市场观念已经深入人心,但是如何把握市场走向,并且在实践中正确行动,并不是人人都能做到的。显然,跟随变化行动,不是让经验束缚头脑,才是最重要的准则。

在制定公司发展策略的时候,韦尔奇意识到将来的市场将没有国家的界限,一个世界性的市场将会最终形成,并且随着各国硬件生产能力越来越得到加强,大多数企业的产品质量将会相差无几。根据这一判断,他将 GE 公司的重点从卖产品转变为向用户提供解决方案,结果使得 GE 公司成功完成了大规模的战略转型。

显然,不了解新的市场信息,不对未来市场有准确的预测,只在经验的圈子里打转,经理人很难有大的作为。人们不论做什么事情,经常会依照过去的模式行事,认为那样可靠。但这样做同时也存在着非常大的弊端,那就是容易被传统模式所束缚。只有随时调整自己的思维方式,灵活应变,才能不让经验左右自己,最终获得成功。

 **商训深解**

在现实生活中,人们往往过于相信自己的经验,以为自己的经验非常正确,不会出现偏差。正是这种一成不变的思维方式,使得人们有时犯下难以弥补的错误。

经验是宝贵财富,可以指导我们在日后行动更加游刃有余。但是,在实践中过于依赖、迷信经验,就会丧失进取精神,甚至遭遇失败。在商业管理中,尤其如此。

总经理应该勇于尝试

除非你停止尝试,否则就永远不会是失败者。

——美国总统罗斯福

在中国私营公司的管理和经营中,有一个普遍存在的现象:模仿大于尝试。简单模仿,把别人的最佳实践拿来当成自己的战略,很容易导致竞争合流,也就是大家都朝同样的方向竞争,结果是市场上的产品和服务没什么差别,造成了同质化竞争。

出现这种情况,实际上是公司总经理不敢尝试,害怕在尝试中付出过高的成本。然而,总经理必须明白,古往今来的兵战或商战,那些成功者不是依据已有的实践或方法制胜,而是依靠大胆尝试实现目标,或者是出奇制胜。所以,作为企业领导人,我们要敢于尝试。

众所周知,在世界汽车发展史上,福特曾经开创了T型车的新纪元,但是在后来的竞争环境里,大众汽车则依靠在管理方面的大胆尝试走出了自己独特的发展道路。从"甲壳虫"轿车亮相,到"高尔夫"系列汽车的问世,大众汽车大胆尝试,在技术与管理创新的道路上极大地提升了企业的发展空间,形成了自己的核心竞争力,成为唯一一家在美国拥有庞大市场的欧洲汽车公司。

由此可见,经理人必须敢于尝试,才能带领团队开创辉煌,获得市场突破。一些总经理之所以不敢尝试,是因为害怕犯错、失败。许多公司有这样一种氛围:如果你做的是竞争者正在做的事,没有人会怪你;但是如果你有独特战略,但不幸错了,就会成为众矢之的。于是大家宁愿一起犯错,也不愿意单独冒险去尝试做也许是正确的事。结果,大家都怕失去什么,在自己的工作中很难有大的作为。

所以说,总经理必须敢于尝试,做自己想做的事情。不可否认,尝试新的东西,面临着失败的风险,但是成功后的获利也是很诱人的。如果总经理在各种问题上总是模仿他人,而不是大胆尝试,那么就相当于把公司放在了跑步机上,尽管辛苦地、不停地跑着,但是完全没有前进、没有获利。

商训深解

任何一件事,如果一开始就感到畏惧,你就失败在起跑线上。也许真正的事实并没有你想象的那么难,那么复杂,就好像一扇看上去沉重其实却可以轻易推开的门一样,不试试看,又怎么能知道是难是易呢?更何况,遇到难题也可以想出解决的办法。

学会分析经营风险

正确的结果,很多是从大量的错误中得来的;没有大量错误的台阶,也就登不上最后正确结果的高座。

——钱学森(中国著名科学家)

每个公司都是在风险中经营的,小公司也不会例外。风险造成的经济损失是极大的,但相对而言,风险对小公司来说远远超过大公司。小公司虽然"船小好掉头",但它由于"本小根基浅",故只能"顺水",不能"逆水",不能左右风险的发生。从实际情况看,小公司消化吸收亏损的能力十分有限。所以,小公司更应了解在经营中可能遇到的风险,以求未雨绸缪,防患于未然。

一、创业风险

这类风险主要在总经理创业的初始时期容易发生。它的主要特征有三个:一是在公司的所有经营风险之中最早到来；二是它有相当的隐蔽性，总经理不易觉察或无暇顾及；三是它是小公司其他经营风险的根源。这类风险尤其值得总经理防范。

二、现金风险

现金是公司的血液，从日常经营活动看，只有提供足够的现金，公司才能正常运转。没有充足的现金，将给公司带来严重后果，影响公司的赢利能力和偿债能力。因而降低了公司在市场竞争中的信用等级，最终使公司资金周转不灵，甚至资不抵债，走向破产。现金风险主要表现在：总经理只对公司的主要财务指标如资产负债率、净资产收益率等感兴趣，而忽视了指标掩盖下的问题；过分注意利润和销售的增长，而忽视手中掌握的现金；固定资产投资过多，使公司的变现能力降低，导致资金沉淀；公司规模盲目扩张，缺乏相应的短、中、长期计划。

三、授权风险

许多成功的小公司，在达到一定的规模后，总经理发现由他一个人唱"独角戏"管理企业全部业务的局面难以为继。此时就需要将部分管理工作授权其他人承担而由自己抓主要工作。一般认为，生产过程比较简单的公司，职工人数达25人以上便会产生这种需要。如果生产工艺和销售职能较为复杂，即使职工人数达不到25人，仅靠总经理个人也难以有效地经营公司。授权风险的主要表现有：人员选择的不确定性；不能授权别人分担沉重的责任和繁杂的决策事务；存在心理障碍，授权者认为"只有我才能干好"，缺乏选拔和指导别人的能力；对下级缺乏信任感；业务发展，责任增加，但业主或经理用于经营管理企业的时间并没有增加。

四、领导风险

当小公司发展到有职工150~250人的水平时，就会面临公司的领导风险。处于扩张趋势的公司一到这个阶段，总经理就需要一套新的管理体制和技巧。总经理应该放弃过去曾经为自己带来成功的老经验、老办法，重新学习现代管理知识。领导风险的主要表现有：仅总经理或几个合伙人无法承担逐渐变大的公司的管理责任；不愿授权别人分工负责并建立一个管理班子；不采用有效的领导和管理方式，一切靠自己的老办法；对具有领导才能的专门管理人才不能坚定不移地启用。

五、筹资风险

当公司经营达到一定阶段，原股东已无力继续提供所需资金。尤其是发展迅速的增长型企业，往往会面临资金不足的筹资风险。总经理便会从各种渠道筹措资金，例如，发起人增股；向公众招股或寻求无担保贷款；请金融机构认股或给予定期贷款；从租赁公司租赁设备等。问题在于每种获得资金的途径都是各有利弊，如果总经理不善于扬长避短，为我所用，便会陷入困境。

六、成就风险

有些小公司的总经理在度过了一段好时光后开始自满，过分自信，急于求成，企图来个"大跃进"，但没有做好跃进的准备。或者放弃了过去获得成绩的踏实作风，把精力和时间放在投机或其他事务上。许多事实证明，这些发展前景充满希望的公司经营者被胜利冲昏了头脑，骄傲自满，结果还是被成就风险所压垮。成就风险的主要表现：满足于眼前成就，开始注重个人享受，对市场占有率和利润的下降不以为然；不注意新的竞争形势、技术变革、原材料替代、新产品和消费者爱好的变化。

七、持续经营风险

随着时间的延续，公司的原管理者会逐渐衰老，年龄的增大，事务的繁忙，会使其越来越无法像当初那样胜任自己的工作。而当创办人或总经理死亡、长期生病或丧失工作能力时，持续经营风险就会降临。持续经营风险主要表现在：在风险降临时没有准备好由谁来接替管理责任；二把手在企业里没有占有必要的股份；没有授权，缺少规划，过分自信；遗产税产生的债务。

商训深解

总经理进行经营活动时，经营风险是必须考察和分析的问题。总经理对一切可能影响投资收益的"风吹草动"都要给予密切关注。

第十章
创新法则：因循守旧者死

灵活主动，大胆创新

不创新，就灭亡。

——福特公司创始人亨利·福特

自惠普公司成立以来，公司所面临的客户需求日益增长，市场变化多端的状况日益不容忽视。费奥莉娜面对这些市场及社会发展必然带来的问题，利用"创新"的方法来作为解决方案。她不断利用惠普公司及外界的先进技术和手段以满足客户的需求。

费奥莉娜虽然在改革中相当激进，但她并不是一个固执自大的管理者，她发动惠普公司内的所有人来营造一个可容纳不同观点、鼓励创新的宽松工作环境。费奥莉娜还带领所有员工努力实现明确、确定一致的总体目标，并且允许个人在实现公司目标时，灵活采用自己最佳的工作方式。费奥莉娜认为每一个惠普人都有义务提高自身的工作能力，并且鼓励员工们通过参加公司及外部组织的各种职业技能和知识培训来获得自我素质不断提高。费奥莉娜觉得这在一个技术发展得异常迅猛并且还要要求员工能够立即适应的技术领域中来说，灵活主动及大胆创新是个非常重要的因素。

费奥莉娜正是以这种创新精神，在她担任惠普公司 CEO 伊始就大胆革新，将企业结构重组，并将中高层管理者洗牌，而后，她又提出并购康柏这样一个举世瞩目的提案，并付诸实施。没有她骨子里的创新精神，她是不会做出这些令大型公司的男性 CEO 们都要惊讶的大手笔的。

各行各业都需要这种创新精神，而在一些特别场合，创新更能显示其独特的魅力。

CA World 是美国 CA 公司的客户年会，已历时 6 年，1995 年 CA 在美国路易斯安那州新奥尔良市举办了首届 CA 客户年会。该年会从形式到内容，不仅生动活泼，而且新颖别致，独具匠心，它充分体现了 CA 与公司总裁王嘉廉的创新与挑战精神。

1998年的客户年会,CA从迈阿密包租了4艘豪华游轮,用于一些专业性研讨会。王嘉廉的演讲也颇具戏剧色彩,他以"音乐指挥家"的形象和不同肤色、不同服装的CA员工在高亢雄浑的乐声中表演的舞蹈,作为自己主题演讲的开场。

每年的主题演讲始终是CA客户年会的重头戏,1999年则更是精彩纷呈,CA盛会邀请了美国前总统吉米·卡特和英特尔首席执行官Craig Barrett做专题讲演。而创意新颖、富有活力并极具挑战精神的CA总裁王嘉廉的主题演讲更是精彩绝伦,其摩托车赛手的客串,以及冲破IBM牌子具有深远意义的幽默打破了以往大公司总裁的呆板、正统的面孔,它让你认识到王嘉廉和CA是那种极具创意和富有挑战精神的总裁和公司,就像他以往吞并雷劲、Uccle百灵达一样,以夺人的气势赢得了在场观众的认可。

商训深解

在目前全世界这种日新月异进步的时代,资本力量在公司经营中的重要性已经让位给创新,就是说走在时代前面的创新将引导公司走向繁荣。没有创新就没有发展,"一招鲜,吃遍天"的时代早已过去,现在外部的世界日新月异,不愿意接受新理念、学习新知识的公司无疑是自取灭亡。

领先行业,经营方式的创新

商业企业选择或创新某种经营方式,应当从本地区、本行业和本企业的具体情况出发,因地制宜地去进行。

——著名经济学家高涤陈

连锁快餐大王麦当劳董事长克罗克有着十分敏锐的洞察力,他看出了连锁店存在的最大弊端:大多数加入连锁的人,只抄袭和模仿了那些自认为很重要的部分,取而代之是自以为是的东西,但却丢掉了其中最精华的部分。

克罗克是个重品质的人,他是绝对不会毫无顾忌地卖连锁权而只重眼前利益的。他执著一点:宁可牺牲眼前利益,也不能造成无穷后患。

将心比心,克罗克要紧紧抓住加盟店主的心,用诚实、公平、友好的态度打动他们,让他们一心一意跟着自己干。

在对待加盟者的问题上,克罗克还采取了一些很新的措施。

他从来不把总部的产品和器材强行推销给加盟店。当时有许多连锁店都逼着加盟店使用总部的产品器材,因为这样能获得相当丰厚的利润,克罗克却拒绝这种行为。

"如果我向加盟店推销产品和器材,"克罗克说,"那么总部在连锁店开张之前,就会得到高额的利润,我们的腰包就会鼓起来。在这种情况下加盟店的经营状况和我们又有什么紧密联系呢?这种供应倘若真成了气候,其高额利润的磁性会吸引总部的工作偏离轨道,因而顾此失彼,一旦大盘皆输,悔之不及啊!"

此外,另一条原因就是:总公司现在好不容易把各加盟店团结到一处,如果强卖产品,纵使现在一时无事,日久以后矛盾也会暴露出来,那时总公司的种种努力都会成为泡影,麦当劳不但很难发展,甚至会渐趋衰弱。这就是长期利益和短期利益的处理问题。

为了使加盟者团结合作,鼓舞士气,克罗克在采购方面一直坚持不收回扣的原则,而是把集体采购所得的价格优惠直接转移到各个加盟店的身上。

说到底,克罗克把加盟店的利润收入和经营状况看得比总部还重,他拒绝从加盟店上获取那些他不应该得到的利润。

他认为总部的利益是和加盟店的利益一致的,而不是对立的,只有加盟店发展起来了,总部才会真正繁荣昌盛。

他曾对他的主管们说:"我们的责任,就是帮助加盟者们获得成功,然后推动自己的成功。"

克罗克的成功之处就在于他把成百上千名麦当劳成员动员起来,站在同一条战线上,为自己也为麦当劳的利益而工作。

当时连锁经营最普遍的形式是区域连锁制度。一些公司把某一些较大的市场以一个很高的价格把其连锁权出售给加盟者独家经营,以此来获得高额利润。

但是这种制度有一个先天性的缺陷。总部售出了一个大市场的连锁权以后,买主又会把各个小市场的连锁权出售给别的买主,层层连锁,自己成为了一个体系,不大容易会听总部的使唤。如果大家不是一条心,互相嫉妒,互相排挤,那么连锁经营还会有什么前途呢?更主要的是,如果整个区域的连锁都失败了,那将会给总部形成很大的冲击,影响总部发展。

克罗克决定抛弃这种制度。

他决定麦当劳一次只能卖出一个连锁餐厅的经营权,价格950美元。

连锁合约里的连锁区域仔细到了城市以及街名,任何一家连锁餐厅的发展都不得超出自己的连锁区域。

当然,克罗克在开始的时候也曾以大都市为授权区域,如辛辛那提、华盛顿。但他很快就作出了限制,如果加盟店主想在当地开更多的店时,他有权优先购买新店的连锁权,但决不能自行设店。

克罗克就在这激烈的市场竞争急流中,保持着清醒的头脑,没有随波逐流,人云亦云,而保持了自己的风格。

宁可牺牲眼前的利益,也不愿损坏长远的利益。正是因为对品质的执著追求,克罗克才建立了崭新的连锁制度。

商训深解

如果你想成为非常成功的公司,必须有全新的思维。这个世界变化太快,我们需要张开双臂,全身心地投入这一时代,学会用不同的方式思考问题,在这个充满变革的时代里,我们必须加快速度前进。

总经理形成创新能力的方法

非经自己努力所得的创新,就不是真正的创新。
——日本经营之神松下幸之助

一、吸纳各种创意

创意是成功者求发展的最大能量或者说资源。有一位从事保险业的著名推销员对拿破仑·希尔说:"我从来不让自己显得精明干练。但我是保险业中最好的一块海绵,我尽量吸收所有良好的创意。"

二、尝试变化

这是一个瞬息万变的世界,你要想求得更大的发展,就必须尝试着去变化。比如你完全没必要整天守着一条路线,你不妨换条路回家,换一家餐厅吃饭,或换个新的剧院,去交新的朋友,过一个同以前完全不同的假期,或计划在这个周末做两件你从来都没做过的事。

如果你从事的是销售业,你可以试着去对生产、会计、财务等发生兴趣,这样可以扩展你的能力,为你以后更好的发展打下坚实的基础。

三、积极进取

悲观的人永远都不会成为成功者,成功者总是充满信心面对未来的发展。

四、以更高的标准要求自己

成功者在追求发展的过程中,都会为自己不断地设定更高的标准,不断寻找更有效的方法,或者降低成本以增加效益,或者用比较少的精力做更多的事情。"最大的成功"永远属于那些认为自己能把事情做得更好的人。

通用电器公司有一个口号,是这样激励他们员工的:进步是公司最重要的一项产品。

五、善于学习

成功者为求得更大的发展,总是在孜孜不倦地学习。学习有很多种渠道,这里重点说说向别人学习以提升自己的创造力。

你的耳朵就是你自己的接收频道,它为你接受很多的资料,然后转变成创造力。我们当然不会从自己说的话里有什么收获,但是却能从"提问题"和"听"中学到不少的东西。

六、善于把握良机

成功者不会放弃任何一个发展良机,哪怕这个机会只是偶然的一个灵感,他们都会用发展的眼光对待它。

七、激发灵感

成功者永远都不会满足自己目前的成就,他们擅长以各种方法激发自己的灵感。

商训深解

凡是经商能取得成功的人必离不开创新思维,而创新思维的形成需要你对传统进行挑战,打破牢笼,发挥自己的主观能动性。

能创新就一定有出路

如果你要成功,你应该朝新的道路前进,不要跟随被踩烂了的成功之路。
——石油大王约翰·洛克菲勒

法国美容品制造师伊夫·洛列是靠经营花卉发家的。

伊夫·洛列从1960年开始生产美容品,到1985年,他已拥有960家分号,各个企业在全世界星罗棋布。

伊夫·洛列生意兴旺,财源茂盛,摘取了美容品和护肤品的桂冠。他的企业是唯一使法国最大的化妆品公司"劳雷阿尔"惶惶不可终日的竞争对手。

这一切成就,伊夫·洛列是悄无声息地取得的,在发展阶段几乎未曾引起竞争者的警觉。

这有赖于他的创新精神。

1958年,伊夫·洛列从一位年迈的女医师那里得到了一种专治痔疮的特效药膏秘方。这个秘方令他产生了浓厚的兴趣,于是,他根据这个药方,研制出一种植物香脂,并开始挨门挨户地去推销这种产品。

有一天,洛列灵机一动,何不在《这儿是巴黎》杂志上刊登一则商品广告呢?如果在广告上附上邮购优惠单,说不定会有效地促销产品。

这一大胆尝试让洛列获得了意想不到的成功,当他的朋友还在为巨额广告投资惴惴不安时,他的产品却开始在巴黎畅销起来,原以为会泥牛入海的广告费用与其获得的利润相比,显得轻如鸿毛。

当时,人们认为用植物和花卉制造的美容品毫无前途,几乎没有人愿意在这方面投入资金,而洛列却反其道而行之,对此产生了一种奇特的迷恋之情。

1960年,洛列开始小批量地生产美容霜,他独创的邮购销售方式又让他获得巨大成功；在极短的时间内，洛列通过这种销售方式，顺利地推销了 70 多万瓶美容品。

如果说用植物制造美容品是洛列的一种尝试，那么，采用邮购的销售方式，则是他的一种创举。

时至今日，邮购商品已不足为奇了，但在当时，这却是行之所未行。

1969 年，洛列创办了他的第一家工厂，并在巴黎的奥斯曼大街开设了他的第一家商店，开始大量生产和销售美容品。

伊夫·洛列对他的职员说："我们的每一位女顾客都是王后，她们应该获得像王后那样的服务。"

为了达到这个宗旨，他打破销售学的一切常规，采用了邮售化妆品的方式。

公司收到邮购单后，几天之内即把商品邮给买主，同时赠送一件礼品和一封建议信，并附带制造商和蔼可亲的笑容。

邮购几乎占了洛列全部营业额的 50%。

洛列邮购手续简单，顾客只需寄上地址便可加入"洛列美容俱乐部"，并很快收到样品、价格表和使用说明书。

这种经营方式对那些工作繁忙或离商业区较远的妇女来说无疑是非常理想的。如今，通过邮购方式从洛列俱乐部获取口红、描眉膏、唇膏、洗澡香波和美容护肤霜的妇女已达 6 亿人次。

这种优质服务给伊夫·洛列的公司带来了丰硕成果。公司每年寄出邮包达 99 万件，相当于每天 3~5 万件。1985 年，公司的销售额和利润增长了 30%，营业额超过了 25 亿，国外的销售额超过了国内的销售额。

如今，伊夫·洛列已经拥有 400 余种美容系列产品和 800 万名忠实的女顾客。

商训深解

洛列的经历正好证实了金克拉的话："如果你想迅速致富，那么你最好去找一条捷径，不要在摩肩接踵的人流中去拥挤。"

在摩肩接踵中举步维艰地发展，不如走一条尚没有人走过的路，迅速崛起，这就需要你具备一定的创新精神。这便是能做事和不能做事的人的最大区别！

善于创新,就要能反其道而行

标新立异的目标无非是为了开拓。

——管理格言

日本的东洋人造丝织品公司,是日本最大的化纤生产商之一,从20世纪50年代起鼎盛一时。但是,到了20世纪60年代末至70年代中期,化纤制品已由全盛走向衰落,东洋公司遭受重大冲击,一再减产仍无济于事,公司面临着倒闭的危险。

在公司苦无良策时,一个爱动脑筋的员工找到董事长说:"现在各大公司为了提高产品质量,都想办法把5根线弄得粗细均匀,没有人将不均匀的线纺到一起,若我们反其道而行之,很可能会创出一条与众不同的新路。"

董事长听后觉得有道理,他认为现今人们的兴趣总是千变万化的,过去追求光滑、闪光的衣服,当它变成习惯,大多数人都穿着了,就显得不时髦了。现在细中有粗、玲珑浮凸、配以和谐的色彩,说不定也会形成新潮流。

董事长据此决定组织少批量生产,投入市场进行投石问路。正如吃惯了白米饭的人一样,吃上新鲜包米粗粮,会感到异常可口。结果,这种新设计的产品一面市,就被抢购一空。于是,东洋公司立即申请专利,并大批量投入生产,很快使公司摆脱了逆境,获得了巨额利润。

澳大利亚墨尔本有家"宁根企业公司",开发出了一种"收银机"。这种"收银机"比较先进,商店购置了它,可以将每天营业收入的钱及时存藏和计算出来,但是宁根企业由于不当的推销策略,使这样先进的收银机打不开销路,积压了大量的资金,很快就面临亏损了。

后来,公司属下有人建议把"请人购买"改为"我准你买",把营销策略改过来。总经理觉得有道理,决定在报刊电视上广泛地宣传收银机的优点,并且声明一地区限买一台。从此,人们纷纷前来争购,宁根公司据此发了财。

有些市场营销人员不以顾客的需求为基础,一厢情愿地试图把自己的理解和意愿强加给消费者,在买方市场条件下,这样做肯定要碰钉子。市场不欢迎,消费者不满意。追求质量是必要的，但一定要以消费者的需求为基础。"真理过了头就是谬误"，在追求质量上亦是如此。

在复印机市场上，一家美国公司在技术先进和增加功能上下工夫，结果使成本上升。而一家日本公司推出的结构简单、价格便宜的复印机在市场上更受欢迎。产品生产者常常迷恋自己的产品，而忽视了顾客的需求。因此，市场营销者不要自己迷恋自己的产品，而要让顾客迷恋你的产品。

意大利有一家由菲尔·劳伦斯开办的商店，总经理想出了一个别出心裁的点子，在店门上做了醒目的告示："进店顾客必须是7岁儿童，大人进店，请带7岁儿童做伴，我店专售7岁儿童商品，盼君遵守。"

该店开张之后，果然许多7岁儿童与其父母到该商店来看个究竟。出于好奇心和想买到合适的儿童商品，有不少人谎称自己的孩子刚好七岁。这样，该商店表面是限制年龄，实际上招引了各种年龄的顾客，所以，它的生意变得更加兴旺。

据此，总经理在各地陆续开设了20多间类似的商店，如新婚夫妇商店、年轻人用品商店等等。这些商店均张贴告示，说明只准某某特定顾客购买，如青年人用品商店，它声明只卖给青年人，这当然会吸引大量青年人进去购买所需商品，更吸引了一些已经上了年纪、但心理上不服老的人，他们也特地进去购买商品，以示自己还年轻，而从中获得社会和别人的认可，从心理上获得满足。因此，青年人用品店的生意特别兴隆，菲尔·劳伦斯靠心理策略的经营方式确实精明。

商训深解

反其道而行其实就是逆向思维，也就是说，要能别出新裁，要能与众不同，这无疑是总经理在创新上的最好表现。

阻碍总经理创新的六大因素

光看别人脸色行事，把自己束缚起来的人，就不能突飞猛进，尤其是不可能在科学技术日新月异的年代里生存下去，就会掉队。

——本田汽车创始人本田宗一郎

一、知识贫乏

创新能力是建立在知识基础之上的。缺乏与解决某个问题相关的知识,没有可以用作创造性加工的原材料,一味凭空想象,是谈不上发展创新能力的。不断充实和丰富自己的知识,广泛涉猎,开拓视野,对于意欲有所作为的总经理来说实属头等大事。

二、无批判地学习

学习知识对于提高创新能力固然重要,但如果学习不得要领还有可能适得其反。创新诚然离不开继承,它必须在前人已获得的成果的基础上进行。关键在于如何既学习了前人的知识,又不成为老思路的俘虏。陷入传统思路的框架,创新能力就会受到极大的束缚。

三、习惯性地思维

每个人都有自己的习惯性思维程序,总经理也不例外。在解决问题的过程中,各种观念在头脑中形成恒定的思维模式,思考时常常沿着相同的思路进行。这种习惯性思维一旦固化,就会妨碍新思路的产生,限制总经理创新的发展。总经理要清醒地认识习惯性思维产生的可能,摆脱束缚,尝试从不同的角度去考虑和解决新问题,从而提高自己的创新能力。

四、过分地求全责备

过分地求全责备是妨碍总经理创新的心理障碍之一。有这种心理的人十分容易责备自己,对自己的成就和行为过分挑剔。精益求精固然是好事,但凡事都有一个"尺度",不应当片面地夸大或者绝对化。人类对事物的认识是相对的,是某时某刻某地某状态下对某事物的认识,事物本质的复杂性,事物层次的多样性,都会给我们的认识和活动带来困难。过分地求全责备是一种忽视了事物及认识特性的不客观的态度,其结果只会导致自己失去自信心。

五、胆怯,缺乏自信

胆怯是创新的危险敌人。创新总是和风险连在一起的,对于处在现代竞争环境中的总经理尤其是这样。由于胆怯而不敢冒必要的风险,创新就无从谈起。缺乏自信心严重妨碍总经理创新的发生。没有自信,对自己各方面的能力不信任,对能否展开丰富的想象、进行创造性的活动持否定或模棱两可的态度,畏缩不前,独创性成果也就无从谈起。例如,德国物理学家普朗克曾首次提出了"量子假说",此后由于长时间怀疑该论点的可靠性,同时对自己缺乏信心,最终未能完成这一物理学史上的革命性突破。缺乏自信的总经理在工作中缩手缩脚,不敢开创新局面,不敢承接新问题,而只会按照陈旧的规则跟在别人后面亦步亦趋,毫无原创性。成功是与自信、勇气和胆魄密不可分的。

六、自满和固执己见

创新的契机是从不满足于现状开始的。自信利于创新,而自满会使人安于现状,不再有创新的欲望。创新还需要主见,但过分固执己见会使主见变成偏见,不能集思广益。成功的总经理必须从实际情况出发,既能力排众议、坚持正确主张,又能从谏如流、吸收他人意见。

商训深解

要提高创新能力,总经理必须排除以上各种障碍。

勇于创新但也要避免风险

最大的、最根本的创新风险来自创新过程的不确定。

——经济学专家陈伟

总经理在追求创新的同时应当注意"经营安全性",有的专家提出"避险第一,赢利第二",这不失为经验之谈。德鲁克认为:"企业家的革新并非不分青红皂白地去找风险,而是一种有目的、有系统的活动,是科学地、刻苦地追求变化,响应变化,努力从中捕捉革新的机会。"这说明创新必须与科学的态度相结合,正确地对待风险。

那种认为创新就意味着冒极大的风险的错误观点必须改变。的确,在微电脑和生物工程等高新技术领域,创新的失败率很高,成功的机会相对较少。但这些高技术领域一旦取得成功,能够带来的经济效益足以补偿风险所造成的损失,比起追求零风险者,企业家创新带来的收益常常更大一些。实际上,许多企业家在创新型组织中获得的巨大成功,恰恰是对所谓"创新就是高风险"的论调的有力反驳。贝尔实验室在过去的几十年间发明了无数对人类产生巨大影响的东西:从1911年第一台自动配电盘到1980年第一根光纤电缆,晶体管和半导体的应用等。在计算机理论研究和工程应用方面,成功的创新也是一项接一项。贝尔实验室的业绩证明,即使在高技术领域,创新也可能是低风险的。我们还可以找到更多的实例来证明这一点:在计算机这一快速发展的高技术领域中,Intel一直与同行业中的"老面孔"竞争,至今还没有出任何重大的失败;明尼苏达"中等技术"的3M公司在过去60年中,开创了近百项新业务和系列产品,它的成功率约为80%。只是因为少数所谓"总经理"缺乏科学的管理方法,违反管理规律,使创新精神的发挥蒙上了风险的色彩。

商训深解

杰出的总经理应该具有创新的习惯,但更应该注重创新的安全性,避免风险的产生。

总经理创新的四大原则

创新,可以从需求的角度而不是从供给的角度给它下定义为:改变消费者从资源中获得的价值和满足。

——管理学大师彼得·德鲁克

一、独立性原则

所谓独立性,是指总经理在进行创新活动时,不能拘泥于旧框框,不能迷信于权威，也不可屈从于压力者或扭曲思维和实践的规则，而只能坚持实事求是、遵循真理的原则。这就是说，总经理创新是在"不唯上，不唯书，只唯实"的状况下进行的活动。

独立性原则在总经理创新中至关重要。没有独立性，就没有进取和创新。但是，这里强调的独立性，不是孤立封闭状态下的独立，也不是故意标新立异。如果把自己孤立于社会之外，把自己关在深居里或者隐于丛林中，不接触社会，不接触实际，不了解外面世界的发展变化，"独立"地、不受任何外界影响地考虑问题，这种"独立"只能是孤僻，是闭门造车。同样，如果不管他人正确与否，故意与他人唱反调以显示自己的"独立"和特别，这种"独立"也只能是怪癖。

二、求异性原则

求异性原则是总经理创新的又一重要原则。求异性原则是指，总经理不能满足于常规，不能跟在他人后面亦步亦趋，必须具有求异求新的心理，在求异和求新中迸发创新的火花，把握改变现有状况的契机，是一种在异中求新、新中求变的原则。

但是求新、求异不是单纯为了求新、求异，不是为了出风头，突出自己以引起别人的注意。如果一个人，不论是普通劳动者还是总经理，不在工作中动脑筋进行总经理创新，而是为了个人得失和名声等做出许多新颖奇特之事，这不是总经理创新中的求异，而是对求异性原则的歪曲和误用，只会闭塞自己的创新思路。

三、跳跃性原则

跳跃性原则是指在进行创新的过程中，总经理要善于省略事物的次要步骤，抓住事物的本质和核心；善于超越思维的时间跨度，抓住不同时期事物的相同之处，从而以最快的思维速度揭示未知。

四、实践性原则

实践性原则是指创新必须把理论探索与实践检验结合起来，在实践中促进创新，在实践中检验创新的正确性。实践是检验创新正确与否的唯一标准，实践性原则的贯彻实行与否，直接关系到其他原则的贯彻，因而也是创新活动的根本性原则。离开实践，创新的其他原则就会变形或被误用，例如，独立性变成孤僻性，跳跃性变成臆想中的胡乱联系，等等。总经理不仅要在理论上保证实践性原则的重要地位,而且要切实贯彻到行动中:在每一项重大决策制定前,应当先调查研究;实施前,先在小范围内试点,从实际操作中找出不完善的地方,根据实践修改补充完善,如此经过若干反复之后才能实施推广。

商训深解

创新是一种十分活跃的思维活动,其激发因素和表现形式大多是非理性因素,这就更加突出了它的动态性。但是,同任何其他创造性活动一样,总经理创新也有一套应当遵守的基本规则,否则,其创新就会由有序走向无序,由严密的逻辑思维走向逻辑混乱,同个人的任性、固执、偏狭或奇发异想等毫无区别了。

在公司中大力提倡创新思维

创新应当是企业家的主要特征,企业家不是投机商,也不是只知道赚钱、存钱的守财奴,而应该是一个大胆创新敢于冒险,善于开拓的创造型人才。

——美国经济学家熊彼特

好公司都是"点子"公司,都是创新公司,这是总经理们善于开发创意的结果。

开发创意性思考的另一个问题便是:大部分人通常怯于发表自己的新观念。对这些人,除非先鼓励他们培养自信心,否则很难让他们的创造能力完全发挥出来。要让员工对自己有信心,最好的方法便是对他们表示信心。有些人在这一方面很需要特别帮助,美国卡内基训练中的沟通和人际关系课程,可以帮助这方面的发展。

总经理可以协助员工克服发挥创意的障碍,其中之一便是"顺应环境"的习惯。他们不想有与众不同的思想,正如他们不想在衣着、言谈、举止方面与别人不同。我们要让这些人多多接触一些新思想。事实上,许多发明往往是一些有勇气破除旧习或反抗传统的人(团体)所做出来的。

要鼓励员工培养创意性思考,总经理应随时注意倾听他们所表达的新观念。无论这些观念如何荒唐可笑,也不可遽下结论:"这行不通!"要审慎地与当事人做进一步讨论,看看是否能发现该观点的好处来。在你评估意见的时候,要先称赞员工提出意见的积极态度。若有需要批评的地方,也应采用肯定的态度,例如:最好不要说:"那太花钱了。"最好是说:"等等,你有没有先算一下费用?"如此一来,员工自然会发现到费用的问题。说不定还能想出更好的方案。要记住,一个"与众不同"的人所提出的看法,当然有时会不合实际,但千万别因此而对其表示轻视,那样会永远扼杀了此人的创意。

发展创意性思考的另一障碍,是许多人一旦决定做事的方法,便不愿轻易改变。这些人对不同的意见往往固执地封起双眼和耳朵。戴尔卡内基曾说过:"时时敞开你的心灵准备接受改变。要欢迎它,取悦它,要一再检验你自己原有的意见和看法。"这是所有总经理们应该遵循的原则,也应该鼓励员工这么做,如此才能开发出所有人的创造性来。千万不要说:"我们一向是这么做。"这会扼杀了许多新的好主意。

比较复杂的障碍是:由于许多人对问题的认知程度常有不同,甚至同一个人在不同的时间,对同一情况也有不同的看法。心理学家对这一类认知问题有相当深入的分析。人们会有意忽视那些干扰他们或混淆他们原有想法的事物。除非他们把这些外来的影响驱除掉,并认清自己一向所持的认知态度,他们才有可能改变以后的认知态度。

商训深解

假如总经理能营造起接受新观念的气氛,鼓励员工读书或参加研讨会,让他们参与其他富有创意性的活动都可鼓励员工发挥创造潜能。这些努力有朝一日必有收获,员工的创意性贡献必可使公司成长。更重要的,这些贡献新观念的人也会一同成长,并更具活力,更有成就感。

观念创新:观念一新,万两黄金

企业的成败在于能否创新,尤其是当前新旧体制转换阶段,在企业特殊困难时期,更需要有这种精神。

——著名企业家黄汉清

日本东芝电器公司1952年前后曾一度积压了大量的电扇卖不出去,几万名员工为了打开销路,费尽心机地想了不少办法,依然进展不大。

有一天,一个小职员向公司领导人提出了改变电扇颜色的建议。当时全世界的电扇都是黑色的,东芝公司生产的电扇也不例外。这个小职员建议把黑色改为浅颜色。这一建议引起了公司领导人的重视。经过研究,公司采纳了这个建议。第二年夏天,东芝公司推出了一批浅蓝色电扇,大受顾客欢迎,市场上还掀起了一阵抢购热潮,几个月之内就卖出了几十万台。从此以后,在日本以及全世界,电扇就不再是板起一副统一的"包公脸儿"了。

这一事例具有很强的启发意义,只是改变了一下颜色。这种小事情,就开发出了一种面貌一新、大大畅销、竟使整个公司因此而渡过了难关的新产品。这一改变颜色的设想,其经济效益和社会效益何等巨大!而提出这一设想,既不需要渊博的科学知识,也不需要有丰富的商业经验,为什么东芝公司其他的几万名职工就没人想到、没人提出来呢?为什么日本以及其他国家的成千上万的电器公司,在以往长达几十年的时间里,竟都没人想到、没人提出来呢?看来,这主要是因为,自有电扇以来,它的颜色就是黑色的。虽然谁也没有作过这样的规定,而它在漫长的时间里已逐渐形成为一种惯例、一种传统,似乎电扇就只能是黑色的,不是黑色的就不成其为电扇。这样的惯例,这样的传统反映在人们的头脑中,便成为一种源远流长、根深蒂固的思维定势,严重地阻碍和束缚了人们在电扇设计和制造上的创新思考。

很多传统观念和做法,不仅它们的产生有客观基础,它们得以长期存在和广泛流传,也往往有其自身的根据和理由。一般来说,它们是前人的经验总结和智慧积累,值得后人继承、珍视和借鉴。但也不能不注意和警惕,它们有可能妨碍和束缚我们的创新思考。

▎商训深解▎

所谓的"小事情",因其小被人们忽略了;然而它却造成了大难题,常常会给人们带来大麻烦。一些聪明人善于从"小事情"做起,从而使局部得到很大的甚至是彻底的改观。

第十一章

合作法则:你吃肉,也要让别人喝汤

寻找最适合的伙伴一起创业

创业要找最适合的人，不要找最优秀的人。

——阿里巴巴集团主席马云

俗话说，一个篱笆三个桩，一好汉三个帮。

在我们今天的社会里，由于现代社会的激烈竞争，一些能够赚钱的行业早已人满为患，竞争的对手很多。所以，单靠一个人去单枪匹马闯天下其难度不小。即使你深通经营之道，你也需要有人在关键的时候拉你一把，因此，你需要一个适合的伙伴与你一起打天下。

现代社会里许多成功的实例告诉我们，开公司做生意首先需要信任与合作来完成整个过程。有的时候，即使这件事情能够一个人完成，但你也许在某一方面有特长，在另一方面却很弱，而做生意需要你具有各方面的素质与能力，如果你有一个创业伙伴的话就可以互相弥补你们彼此的不足，比如微软公司的盖茨和艾伦，就在创业的过程中起到了一个优势互补的作用，使两个人的优点都发挥到了极致，可以说是相得益彰。

或许有人说，不是有许多"创业经"上说做生意赚钱的上策是独立经营吗？

这种想法也许是对的。你想，小本生意刚刚开始，免不了整天要和钱打交道，而和钱打交道容易产生矛盾，天长日久，难免会出现这样那样的矛盾和纠纷，如果真是这样，生意肯定会受到负面影响，甚至到最后关门了事。所以，中国古代经商有这样一句话：买卖容易，伙计难搭。这应该说也是经验或教训之谈。

但是，我们要看到，社会毕竟发生了很大的变化，创业时所需要的资金、技术、人力、物力、市场等一系列东西都发生了变化，社会也把社会成员通过这样那样的关系"套"得越来越紧，靠一个人去单枪匹马闯天下的难度在加大，成功的机率在减小。

其次，现在开办一家私营公司，所需要的资金也越来越多，即使是规模很小的私营公司，没有几万元、十几万元根本就拿不下来，这还只是起步资金，如果公司进入到运营阶段,所需要的资金会更多。尽管我们创业开公司有时候的确需要一种破釜沉舟、甚至是置之死地而后生的精神,但是,你如果将你的全部家当都押上去,万一失败,你和你的家人连基本的生活都成问题,这未必就是一个好的方法,因为你的公司上系着你和你的家人所有的希望,你在经营的时候心态也就难免会发生变化,影响你的经营效果。但你如果有一个合作伙伴则大不一样了,起码你们可以分担风险。

当然,这并不是要将祸水转嫁于别人,与人合作创业,风险共担,利益分享,这不是什么令人不齿的事情。

再次,在你和你的伙伴合作经营的时候,你可以积累许多与人打交道的经验,这也是创业给你带来的一份财富。做生意、办公司,说起来是跟钱打交道,实际上是在与人打交道。在市场风云变幻的今天,如果你只是想着自己赚钱发财,而不想与人合作,一个人独往独来,往往会失去很多赚钱的机会。不跟别人搞合作,过分强调自己独立经营,结果是自己在市场上遇到困难却得不到别人的帮助,身陷迷途却听不到理性的呼唤。

可见,你如果要开公司,而对自己的资金、能力、技术等方面有所担心的话,找一个理想的合作伙伴是一件很好的事情,这有助于成功经营。

那么,接下来的问题是,你如何选择经营的伙伴?选择怎样的合作伙伴?

合作是一种契约,契约也就是合同。它规定了订立契约或合同的人相互之间的义务和权利。比如说,合伙人彼此之间出资的比例,利润的分配方法,不同的合伙人应该承担的债务份额,合伙人各自在企业中的地位,等等。这样,根据契约人的关系,合伙人也可以分为好几种形式:普通的合伙人,名义的合伙人,有限的合伙人,秘密的合伙人,匿名的合伙人,不参加管理的合伙人,参加管理的合伙人,等等。

总经理选择合伙人,绝不能只凭着自己的感觉来办事,也不能只是抱着试试看的态度,你一定要谨慎从事。要有端正的态度,必须从多方面来考虑自己,考虑自己的真正需要,同时,也必须充分考虑到你开公司时的环境和你自己的切身利益。

选择合伙人,你必须考虑以下这几个方面:

首先,你必须仔细考虑自己是否能够独立承担经营公司的风险。如果你经过深思熟虑,发现自己能够独立承担经营公司给你带来的风险,你最好独立经营。因为我们前面已经说过,你的合伙人能够和你一起承担经营的风险,但肯定会带来矛盾和问题,正所谓"有一利必有一弊",鱼和熊掌不能兼得。特别是在创业初期,矛盾和问题很多,公司的制度不是非常健全,公司的运作也需要灵活机动,这些都有可能成为你和你的合伙人之间矛盾爆发的导火索。当然,经过你的深思熟虑,你觉得自己独自一个人实在无法承担经营时的风险,你就要考虑合伙经营。

其次,你必须考虑你能够从你的合伙人那里得到一些什么,你又能为你的合伙人提供一些什么,你们彼此之间是不是能够形成一种互补关系,你应该清楚地知道你需要从你的合伙人那里得到的是资金、技术、关系、销售网络、土地、经营场所或者是其他经营的必备东西,而这些又是你一时难以解决的问题。如果你对这些问题已经非常清楚,你就可以大胆地合伙经营了。如果你觉得对于这些问题你还需要再继续考虑或者观察,对于合伙人所具备的个人能力和技术实力等方面你还是不放心,那你就不要急于合伙,起码不要急于签订某些合同。

再次,也是很多总经理经常会忽略的一个问题,你要充分考虑到你自己的性格是否适合和别人合伙经营。独立经营尽管需要一个人来承担各种风险,但却是一个人当总经理,就是你一个人说了算。而在合伙的公司中,合伙人都是总经理,你们之间的地位彼此平等,不能一个人说了算。在合伙企业中,合伙人的关系与总经理和雇员之间的关系不同,合伙人之间一定要彼此尊重,互相谅解。他们之间的关系比我们普通人之间的关系更复杂,更难以处理。所以,对于那些性格上存在这样那样问题,尤其是不善于跟别人合作的人,缺少团队精神的人,最好不要搞合伙公司,否则,等待你们的只有一条路:失败!

▎商训深解▎

总经理一定要注意,在选择合伙人时,一定要把它当作一项重要的工作来做,因为它关系到你经营公司的成败。

对合作伙伴不要要求太高

唐僧团队是天下最好的团队。

——阿里巴巴集团主席马云

创业教父马云曾这样评价过自己的创业团队:

中国人认为最好的团队是刘、关、张、诸、赵团队。关公武功那么高,又那么忠诚。刘备和张飞也有各自的任务,碰到诸葛亮,还有赵子龙,这样的团队是千年等一回。很难找。可我认为中国最好的团队就是唐僧西天取经的团队。像唐僧这样的领导,什么都不要跟他说,我就是要取经。这样的领导没有什么魅力,也没有什么能力。悟空武功高强,品德也不错,但唯一遗憾是脾气暴躁,单位有这样的人。猪八戒是狡滑,没有他生活少了很多的情趣。沙和尚更多了,你不要跟我讲人、价值观,"这是我的工作",半小时干完了活就睡觉去了。这样的人单位里面有很多很多。就是这样四个人,千辛万苦,取得了真经。这种团队是最好的团队,这样的企业才会成功。

马云的话,对总经理如何选择伙伴有重要的启迪。那就是,在与人合伙经营的时候,你一定要记住,对合作者的要求不可太高!

从刚刚懂事起,我们其实就已经开始成为社会的人,成为社会的人的一个明显的标志就是要与人相处。我们人生学习的第一课,实际上也就是和别人相处。最初和我们相处的是我们的父母,之后有托儿所、幼儿园的阿姨和小朋友,之后又有从小学到大学期间的老师和同学,等到我们走上了社会,我们的交际范围进一步扩大,各式各样的人物走进了我们的生活,和我们打交道,有些会成为我们一生的朋友、知己、伴侣。除了和我们朝夕相处的生活伴侣,和我们打交道最多的,还是我们工作上的同事,生意上的伙伴,这些人其实都是我们的合作者。

我们的合作者,有些也会成为我们人生的朋友,而有些则只是纯粹合作者,只有工作上的关系或者生意上的关系,不会有多少情感上的投入。

如何和合作者相处,看起来似乎是一个很简单的问题,但在实际生活和工作中,并非如我们想象的这般简单,其中也有许多人陷入了求全责备的误区。

你可能在生活中听到过类似这样的话语:"你怎么能跟他合伙做生意,他这个人身上的毛病缺点多了!"还有"他怎么能跟我们搞这个项目,瞧瞧他那副清高的样子!"等等。

俗话说,金无足赤,人无完人。生活、做人的道理我们都懂,但一遇到具体的事情,我们却常常犯类似上面的话语的毛病,即对合作者的要求超出了对一个普通人的要求,要求他尽善尽美,没有缺点和不足。一旦发现或意识到合作者身上有缺点和不足,就对对方身上的一些无关紧要的方面看不顺眼,而拒绝同对方很有价值的或者很有意义的合作。这种由于非本质的好恶而排斥同对方合作的做法,是一种生活上的失利,一种事业上的失败。

是的,清高、孤僻、个性太强,这些都是缺点和不足,然而问题是,这个人身上有着你这项工作、这笔生意、这个项目所需要的优点和长处,或者他能够为你的这项工作、这笔生意、这个项目想出主意,甚至还可以彻底解决这个问题,这才是他这个人的主流。所以,当我们在选择经营伙伴时,不能先考虑伙伴身上这样那样的缺点与不足。

更重要的一点是,如果你对合作者要求太高时,你也该想想,你也不是完人,也并非十全十美。如果你的合作者,是十全十美的完人,他们会不会和你成为合作者?更何况,国与国、党与党之间尚可以进行"求同存异"的合作,现在不过是从事某项工作或做一笔生意吗!

几千年前,孔老夫子就曾经教导我们说:"三人行,则必有我师焉。择其善者而从之,其不善者而改之。"看来,孔夫子比我们一些现代人更懂得对合作者不能求全的道理,比我们一些现代人更"现代"。

美国的乔布和沃兹通过"苹果—Ⅱ"创业的时候,风险投资家马克库拉起了很大的作用。其实,最初光顾乔布和沃滋两位年轻人的并不是马克库拉,而是乔布的总经理介绍来的名叫唐·瓦尔丁的人。

当唐·瓦尔丁来到乔布的家中,看见乔布穿着牛仔裤,散着鞋带,留着披肩长发,蓄着胡志明先生一样的大胡子,不管怎样看都不像是一位企业家。于是,唐·瓦尔丁觉得不是很妥当,因为乔布和沃滋的外表将这位先生给吓坏了,他终于没有敢问津这两位奇怪的年轻人的事业,而是把乔布和沃滋介绍给了另一位风险投资家马克库拉先生。这位英特尔公司的前市场部经理,对微电脑十分精通,他先考察了乔布和沃滋的"苹果"样机,最后,马克库拉问起了关于"苹果"电脑的商业计划,但因为乔布和沃滋对商业买卖一窍不通,两人竟然面面相觑,说不出任何话来。但马克库拉并没有失望,而是决定和这两位年轻合作,并出任董事长。

唐·瓦尔丁,一个因为和一个伟大的公司、伟大的创业擦肩而过而被人们熟知的一个人,他很可能是一个很好的人,但就是因为乔布和沃滋的外表将他给吓坏了,他因为对合作者要求太高,而丧失了有可能是他一生中最重要的一次机会。而马克库拉却与他相反,没有对乔布和沃滋求全,而是与他们进行了深度的合作,所以他成功了,他抓住了自己人生中的一次最重要的机会。

▎商训深解▎

对于和我们一起经营公司的合伙者,不要只是看到他的缺点,也不要只是看到他的优点,而要全面地看待他。尤其是在看待他的缺点时,只要他的这些缺点不是

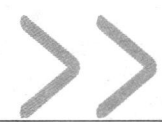

原则性的、品质性的大问题,而只是他性格上的一些缺点,无妨大局,不会影响到你们公司的经营,那么,这些缺点你就可以忽视,尽管和他一起开创你们的事业。而如果他的那些缺点对于你们公司的经营来说是致命的,或者他道德品质上出了问题,那你最好不要和他合作,或者你就要格外当心。

寻找同行合作,优势互补

竞争对手不能称之为对手,应该称之为竞争队友。
——蒙牛乳业有限公司董事长牛根生

在现代社会,尤其是在中国的现代社会里,对于"同行是冤家"这句话我们需要做一重新的审视和考虑。因为在日趋激烈的商业竞争中,只有看准并与同行交上朋友、进行合作,才能增强其实力,获取自身得不到的优势,从而保持住自己拥有的竞争优势。

事实上,在激烈的竞争中,你的那些所谓对手,也面临着同你一样的竞争压力和诸多考虑。因此,你不难找到很多机遇,同你的许多竞争对手成为朋友。中国私营公司的总经理,在为发展公司经济而参与市场竞争,与对手作生死拼搏时,别忘了你的竞争对手也有能帮你的时候!

聪明的总经理,在面对市场激烈的竞争中,不会只看到竞争带给自己的压力、从而拒绝与竞争对手交往,更不用说要对手成为敌人,他会在竞争的同时,尽最大努力与对手成为朋友,与他们在某些方面加强合作关系,以保证自己在市场竞争中的有利地位。所以总经理不仅要看到"四海之内皆朋友",还要看到"朋友多了路好走",看到朋友的巨大作用。

(1)借助朋友力量弥补自己的不足:在你公司创办初期,若你好不容易联系到一宗很大的业务,而客户却要求在某一期限内完成,而凭你此时的单方面力量,是不可能在此期限内完成的。面对这种情况,你最笨的做法是推辞掉这笔生意。这样做,你不仅丢失商业机遇、失去一笔不小的利润,还使你自身形象受损,这对你公司的以后发展将产生不可估量的消极影响,此时此刻,最好的办法就是借助同行业朋友的力量来完成。从这样一种极简单的事实中,你肯定会清楚公司在与对手进行竞争的同时,还应该与其进行必要的交往,而这种交往又是多么重要!

当你帮助了别人的时候,总会有一天,别人也会给予你帮助,你的付出是不会浪费的,别人总会回报你。"与人方便,自己方便"。从中可以看到同行之间交朋友的重要意义。

(2)必要时联合起来共同对付别的竞争对手:随着国际经济一体化的到来,在现代市场经济中,公司的竞争对手越来越多,已不仅仅包括本地区的,还包括地区之外的广大范围,甚至全球性的。竞争主体多元化的局面,使得某一竞争者有可能与其他竞争者联合起来,形成统一"战线",共同对付别的更大的竞争者,以保持住自己有限的市场份额。

在中国社会里,市场经济处于初期发展阶段,市场体制还远远不够成熟,在这样的大背景下,存在着很多人为原因影响到公司之间的公平竞争。因此,公司之间联合起来一起对付竞争对手就显得尤为重要。

(3)互通信息,抵制关联行业的欺压行为:一个行业中的各个公司,在激烈的竞争中,并不是相互不通信息。他们一直不断地加强彼此的信息交流,以使得公司现有资源得以最大限度地被利用。

所谓的关联行业,指与公司产品有关系的行业,或者指直接影响公司货源的上层公司,或者是影响公司产品销售的下层公司。如果上层行业公司联合或者单独采取行动,降低产品的工价,会使得你的公司在整个产品生产环节中获利。

利润有所减少,导致公司的效益下降,同样的道理,下层公司也可以用这种方式使你的公司效益下降。当公司遇到这种情况时,没有必要单方面行动,在公司自己行业内造成纷争,而应在同行公司之间形成某一种联合,充分团结起来,对此类事件作出强烈反应,甚至采取有力的手段,加以抵制,保持公司正当利益。

(4)同行的经营管理经验可借鉴。同行业之间,由于有着类似的业务,好的有效的经营管理及创业经验可借鉴的成分相当大,也许同行公司的成功之道,正是你的公司所必需的,可能会帮助你的公司走出困境。而且,同行之间相互借鉴还有一个很大的好处,那就是其生产原材料相近,很容易找出自己与别人的差距来,这是其他行业所不具备的。

商训深解

有人说:一个人能走多远要看他与谁同行;一个人能有多大的成就要看有谁指点;一个人能有多么优秀要看他身边有些什么样的朋友。背靠大树好乘凉,一个商人,尤其是处在创业期的商人,选择与更优秀的同行合作不失为快速成功的一条捷径,这一点,创业者一定要好好把握。

合作双赢,互惠互利

竞争中合作,合作中双赢。

——商业格言

当公司面临进一步的发展时,开展合作往往是十分重要的。当初松下公司要组建电器生产线时,他们就选择了在全球享有盛誉的荷兰菲利浦公司作为合作伙伴。松下幸之助所看中的正是菲利浦方面在全球范围内的信用和他们的优势。值得指出的是,在合作洽谈时,有关引进技术合作的权利金,美国的公司只收取3%,而菲利浦公司却为7%。面对这种情况,松下应选择哪一方呢?当时菲利浦方面做了如下说明:

"为什么本公司会有这样的要求?因为和阁下的公司合作之后,必须保证一定的成功。本公司在世界各处有48座工厂,都很成功。这种成功得来不易。因为假设对方并不一定完全接受,单拥有技术,也很难得到成功。可是,我们所做的将完全成功,如果你失败了,可能损失2亿元,并每月透支,事业受挫。就规模而言,菲利浦公司大多了,所受的损失当然也更大。"

"若和菲利浦公司合作,而对方失败了,对菲利浦公司而言是非常不名誉的事情,这会造成对方更大的损失。所以,本公司除非对相当可靠的人,否则不予合作。决定和你合作,是因为你有30年以上的实绩,你对经营的做法和想法,和本公司有许多相似之处。公司内的干部及工作人员亦然。经过本公司的指导,你的公司一定会成功。成功之后,对双方都有益处。而这项契约,也能有正面的结果。"

松下当时是这样考虑的:菲利浦公司对其合作伙伴的慎重选择,恰恰是松下公司最可靠的保证,要合作就要选择最有信用的合作者。因此,松下也把自己的想法向对方叙述如下:"我以十二万分的诚意,想使这项契约顺利成功,所以愿意支付2亿元。可是,我认为7%的权利金太贵了。根据这项契约,有的人会得到十成的成功,有的人却只成功一半,此两者同样都是成功。可是,我做了之后,一定可以得到完全的成功,和只能成功50%的人互相比较,从我的公司拿走的是4.5%,实际所得可能超过7%。我希望你能考虑这种差距。我一定可以得到百分之百的成功,我过去的实绩可证明这件事。所以,我希望你能降低到4.5%。"

松下的这种富有诚意的态度以及他们对信用的重视,打动了对方,结果根据这个数字双方签订了契约。两个富有信用的公司就这样实行了双赢的合作。

商训深解

商战合作从本质上说是互惠互利的,但如果合作双方不是实力相当时,合作就可能是一种诡道之术。在商战中为了取得更大的利益,有时候必须为合作方提供一些"利",双赢双赢,有利才有赢。

不能与其合作的三种人

寻找合作伙伴,也是在组建自己的核心团队。
——CCTV2《赢在中国》选手侯彦卫

从大量的合伙经商的案例分析来看,至少有三种类型的人不能与之合作,他们不仅不能成为你开办公司的"靠山",而且会成为阻碍你成功经商的"绊脚石"。如果你遇到这三种人,根本不用再花心思去研究,只需即刻远离。

一、好话说尽、食言自肥型

商界的组成分子是极其复杂的,争利的手段也是千变万化的。一些人仗着自己有一点小聪明,自以为对商场的人情世故懂得比别人多,因而"走火入魔",认为商场就是人骗人的地方,总想在与别人合作中多捞一点,多占别人一点便宜。于是,他们在与别人的合伙时对合伙人没有半点诚意,把对方当成傻瓜,想自己的利益时多,想别人的时候少,斤斤计较个人得失,总想自己多占一点,少做一点。对于这类人,不能与之合作。这种类型的人都有一个共同的特征,那就是"能屈能伸",就像蚂蟥一样,要与你合作或有求于你时,他的舌头如同蚂蟥咬人时的身体蜿蜒摇动,说话时音调动听极了,这就是所谓好话说尽。一旦目的达到,过去所说的话都忘得一干二净,完全站在自己的利益上打算盘,这就是所谓食言自肥。

照这样的说法,没有人愿意与他们合伙做生意,但事实上这类人又常常得逞,原因到底在哪里呢?因为这类人有很大的欺骗性,在实际生活中不容易对他们进行甄别。他们的一大"法宝"就是遇到人们的责难和质问时,能说出一大堆理由来解释,连拍带哄,说得你有脾气都没法说出来。这类人眼睛都亮得很,心里有一杆很精密的小秤,对与自己有关系的人都做过估量。凡是对他的利益有帮助的人,他不仅好话说尽,而且在必要的时候他也自愿吃亏,表示他的豪爽、耿直;可是对于那些不能帮助他的人,他就换了一副面孔,其态度之傲慢、表情之难看、说话之难听,真叫人难以想象。总之,这类人把商场中的坏习气都学到了家,如果再有一点表演天才,喜怒哀乐,学啥像啥,即使商场老手,社会经验丰富的人,也会被他耍得昏天昏地,上当受骗。

二、眼高手低、耐心不足型

一些人不甘心替别人当员工,再加上筹措一笔资金也不太困难,于是便有了自己经商当总经理的念头。他们认为,只要有钱,开公司就是最简单的事情;只要自己往靠背椅子一坐,自有手下的人替他效命卖力。他们认为,有钱能使鬼推磨。听起来,他们的想法一点也没有错,只要你肯出高薪,不怕请不到人才,但是请来的人才如何用,这才是决定你够不够资格当总经理的关键所在。

还有些人本身贪图享乐,不能从事艰苦复杂的经商活动,但现在每月的收入不足以维持消费水平,看到当总经理的很神气,出入有小车,高档宾馆常来常往,应酬时灯红酒绿,轻歌曼舞,于是便想自己去当总经理。他们只看到了成功后的享受和荣耀,却看不见创业的艰辛,眼比天高,心比山大。没有合伙之前,说起创业来豪言壮语,信誓旦旦,发誓要干出个名堂来;一旦进入实质性的运作,需要投入艰苦的劳动时,需要长时间的努力时,就没有往日所说的那种干劲了,或是得过且过,贪图享乐,或是工作没有主动性,平日在单位上为别人干事时敷衍应付的那一套坏习气就出来了。很多受过良好教育,家庭环境又不错的,现在个人收入勉强过得去的人,最容易成为眼高手低、耐心不足型的人。他们没有受过生活的磨难,没有经受过创业的挫折,不懂得创业的艰辛,便以为当总经理容易,经商容易,一旦需要投入艰苦的工作,需要长时间的努力时,便显露出眼高手低,耐心不足的毛病。

三、自以为是、刚愎自用型

三国时代的马谡自认为从小熟读兵书,深知用兵之道,在守街亭时不听副将王平的劝阻,执意要把营寨建在高山之上,结果被魏军团团围住,几次突围没有成功,加上水源又被拦截,军心动摇,终被魏军击败,街亭失守。面对魏军的长驱直入,幸亏诸葛亮大智大勇,上演了一出空城计,方才转危为安。马谡的错误造成街亭失守,军纪不容,诸葛亮不得不挥泪斩马谡,从此,马谡一直就成为自以为是、刚愎自用的典型人物。

连马谡这样博学多才的人都能犯下弥天大错,又何况普通人呢? 一些人自认为自己比别人聪明,分析力比别人强,听不进不同的意见,总以为自己的观点与看法是最好的。当别人对他的一些观点或看法提出不同的意见时,他常认为没有必要进行修改。对别人的意见或建议,轻易地给予否决,自己又提不出更好的方法来。思维方法是以偏概全,以点概面,偏激、固执,不易与人合作。这样的人当然不能与之合伙创业。

缺点当然不可避免,对于一般的缺点与局限,我们在经商选择合伙人时不能求全责备,要求对方十全十美,这事实上也是办不到的,因为我们自己都不是十全十美。但对于具有上面所言的三种缺点与局限的人,我们一定不能与他们合伙经商,因为这些缺点错误是本质性的错误,是长期形成的,一时半刻也改不了。

人也不可一眼看透,识别人是相当困难的。唐朝大诗人白居易在一首诗中写到:"赠君一法决狐疑,不用钻龟与祝蓍。试玉要烧三日满,辨才须待七年期。周公恐惧流言日,王莽谦恭未篡时。向使当初身便死,一生真伪复谁知。"在这里,白居易强调了识别人的两个基本方法,第一:实践——试玉要烧三日满;第二:时间——辨才须待七年期。这些方法都值得总经理在甄别合伙者时学习和借鉴。

商训深解

大千世界,芸芸众生,并不是每个人都适合与你合伙开办公司。一定要在了解自己,又了解对方的前提下,选对伙伴,否则,宁可不选,不可错选。

在商业活动讨,有些人是千万不能与之合作的,看准这些人,当遇到此类人时,想都不用想,立即离他们远一点。

认清选择伙伴的误区

> 请来绵羊，一千头也不行；请来狮子，一头就管用。
> ——蒙牛乳业有限公司董事长牛根生

总的说来，挑选合作者存在着五个危害巨大的误区。

误区一：平分利润

在确定合作时往往会有个确定合作人出资数额的问题。此时，合作人往往会陷入自动平分股权比例的误区，这样很容易埋下矛盾冲突的种子。

举个例子，如果有三个人合作时，把公司股权各分为各得三分之一，而其中一个合作人在公司开张之前就已经为公司签订了一份合同或取得了一定数量的销售额，既为公司带来了现金，又创下了声誉；或者是从公司建立到发展壮大，只有一个人是全日制的，另外两个人有本职工作，只是兼职的，那么全日制工作的人付出的劳动是最多的。这两种情况下，这个合作人就会嘀咕："我签订合同，收回销售额（或整天在公司干活），付出的劳动和承担的风险比其他人多多了，为什么要平分股权呢？"这种顾虑是正常的，也是合理的，不应强求他接受这一貌似公平的不公平。所以为避免矛盾，一定要避开平分合作股权这个误区。

误区二：合作者之间不沟通意见

很多总经理认为，大家既然一起合作了，感情自然不会是泛泛之交，没必要再多交流、多沟通了。这实在是一个很大的误区，过分强调过去的交情或友谊，不进行信息沟通，各自觉得"咱们十几年的交情了，这点事他不会在意的"或"这件事他不谅解我的话，那这么多年的朋友就白做了"。那么，以前信赖的基础就开始动摇了，对方不可能对此毫无想法，积累下来，这种感情基础反而会被全部摧毁，大家很可能反目成仇。这就需要合作人之间多加沟通、交流信息，促进感情以更好地合作。信息沟通缺乏或不畅会使合作人之间对事业没有共同的理解，从而导致在态度、行为上出现不必要的偏离,彼此觉得很陌生、很矛盾,影响合作。

误区三:随便与亲友合作

在我国,许多私营公司在起步时经常是通过亲友的合作实现的,我们在看到有成功的例子的同时,更应看到那些失败的例子,从中吸取经验教训。

前不久,就发生一起投资人起诉他几个兄弟姐妹的经济纠纷案,一个人在日本赚钱,他寄钱回来与亲友合作办度假村,但因为手续不全,结果问题出了不少,而且作为法人代表的亲友侵占他的投资,还不承认他的投资,搞得他十分被动。家族式合作很容易考虑到血缘关系而忽略现实的经济关系,这样使得大家本来动机不同而硬凑在一块,志不同道不合,冲突必然会发生,而且把年序长幼带入职位划分,家庭事务与公司事务纠缠不清,不利于规范经营和发展壮大。这些失败的例子就是因为让亲友过多地参与,不必要地掺和,而且实行家庭式管理,造成公司先天不足,要么早早夭折,要么发展畸型。

误区四:不定合作协议

中国私营公司现在的合作大多还是朋友或亲戚的合作,这是个特点。有些人觉得,大家是亲朋好友,感情自然不同于陌生的合作人,谁也不会骗谁,只要事先说好条件,合作协议可有可无,订立反而怕让对方觉得自己信不过他,那又何必在一块做生意。

事先不定协议是合作大忌,其实感情归感情,生意归生意,亲兄弟也要明算账,生意场上的事一定要弄得明明白白,不能什么都搅在里面。再好再亲的亲戚朋友合作做生意,都必须建立一套健全的规章制度,使得有规可循。因为未来不可预料,如果生意做大了,规模扩大了,问题也就复杂了,这时没有协议约束,没有大原则,就很容易大家闹矛盾;如果生意不尽如人意或彻底失败了,没有事先的合作协议的话,大家就会纠缠不清,为争个清清楚楚而损害彼此的亲情或友谊。所谓"当断不断,反受其乱",合作经营千万不能陷入事先不定协议这个误区。

误区五:角色不明确

因为大家是合作,所以都是总经理,谁也管不了谁,这样合作时就容易造成角色分工不明确,合作人也觉得自己什么都该插手一下,以便了解公司运作,这样就陷入了误区。这种误区的危害性也已有阐述,这里不再多加赘述。

事实上,合作的误区还有很多,因为合作实际上既有复杂的经济关系,又有微妙的人际关系,很多情况及问题不是我们所能预料到的,但这里提出来的误区还是很有典型性的,只要正确认识并避免走入这几个误区,其他的也相对简单容易多了。

商训深解

总经理要多与他人合作,这样才能形成优势互补,才不至于陷入单打独斗的窘境,而挑选合作者并非易事,这其中存在着许多误区,总经理一定要避免身陷其中。

把合作变成壮大自己实力的手段

合作就是壮大自己。

——娃哈哈集团董事长宗庆后

"合作"是经商必不可少的手段,除非你不想做大做出品牌。但合作之难又是显而易见的,这要牵扯到利润的分成。因此真正的合作建立于诚信的基础之上,为双方的共同利益而谋划。李嘉诚的合作之道令人赞赏。

李业广是"胡关李罗"律师行合伙人之一。李业广持有英联邦的会计师执照,是个"两栖"专业人士,在业界声雀甚隆。人们称李业广是李嘉诚的"御用律师"。李嘉诚则说:"不好这么讲,李业广先生可是行内的顶尖人物,我可没这个本事独包下他。"

李嘉诚说的是实话,李业广身兼香港20多家上市公司董事,这些公司市值总和相当全港上市公司总额的1/4强;另外,李业广还是许多富豪的高参。李业广不是那种见钱眼开、有酬(金)必应之士,一般的大亨还请他不到。长江上市,李业广便是首届董事会董事;长江扩张之后,李业广是长江全系所有上市公司的董事。就此一点,足见两李的关系非同寻常。

李嘉诚是个彻底的务实派,他绝不会拉大旗做虎皮,虚张声势。李嘉诚在商界的名气较李业广大。在香港商界,拉名人任董事是人们常用之术,李嘉诚并非这样，他敬重的是李业广的博识韬略。长江实业不少扩张计划，是两李"合谋"的杰作。

李业广甘处幕后，保持低调。1991年，李业广一飞冲天——出任香港证券联合交易所董事局主席。在他之前，任联所主席的有：金银会创始人胡汉辉，股坛教父李福兆，恒生银行卸任主席利国伟等，个个都是香港商界风云人物。

香港报章在介绍联交所新任主席李业广资格履历时，称他是"胡关李罗"律师行合伙人，长实集团多间上市公司董事……长江在李业广及公众心目中的份量可见一斑。

杜辉廉是英国人，出身伦敦证券经纪行，是一位证券专家。20世纪70年代，惟高达证券公司来港发展，杜辉廉任驻港代表，与李嘉诚结下不解之缘。1994年，万国宝通银行收购惟高达，杜辉廉便参与万国宝通国际的证券业务。

杜辉廉被业界称为"李嘉诚的股票经纪"，他是长江多次股市收购战的高参，并经营长实及李嘉诚家族的股票买卖。

杜辉廉多次谢绝李嘉诚邀其任董事的好意，是众"客卿"中唯一不拿薪水的。但他绝不因为不拿薪水，而拒绝参与长实系股权结构、股市集资、股票投资的决策，令重情的李嘉诚总觉得欠他一份厚情。

1988年底，杜辉廉与他的好友梁伯韬共创百富勤融资公司。杜梁二人占35%股份，其余股份由李嘉诚邀请包括他在内的18路商界巨头参股。

有18路商界巨头为后盾，百富勤发展神速，先后收购了广生行与泰盛，百富勤也分拆出另一间公司百富勤证券。杜辉廉任其中两间公司主席。到1992年，该集团年盈利已达6.68亿元。

在百富勤集团成为商界小巨人后，李嘉诚等主动摊薄自己所持的股份，好让杜梁两人的持股量达到绝对"安全"线。李嘉诚对百富勤的投资，完全出于非赢利，以报杜辉廉效力之恩。不过，李嘉诚持有的5.1%百富勤股份，仍为他带来大笔红利，百富勤发展迅速，是市场倍受宠爱的热门股。

20世纪90年代，李嘉诚与中资公司的多次合作（借壳上市、售股集资），多是由百富勤为财务顾问。身兼两间上市公司主席的杜辉廉，仍忠诚不渝地充当李嘉诚的智囊。

《明报》记者在采访中问李嘉诚："您的智囊人物有多少？"

李嘉诚说："有好多吧！跟我合作过、打过交道的人，都是智囊，数都数不清。比如，你们集团的广告公司就是。"

商训深解

目前，越来越多的跨国公司通过组建战略联盟的方式参与全球竞争，并在激烈的竞争中赢得了竞争优势。据美国《财富》杂志报道，世界主要的跨国公司平均拥有上百个战略联盟，仅IBM一家公司就与国内外各类企业缔结了400多个战略联盟。

相比之下，我国的一些私营公司依然停留在传统的竞争观念之中，过分注重竞争，忽视合作，将竞争理解为你死我活、势不两立的关系。对竞争的这种片面理解，导致了一些私营公司之间的过度竞争，甚至在价格、广告及其他促销手段上采用一些不正当的竞争方式。这是由于私营公司长期受计划经济体制的影响，部门所有、地区分割，导致许多公司盲目追求自成体系，忽视公司之间科学的分工与合作，使社会化大生产的程度难以提高。今天在向市场经济转轨的过程中，私营公司必须摒弃这种传统的经营方式与竞争模式。

合作对象的选择

浇树浇根，交人交心。

——统一集团总裁高清愿

经商离不开社交与合作。聪明的总经理深知社交之道与合作之道，并且运用到位。以下几点应注意：

一、稳妥的国营企业

国营企业是中国经济建设的主力军，不仅有强大的技术力量，还有国家的政策支持。在当前转型改制的过程中，正需要其他经济形式的企业与之合作。私营公司可抓住这一契机寻找合适的合作对象。如果选准了合作对象后，一旦签署合作协议，以后的工作还是比较顺利，这也是国营企业的规范、信誉、实力所决定的。

同国营企业的合作有这样一些实惠：宽松的政策支持；规范化的财务管理；便

于开展业务活动;能降低市场之外的风险因素。

其他应引起注意的是,国营企业某些不良机制能否彻底消除,国营企业职工"吃大锅饭"的思想能否破除,国营企业的职工能否调动积极性等。

二、灵活的私营公司

私营公司的规模与实力有大有小,大的可达到数十亿资产,小的几个人一个公司(作坊式工厂)。

私营公司与私营公司合作经营的事例很多,其中有成功合作的,也有反目成仇的。由于中央提倡多种经济成分企业的并存,十多年来,个体户、私营公司如雨后春笋,遍地开花。因此,与私营公司合作的机会占多数。

社会上的总经理多了,难免鱼龙混杂、莨莠不齐。因此,要找一家私营公司合作,比相媳妇还难。有的合作对象,在当初信誓旦旦,日后算账时,却斤斤计较,贪利忘义。

为此,合作对象应该是合法经营、诚实可靠且有资金保障的公司。

与私营公司合作,在互利互惠的原则下,容易达成共识,且经营手段灵活,办事效率高,易见成效。

三、"大气"的外资企业

一般而言,外资企业的规模较大,经济实力雄厚,与其合作方式大部分采取代理商之类形式。

来中国办公司、开工厂、设商场的外商,许多是所在国的知名企业、知名品牌,如果能成为外资企业的一个合作伙伴——代理商、专卖店、连锁店等,还是有利可图的。

不过合作之前,也少不了做一些市场调查,掌握该产品在国内是否有市场等情况,包括商品的款式、价格、售后服务等,切不可盲目地崇拜、迷信洋玩艺儿,因为有的东西在其本国有市场而在这里却不一定受欢迎。

四、"宽松"的乡镇企业

乡镇企业的发展使农村经济有了新的飞跃,如今在全国一些地方涌现出了亿元乡、亿元村,使城里人刮目相看。

乡镇企业比城市的私营公司有得天独厚的优势,其中土地资源、劳动力资源是主要优势。正因为乡镇企业诸多优势,前几年吸引了大量资金进行合作经营。遗憾的是,一些乡镇企业因盲目投资项目、管理不善造成不良后果,致使一些单位和个人不能如期收回投资,苦恼不已。

经过一段时间的反思,乡镇企业投资热已经降温,现已转向理性的经营活动中。

如果有意与乡镇企业合作,首先要考察合作项目的生命周期有多长,合作期间能否有效监控合作对象,还要考虑周边环境的因素,做到有的放矢。

五、权威的政府部门

与政府部门怎么合作呢?因为党政机关是不能经商办实体的。所以这里说的与政府部门合作是与政府或职能部门搞一些公益事业,如有针对性地搞一些福利活动、助残活动、助困活动、再就业活动、喜迎重大节日和纪念日活动等。因为只有依靠政府的形象才能将各种活动搞得有声有色,达到应有的轰动效果。

搞公益活动肯定要投入经费,那么投入经费的目的是什么呢?是一种公司形象塑造,其目的是以社会效益带动经济效益。

商训深解

有三分之二的合作是在社交活动中获得的。社交活动是通过系统化的方式,展开正式和非正式的接触和交往,实现获取信息、提高市场可见度,以及获得推荐的目的。

第十二章

竞争法则：敢于竞争，善于竞争

与对手竞争不能心慈手软

在江湖,杀人是正常的,不杀人反而成了异类,就像一头狼,不会吃肉,一个劲地吃草是很危险的——做吃人的狼不做吃草的羊。

——万通地产董事长冯仑

20世纪初期,英国卜内门公司独霸了我国的碱市场,处于起步阶段的我国民族化学工业如履薄冰,经营称得上是险象环生。

1918年,我国第一家制碱企业"永利制碱公司"挂牌成立,总经理范旭东信心百倍,他决心通过自己的努力,打破英国人对碱市场的垄断地位,为我国民族企业争得立足之地。

居心叵测的英国人当然不会任由它发展壮大,他们毫不留情地对其进行了技术封锁,使永利公司的生产技术停留在原始阶段。

范旭东曾特意来到卜内门公司考察,不料傲慢的英国人竟有意把他带到锅炉房,轻蔑地说中国人根本不配前来参观考察。

英国人的狂妄和刁难激起了范旭东强烈的自尊心,他率领技术人员,进行了长达8年的攻坚战,终于在1926年独立研制出了优质的"红三角"牌纯碱,在市场上受到了广泛的欢迎。

英国人看到这种情况自然是愤怒异常,他们立刻想出了一条毒计,很快调集了一大批纯碱,以原价40%的超低价格向我国市场进行疯狂倾销,企图凭借自己强大的经济实力,挤垮刚刚起步的"红三角"牌纯碱。

这是一个千钧系于一发的时刻,如果我方也以低价来应战,实力脆弱的永利公司将很快就会入不敷出,在恶性竞争中被摧毁;但如果不这样做,公司的产品就会大量积压,卖不出去,市场就会被英国人完全占领,自己落得坐以待毙的可悲下场。

商业竞争,不是你死就是我死,不把对手击垮,自己又怎么能乘机而起呢?范旭东明白这个道理,他急得茶饭不思,寝食难安,日夜苦思对策。

一天,他从市场中得到了一个消息,知道卜内门公司在日本的纯碱销售更大,收益也更多。顿时他计上心来,何不以其人之道还治其人之身呢?

于是他立刻调集了一批优质"红三角"牌纯碱,东渡日本,以同样的低价倾销战略,抢占日本市场。英国人大吃一惊,急忙降价应战,日本市场碱价大跌,卜内门公司损失惨重。而范旭东投入日本市场的纯碱份量很少,损失自然要小得多。

恶性竞争的结果是英国人自讨苦吃,卜内门公司迫不得已,只好宣布投降。经过谈判,英国人接受了范旭东的所有条件,签署了协议:永利纯碱公司在中国市场占有55%的份额,而卜内门公司不得超过45%;卜内门公司如在中国市场上进行碱价变动,必须事先征得范旭东的同意。

范旭东大获全胜,英国人对他充满了崇敬之情,来到他的公司,要求参观学习。范旭东毫不客气,当即把英国人请到了自己的锅炉房,顿时羞得英国人无地自容。

范旭东乘胜出击,使自己的公司得到了极大的发展。1927年,"红三角"牌纯碱在美国万国博览会上夺得金奖,更使公司的声名大震,产品远销海内外各国。

商训深解

弱肉强食,适者生存,在与商业对手的惨烈竞争中,毫不留情地对对手予以打击,使人感到了比严冬还要冷的寒意。但人在商场,身不由己,对对手一丝一毫的仁慈,就意味着对自己的严重伤害。所以每一个总经理都一定要炼就一副"铁石心肠",在该出手时坚决出击,把对手坚决摧毁,为自己夺取绝对的优势地位。

先发制人,竞争中要抢得主动权

> 如果早起的那只鸟没有吃到虫子,那就会被别的鸟吃掉。
> ——阿里巴巴集团主席马云

经商难免竞争,而竞争的关键之一无疑是时间,谁能狠抓时间观,谁能抢先一步去做,谁就会取得成功。

2002年9月底,正在德国考察的天津市技术改造办公室的同志从一位来访的德国朋友那里得知,有家"能达普"摩托车厂倒闭了。我方立即向该厂表示:我们准备买下这个厂,但需回国后研究确定,一周之内,必有回言。与此同时,印度、伊朗等几个国家的商人也准备购买该厂。

回国后,天津市政府领导拍板决定,全部购买"能达普"厂的设备和技术,并立即通知德方。随即组成专家团,准备赴德进行全面技术考察,商谈购买事宜。就在这时,联系人从德国发来急电:伊朗人抢先一步,已签署了购买"能达普"的合同,合同上规定付款期限为10月24日,如果24日下午3时,伊朗汇款不到,合同便告失效。

事情有点猝不及防。天津市领导分析了整个情况后认为,国际贸易竞争中也存在偶然因素,虽然伊朗商人在签订合同方面抢先,但能否付款尚属悬案。如果伊朗方面逾期付款,我方还有争取主动的机会。10月22日上午10时,天津市做出决定,立即派团出国,从伊朗人手中抢回这条生产线。代表团用了11个小时办完了平常需要15天才能办好的出国手续,10月23日,飞到了慕尼黑,他们立即与德方联系。10月24日下午3时,当打听到伊朗方面款项尚未到的消息时,中国代表成员立即奔赴"能达普"摩托车厂。中国人的突然出现,德方人员甚感吃惊。慕尼黑市债权委员会主管倒闭企业事务的米勒先生面带笑容地接待了中国代表团,他说:"伊朗商人因来不及筹款已提出延期合同的要求。如果你们要购买,请现在就谈判签订合同。"原来,债权委员会已规定,"能达普"的财产必须于10月30日前出售完毕,以保证债权人的利益。如果逾期,将被迫拍卖,就是要把全部固定资产拆散零卖,不仅使厂方蒙受巨大经济损失,而且使这个有67年历史的、生产名牌产品的工厂化为乌有。我方意识到对方急于出卖的迫切心理,但又不能干闭着眼睛买外国设备的蠢事。经过几个回合的交涉,终于达成了中国专家先进行全面技术考察后再谈判的协议。

25日早晨,中国专家来到"能达普"厂,对全厂的设备、机械性能、工艺流程进行全面考察,最终结论是:该厂设备先进,买下全部设备非常合算。25日下午2时整,合同谈判在中国专家驻地正式举行。经过紧张的讨价还价,在次日凌晨签订了合同。天津专家团以1600万马克的价格,买下了"能达普"厂的2229台设备和全套技术软件。后来得知,这个价格比伊朗商人所要支付的价格低200万马克,比另一些竞争对手准备支付的价格低500万马克。

商训深解

经商就是这样,如果你不下手,别人就会抢先一步。想经商成功,就得多用点心思,先下手为强,把竞争的主动权握在自己手里。

死死地抓住竞争对手的弱点

在成功的关键因素和选定的战略生长点上,以超过主要竞争对手的强度配置资源,要么不做,要做,就集中人力、物力和财力,实现重点突破。

——华为集团总裁任正非

晚清红顶商人胡雪岩的福州阜康钱庄分号开张不久,就和当地的"会首"元昌盛钱庄的老板卢俊辉产生了矛盾。于是,卢俊辉凭借自己钱庄长期积累的信用,想挤垮新来的阜康钱庄。无奈之下,胡雪岩出手还击,由于出手狠毒,不久,元昌盛钱庄就一败涂地了。

钱庄同业中有个不成文的规定,各家发出的银票可以相互兑现,藉以支持信用,除非某家钱庄濒临倒闭,失去信用,大家才能拒收这家钱庄的银票,以免造成损失。

卢俊辉为了打击胡雪岩,不顾同行协议,决定单独拒收阜康的银票,动摇胡雪岩的信用。卢俊辉认为,阜康新开张,立足未稳,福州人尚不知道它信用如何,来这么一手,必然坏它名声,让它永无出头之日,又少一名竞争者。

第二天,元昌盛开门不久,有位茶商持一张5000两的阜康银票,到柜上要求兑换现银,卢俊辉听说后,接过银票反复看了许久,拒收了这张银票。

茶商大惊,卢俊辉解释道:"这两年阜康信用不佳,不得不防。"

茶商拿着银票悻悻而去,听说福州新设了阜康分号,立刻找上门去兴师问罪。

胡雪岩吃了一惊,顿感事态严重。元昌盛是福州老字号钱庄,信用足本钱厚,若拒收阜康银票,消息流传世间,立刻会引起轩然大波。大凡钱庄生意,一旦出现信用危机,无论当事人费多少口舌辩解,都无济于事。况且,因战乱年代,风雨飘摇,常有钱庄老板携财外逃,宣布破产,坑苦了许多存户,所以一有风吹草动,便如同雪崩一般,引起挤兑风潮。那情景,即使钱庄有足够银子应付挤兑,信用也会惨遭打击,一跌倒,永远爬不起来。故而钱庄生意之大忌,就在于拒收银票。

胡雪岩当机立断,好言安慰茶商,抬出5000两新铸的足色官制银锭,另外按一分二利息加倍奉送。茶商既得厚利，同意保持缄默，不向外面传布。

送走茶商，胡雪岩苦苦思索对付之策。只用了半个时辰，胡雪岩便想好了全部策略，对付卢俊辉这样的毛头小子，他自信胜算在握，并非太难。搞垮对方的方法并不复杂，即"以其人之道还治其人之身"。钱庄之间的竞争，争的是本钱，争的是信用，谁家存银足，便处之泰然，风雨不动；谁本小信用差，便处下风守势，不堪一击。

胡雪岩急于要弄明白"元昌盛"钱庄现在的本钱究竟有多大？发出的银票有多少？两者之间的差额如何？这是钱庄的机密，知己知彼，百战不殆，胡雪岩决心弄到对方机密，再作打算。

胡雪岩亲自出马，像老练猎手，明察暗访，寻找猎物。

"元昌盛"伙计赵德贵，近来心绪烦乱，愁眉不展。他赌运奇差，连连告负，已欠债累累，一身赌账。

胡雪岩获悉后立刻设计使他成为自己在"元昌盛"的内线。

几天后，对手的情况，胡雪岩了如指掌。

元昌盛现有存银50万两，却开出几近百万两银票，空头银票多出40万两，这是十分危险的经营方式。倘若发生挤兑现象，存户们把全部银票拿到柜上兑现，元昌盛立刻就要倒闭破产。

胡雪岩暗暗叫好："真乃天助我也！"他估计了自己的力量，目前尚有70万两现银的可调，只要设法收集元昌盛70万两银票，便掌握了对手的命运，扼住了卢俊辉的咽喉：只要高兴，随时用劲一勒，对方便呜呼哀哉！

胡雪岩立即行动，调集头寸，收购元昌盛银票，一切有条不紊，暗中进行。而卢俊辉尚蒙在鼓中，全然无觉察。

元昌盛的银票尚未收集够数，卢俊辉又做出一项加速自己破产的蠢举。他不知道胡雪岩正在囤集自己的银票，反而见存户少有兑现，钱庄存银白白放在库中未免可惜，便取出20万两现银，筹办开设一家赌场。致使元昌盛库中能兑现的银子仅30来万两，只够应付日常业务，到了十分危险的程度。

赵德贵及时送来消息，令胡雪岩大喜过望。他数数手中掌握的元昌盛银票，已有50万两之多，凭着这些银票，可以轻而易举击败对手，令卢俊辉败走麦城。

没过两天，元昌盛柜上忽然来了一批主顾，手持银票，要求提现银，一天之中，顾客提走20万两库银。卢俊辉听伙计报告，以为偶然现象，并不在意。谁知第二天，更多的顾客蜂拥而至，纷纷挥舞手中银票提现，没等卢俊辉反应过来，库银已提取一空。

卢俊辉明白事态严重,连忙向同行各家钱庄告贷,请求援手支撑局面。但他平常少年得志,飞扬跋扈惯了,人缘极差,大家只是袖手旁观看热闹,并无行动。

元昌盛门前闹哄哄一片,不能兑现的顾客骂声不绝,义愤填膺。卢俊辉叫伙计关了店门,缩头乌龟一般不敢露面,眼看事情将要闹大,官府已派人来钱庄弹压,声言钱庄老板若不拿出银子平息民愤,将按律治罪,抄家拍卖。那将意味着钱庄老板被流放,妻儿被拍卖为奴,最终落个家破人亡的残局。

卢俊辉思前想后,唯有把店面抵押给他人,钱庄易主,才可免祸。但同行钱庄总经理谁也不愿多事,只隔岸观火,做壁上观。这时候,胡雪岩翩然而至,他同卢俊辉谈妥,以接收元昌盛银票为条件,接管钱庄铺面,并当场向顾客宣布:凡元昌盛银票,均可到阜康分号兑现,绝不拖欠分毫。持银票的顾客大多系胡雪岩有意安排而来,听他如此说,一哄而散。一场风波,顿时云开雾散。

接着便清盘,元昌盛房屋家具,小到一根铁钉,俱一一作价。算到后来,卢俊辉只剩一身便服,狼狈滚出庄门。一场富贵梦,终究成黄粱梦。

胡雪岩则名正言顺,将阜康分号搬进元昌盛旧址。

胡雪岩的出手似"心狠手辣",但这是建立在卢俊辉打破同业默契,蓄意打击自己的基础上的。而胡雪岩在商战中收买对方的雇员来了解情报,抓住对手弱点做文章,也给了我们启示。

商训深解

打败竞争对手自己的日子才会好过,这是一个顶浅显的生意经,这样的生意经,一般的商人都会念。但是能死抓住对方的弱点取得竞争优势,就远非一般商人所能做到的了。

要想打败竞争对手,有以下几点需要注意:

首先,要了解对方的弱点,这就要求有人能提供商业情报,将对手的各种资料源源不断地送到自己手中。

其次,如何出手。这就要考虑是彻底打败对方还是局部生意的争夺,必须周密布署,然后才能一击必中。否则,对方有心提防,对自身弱点加以防范,效果就不明显了。

最后,还要注意整个大环境的影响。人不犯我,我不犯人。商战中,若是凭借信息灵通,抓住对手弱点,肆意攻击,不加收敛,则有可能引起众怒,造成自己在商场上的孤立,那样的结果只能是得不偿失。

让竞争对手的人才为我所用

现代企业的竞争,归根结底是人才的竞争。

——经营之神松下幸之助

1996年3月,美国汽车工业巨头——通用公司的环球采购部总管何塞·伊格纳齐奥·洛佩斯携带该公司大量秘密资料跳槽加盟德国大众汽车公司。这些资料包括:通用公司汽车工艺图纸、计算机软盘、计划研究报告以及未来几年的销售战略等商业机密。这一事件在世界汽车制造业中像是引爆了一枚炸弹,立刻引起了巨大震动。一场世界汽车工业史上前所未有的间谍案也由此开始了旷日持久的诉讼。

洛佩斯历来善于同供应商讨价还价,并设法把通用公司1994年底前的零件开支砍掉40亿美元,因此,他获得一个著名绰号——"成本杀手"。很快,洛佩斯成了公司内外炙手可热的人物,而且随着对通用汽车公司与欧洲业务的了解,洛佩斯的影响已远超出了他所负责的采购范围。

1992年夏末,大众汽车公司总裁皮埃希和公司其他董事到美国汽车城——底特律参加一个经营管理会议,会上曾有人提到洛佩斯可以担任大众公司制造部门的负责人。于是,皮埃希便将拉拢洛佩斯的任务交给了负责北美业务的董廷斯·诺伊曼。

诺伊曼是个和蔼可亲的人。开始他几乎每天都给洛佩斯打电话、写信,建议洛佩斯会见皮埃希,洛佩斯迟迟没有答复。但诺伊曼并不气馁,他数次拜访,力尽亲近之能事。终于,洛佩斯心动了,答应会见皮埃希。

皮埃希如期赴约,会晤洛佩斯,并许以百万马克的报酬,极力劝说洛佩斯改换门庭。也许是巨额高薪的诱惑,也许是洛佩斯认为找到了足以施展个人才干的天地,双方心存灵犀,一拍即合。洛佩斯还就有关合作事宜同大众方面交换了看法。不难看出,此时的洛佩斯已是身在曹营心在汉了。

从这次午餐以后,洛佩斯便开始为自己的"跳槽"做准备了。他从自己助手中选出7人,各人都掌握一套技术。其中一个是电脑专家,另一个了解工厂,第三个知道怎样采购原材料,洛佩斯的女婿也在其中。

这帮人选确定以后,就开始收集资料,洛佩斯不用遮遮掩掩,没有人告诉他不能拿他要的东西;同时,由于洛佩斯对通用汽车公司业务了如指掌,使得他不用费多大力气便可获得大量通用公司的商业秘密。如通用公司采购新型V-6发动机的研究报告。据说,这些资料共计数百万页,装了几十箱,有的还被输入了电脑软盘。这些机密一旦被大众公司掌握,大众公司将有充裕的时间适应对手的政策,在期限、市场趋势和价格方面与通用公司竞争。

纸是包不住火的。洛佩斯的行径很快被通用公司发觉,但为了留住洛佩斯,通用公司并没有给他难堪,而且在1993年2月提升他为公司副总经理,以期其回心转意。

然而,大众汽车公司则准备为把洛佩斯挖走做更大努力,同年3月5日,大众汽车公司董事长克劳斯·利森向洛佩斯提出同他签约,让其出任仅次于皮埃希的第二把手——公司董事。这使洛佩斯的年薪可达160万美元,是他在通用汽车公司的四倍,甚至比总裁史密斯还高。

1993年3月11日,通用汽车公司宣布洛佩斯辞职,但是公司的高级经理们仍试图说服洛佩斯留下来。公司提出让他担任北美业务部总经理,这是特地为他新设的一个职位,仅次于史密斯。洛佩斯表示愿意留在通用汽车公司。

消息灵通的皮埃希得知后,马上从德国"大众"总部打电话给洛佩斯。据知情人说,甚至西班牙国王卡洛斯也给他去了电话,希望大众汽车公司在西班牙建厂。三天后,通用公司举行记者招待会,总裁史密斯在会上宣布提升洛佩斯的消息,然而,为时已晚,洛佩斯已携带数百公斤的资料,不辞而别,人去楼空……

皮埃希不遗余力地把通用汽车公司的洛佩斯挖走,从而大大加速了发展。

商训深解

将对手的人才挖来为己用,可谓一举两得。

其一,对手的人才是对方市场竞争的强有力助手,一般对对手的公司都有较深的了解,或掌握对方核心技术,或对对方的管理起到重要作用,或掌握对方的销售渠道。将其挖过来就等于了解了对方的要害,而且会使对手的公司产生震动。

其二,有能力的人才是公司实力的象征,对方减少实力而自己对等地增加实力,孰得孰失不言而喻。特别是在同一行业中,挖来对手的人才可以弥补自己公司的不足。

所以，现代公司在人才的挖取上频频出招，高薪、显职甚至美人计层出不穷，大大小小的猎头公司时刻都在寻觅。同时，有能力的人才也在寻找着更能发挥自己作用的场所。可以说，只要你挖来了人才，就客观证明你的公司未来发展有潜力。

商海竞争，小鱼如何不被大鱼吃掉

eBay是大海里的鲨鱼，淘宝则是长江里的鳄鱼，鳄鱼在大海里与鲨鱼搏斗，结果可想而知，我们要把鲨鱼引到长江里来。

——阿里巴巴集团主席马云

"台塑集团"是王永庆先生自1954年筹资创办台塑公司之后，逐步发展而成的中国台湾企业的王中之王。它下辖：台湾塑胶公司、南亚塑胶公司、台湾化学纤维公司等9家公司，在美国还经营着几家大公司，总资本额在1984年就达45亿多美元，年营业额达30亿美元。如今，它已进入世界化学工业界50强之列，王永庆理所当然在台湾省富豪中雄居首席。王永庆正是在败中求胜才取得了今日的辉煌。

20世纪50年代初期，虽然战争的浓云笼罩着台湾岛，但其经济名牌已经恢复起来，亟须发展纺织、水泥、塑胶等工业。起初，台湾省把发展塑胶的希望寄于化学工业基础雄厚的"永丰"身上，其总经理何义到国外考察后，看到国际市场塑胶业技术先进，竞争激烈，自己难有立足之地，便打起了退堂鼓。无名小卒的王永庆"名不见经传"，竟像吃了豹子胆似的，决定投资塑胶业，因而招来社会的非议："何义都不做的事业，一定难做"，"不懂行情"，"不识时务"。王永庆面对非议并没有退缩。

1954年，他筹借50万美元，创办了台湾省第一家塑胶公司，并于1957年建成投产。当台塑的原料生产出来时，日本等国的同类产品滚滚而来，导致台塑产品严重滞销，王永庆当时陷入了绝境。

面对着初战失利，王永庆并没有泄气。他认为台湾省当时是国际烧碱生产基地之一，而烧碱生产过程有70%的氯气被弃置不用，实在太可惜，氯气是塑胶生产的主要原料，他所有的优势是充足而廉价的原料。

世界上失败的人很多,但不一定都爬得起来,只要检讨反思,总结教训,找出失败的原因,奋起直追,就能置之死地而后生。王永庆认准的就是这个理,检讨才是成功之母。

王永庆采取了两条令人出乎意料的措施。其一,针对供过于求的矛盾,他以常人所没有的胆识,采取了近于"以毒攻毒"的策略:大幅度增加产量来压低成本和售价,从而获得压倒一切的竞争能力。对此,台塑的股东一致反对。于是,他毅然购下"台塑"所有股权,独自经营,我行我素。其二,造成当时濒临绝境的另一个重要原因是,与他连锁的加工厂对自己的产品不愿降价销售,致使销售量无法大幅度增加,因而对塑胶原料的需求量不旺。王永庆对他们动之以情,晓之以理,而这般劝说无效后,他以义无反顾的决心,敢于拼命的勇气,毅然成立了自己的加工厂——南亚塑胶厂,从而建立起塑胶原料与加工相连贯的"一体发展体系"。

国外大企业物美价廉的威胁并不可怕,关键看你采取什么样的竞争对策。台塑这条"小鱼",不仅没有被"大鱼"一口吞掉,反而更加成长壮大,到目前已成为台湾省唯一进入"世界化工企业50强"的企业。

商训深解

《孙子兵法》谋攻篇指出:"小敌之坚,大敌之擒也。"很明显,在商战中处劣势的商家,是不能与对手硬拼的,但是不是就束手投降呢?也不是。要在实力悬殊的竞争中胜出只有出奇招。

抢占市场空白

率先挺进无竞争领域是弱势企业迅速制造相对强势的不二法门。

——蒙牛乳业有限公司董事长牛根生

1957年,刚刚荣升台北市第十信用社董事会主席的蔡万春面色肃然:在台北的金融同行中,"十信"太渺小了,小到根本无人去理睬它——台北有的是信用良好、资金雄厚的大银行,稍有点名声的商家公司都把钱存放到他们那里去了。

蔡万春深知自己的实力不可与资金雄厚的大银行较量,但他又坚信:大银行虽然财大气粗,但它不可能没有"薄弱"或"疏漏"之处,那些"薄弱"或"疏漏"之处,就是"十信"的生存之地!

蔡万春在街头巷尾徜徉,与市民交谈,跟友人商榷,终于发现了各大银行不屑一顾的一个潜在大市场——向小型零散客户发展业务。

蔡万春大张旗鼓地推出1元钱开户的"幸福存款"。一连数日,街头、车站、酒楼前、商厦门口,到处都是手拿喇叭、殷殷切切、满腔热忱向人们宣传"1元钱开户"种种好处的"十信"职员,而令人眼花缭乱的各种宣传品更是满城飞。"十信"的宣传活动令金融同行们大笑不止,人人都在嘲讽蔡万春瞎胡闹——"1元钱开户"?连手续费还不够哩!

但是,精诚所至,金石为开,奇迹出现了:家庭主妇们、小商小贩们、学生们争先到"十信"来办理"幸福存款","十信"的门口竟然排起了存款的长队,而且势头长盛不衰。没过多久,"十信"即名扬台北市,存款额与日俱增。

迈出了成功的第一步,蔡万春信心倍增。"不能跟在别人后面走,要创新路!"蔡万春经过仔细的观察、分析,又发现了一个大银行家没有涉足的市场——夜市。随着市场的繁荣,灯火辉煌的夜市不比"白市"逊色多少,而银行是不在夜晚营业的,蔡万春大胆推出夜间营业,台北市的各个阶层一致拍掌说好,许多商家专门为夜市在"十信"开户,"十信"誉满台北。

就这样,"十信"存款额涓涓细流以成大海,很快发展成为一个拥有17家分社、10万社员、存款额达170亿新台币的大社,列台湾信用合作社之首。

资金雄厚了,蔡万春又有了新打算。1962年,蔡万春访问日本,日本闹市区的一座又一座金融业的高楼大厦给他留下了深刻的印象,他觉得这些雄伟壮观的大厦不仅能令人难忘,更能给人一种坚实感、信任感。回到台北,蔡万春就不惜重金在繁华地段建起一幢幢高楼大厦。

原先讥笑过蔡万春的金融界同行又笑了。但是,他们还来不及将唇边的笑容收敛起来,就瞪大了眼睛:"十信"的营业额呈直线上升,原先属于他们的那些客户,也一个一个地跑到"十信"去了。

"十信"跃居台湾金融业之首。蔡万春由"1元钱开户"起家,成了在台湾金融界举足轻重的金融巨子。

商训深解

现今,商界竞争越来越激烈,一些小公司只有不断走与众不同的道路,才能在大集团、大公司的夹缝里寻求生存的机遇,顺应发展,获得成功。

避免价格大战

过去我们为了市场份额不惜降低销售价格,虽然我们赢得了市场份额,但这个业务最终并没有赚钱。现在我们决定改变这个模式,采用"价格优先"的策略,我们宁愿牺牲一些市场份额而保证赢利。

——德国朗盛集团大中华区总裁王永利

如果你的营销计划导致竞争对手市场占有率的急剧下降,你大肆宣传你的新产品或服务的价格低于竞争对手的价格,这时你可能会引发一场价格大战。最终结果可能是除了最强大、最具竞争力以及资金最雄厚的公司之外,其他公司均宣告失败,而你可能也是受害者之一。那么怎样才能避免这种会伤及你自己的价格战呢?

别打价格战的主意,紧紧抓住你在市场上占有的份额,目标也不要直接对准你的竞争对手。如果可能的话,离那些成熟的、有稳固市场的竞争对手远一些。你在实施一项营销策略之前,应从竞争对手的角度考虑一下,如果你处在他们的位置上,你的竞争对手推出一种经过改良的、而且价格低的新产品。这一产品可能会抢占你的市场,最终导致你的利润下降,那么你会做出什么反应呢,想想如果你改变产品、价格或销售口号,会不会对你的企业更有好处?

如果你还是决定推行自己的计划,那你要为即将来临的反击做准备。

▎商训深解▎

价格竞争仅是市场经济的初级阶段,当进行到一定时期必然会进入品牌竞争的阶段,进而进入服务竞争阶段。

活用各种竞争手法

> 打架就得在别人家里打,打不打得赢没有关系,至少能把别人的家里打得乱七八糟,把家具都给砸烂了;打得赢当然更好,那eBay在中国市场上就难以壮大。
> ——阿里巴巴集团主席马云

商业竞争的手法是多种多样的。一般常见的有:减价、更新产品或改进服务、改变销售渠道、宣传广告,等等。

经营者采用什么样的竞争手法,经常受到销售产品(或服务项目)的性质所制约。例如,推销汽车大都采用形形色色的优惠价格手法进行竞争。除此之外,一般还可以向顾客多做些宣传工作,以求吸引顾客买货。总的来说,在分析竞争手法时,应该首先联系销售产品(或服务项目)的性质以及行业特点,决定营销的方法。

无论何时,认真研究竞争对手现时采用的营销方法总是很有必要的,也很容易,但要进一步确切了解其营销方法的成效如何倒是较为困难的。不过,求得一般了解,看其是"大有成效""有所成效"还是"全无成效"也并非全无办法。

其中办法之一,就是逐一研究它们使用各种营销措施的历史情况。看其中某种营销法是否被长期使用,或经常重复使用。按常理来说,如果某种方法被长期重复使用的话,其效果定是甚佳,至少亦是尚佳。如果长期以来只是断断续续地用过一两次便不见再用了,那就可以断定这种方法是无成效的。不过搜集这方面的资料是相当困难的,通常只能向那些过去是竞争对手的顾客,但现时已成为自己的客户们查询。此外,还可以委托亲戚朋友特意进行现场观察,并进行判断竞争对手现时使用的营销方法究竟好在哪里,差在哪里,优势和弱点分别表现在哪里,等等。

当然,了解竞争对手现时做什么或怎么做,无疑是重要的,但生意竞争的成败要全部取决于"我现时在做些什么"。因此,一旦确切了解竞争对手现时做什么或怎么做之后,接着需要解决的问题,就是决定你自己"必须做些什么"才能赢得顾客,为公司开创和扩展销路。

商训深解

市场经济,优胜劣汰,竞争是必然的产物,总经理要想成功地突出重围,就必须灵活运用各种竞争手法。

不要总想着一下子击败对方

> 市场是人们逐利而动的行为集合,在一个时点上,彼此竞争的经济主体是以互相挫败为其目的的。这种人际的博弈就像棋局或球赛那样,永远有胜负而无永久的胜负。
>
> ——经济学专家孙涤

无论是商场老手,还是初涉商海的新手,谁都不能指望一口吃个胖子。无论是事业还是生活,都不可能永远一帆风顺。曲中有直,直中有曲,这是永不改变的真理。尤其是在商场的对抗和竞争中,双方都会干扰对方的计划,干扰对方的行动,拖延对方的时间,降低对方的效率。因此,在竞争中我们不可能永远只走直路,在曲直问题上要努力地做到往长远看,正确地预见未来,勇敢地对待困难,清醒地对待成绩。既作顺境中的好汉,在大好形势下莫陶醉,又作逆境中的英雄,在压力危机下不动摇。

迂回之计在时间上的应用,是以持久代替速战。在时机以及条件成熟的情况下,讲究兵贵神速,速战速决;在条件不具备、时机不成熟的时候,要从长计议,在持久中保存实力,在持久中积蓄力量,在持久中等待战机。不看条件和时机而一味求快,常常招致不必要的损失,延缓成长、壮大、取胜的进程。

不要幻想独占顾客,做生意免不了竞争,但是竞争必须正当合理。当许多公司在有限的商场展开激烈竞争时,很容易就只顾眼前,或附送大奖品,或做疯狂降价,想尽办法要扩大自己的地盘,使自己在市场上占优势。这原本是无可厚非的事,然而,若以为这样就能确保市场,那就错了。有一句话说"人各有所好",你喜欢的,不一定就是他喜欢的。有人喜欢一个人鼻子的形状,也有人讨厌。同一个地方有两家咖啡店,却随顾客的喜好,自然分成两种不同的顾客群。想把顾客独占,用打折扣或多送打火机的着数,是徒劳无功的。因此,为了使大家都能顺利经营,社会更繁荣,必须尊重各人的喜好,发挥各自的特性。倘若没有这种想法,一味想尽办法独占市场,则必使商界陷入无法收拾的混乱局面。

商训深解

电影《南征北战》有一段经典对话:"我也想今天晚上打冲锋,明天早晨就把国民党几百万军队全部消灭,同志,不行呢!"抗日战争之后的内战经历了四年多的时间,国民党军队是一个师一个师地被共产党的军队歼灭,当量的积累达到质的飞跃时,共产党才夺取了政权。历史是这样,现实中的商业竞争也是这样。

知己知彼乃竞争之要旨

知彼知己,百战不殆。

——孙子

在某些行业里,如果竞争对手只有两家或寥寥几家商号,需要着重研究的问题有:谁能控制市场,或在多大程度上可以控制市场?竞争对手的实力是否雄厚?地位是否稳固?有何优势和弊端?本公司可能获取的贸易份额是多少,或者,至少享有多大的贸易份额才能维持营业?等等。

如果当地市场某种行业的生意并非由某家大户独占,而是像零售市场那样由相当多的大小商户共同分享的话,详细了解各家竞争对手的营业地点就显得十分重要。因为透过"营业地点",可以一般推断他们的顾客来源和主要销售商品的种类。有关竞争对手的问题哪些需要做深入研究和分析,通常应根据公司的营销业务的具体情况而定。有时候,甚至某些看起来是枝节的事情,譬如说竞争公司的负责人的脾气和嗜好等,是需要着重研究的问题。类似这些技术问题,经常有可能是构成衡量利弊、判断竞争对手的优势与弱点的重要因素。

哈维·麦凯是美国的大企业家,他就十分重视对竞争对手的了解,为此制订了十一项要求。

（1）公司的名称、地点，是不是子公司，如是子公司属于谁，是公有还是私有。

（2）公司的规模有多大。包括拥有的工厂数、工厂的地点、职工的人数，这些工厂能对哪些地区提供最佳服务，对哪些地方提供适当服务。

（3）公司的年度结算时间，年总收入，年利润，是否有不正常问题，过去二至三年的表现趋势等，并对该公司的全面财务情况做出评价。

（4）公司的定价，定价的态度是骄傲还是卑劣，以及在竞争上的反应如何？

（5）公司是否有工会，如果有，组织者是谁。公司的三名重要人物及职务，声誉如何？

（6）公司的市场目标是什么，有什么独特产品？长期与短期战略是什么？

（7）他们是否要保持现有地位或积极发展？是否准备收购、兼并某公司，是否在开发新产品或服务项目。

（8）平均交货日期、服务的质量、服务的长短处、最难与最易解决的顾客问题；同哪些用户关系好？失去哪些用户损失大；在举办文娱活动与送礼及其他方面，有哪些做法？

（9）公司的声望问题。有没有法律或名誉问题。是否参加社会或市民活动？同行业对他们的看法如何？行业协会对他们的看法如何？

（10）他们的雇员是否脱离他们被我们招聘，应当向这些雇员了解情况。哪些顾客在使用我们商品的同时，曾经或现在还使用他们的商品。你还知道谁能提供该公司的信息？

（11）该公司怎样看我们？我们同他们竞争时，必须争取对方的哪些客户，对手同这些客户联系的推销员是谁？我们如何能增长赢利的份额？我们是否曾从他们手中做过买卖？如做过，怎样做成的？

上述十一项都是了解竞争对手的，这就是做到"知彼"，在此基础上方可制定对策，由此可见大企业家对"知彼知己"的重视。

商训深解

做生意，要引用《孙子兵法》上一句话："知己知彼，百战不殆"。其中首要的一点是要有自知之明，要因时选择适合自身条件的经营方式。同时，了解竞争对手也是展开成功竞争的前提条件，同样不可或缺。

如何在竞争中扬长避短

企业还是要靠一个有优势、有竞争力的板块来支持你的竞争力。

——TCL 总裁李东生

小公司经营战略，简而言之就是以本公司的优点去攻取对手的弱点，守中有攻，攻中有守；保存自己，消灭敌人。这是小公司生存的关键，也是它取胜的条件。要根据公司的性质，即"本公司能做什么"来决定战略目标。靠大量生产低价格、单一产品来竞争的公司是不能制造量少、品种多、价格高的商品，并为其提供服务的，因为，它没有制造这种商品的专门技术与工艺。应该以创造"有个性的公司、有价值的经营"作为小公司的经营目标。如提供食品，业务部门用的和大众用的就有不同，此时就要考虑本公司实际状况或能为谁提供服务的问题。公司不同成长阶段有不同的市场定位选择。高成长的时期，在一个有魅力的市场待下去就可以。但在低成长时期，就需要进行深入分析，看看本公司还能做什么，然后选择适合本公司性质的项目来经营。要使别人无法与自己竞争，应以独创的商品来决定胜负。在商品过剩的时代，商品的品质相同就会产生价格的竞争，如果价格相同就会产生品质和服务的竞争。小公司取胜的条件，就是要使自己的公司与竞争对手有所不同，始终保持自己公司的长处，致力于独创，打入能取胜的市场。要动脑筋创造一些独特的商品和销售法，把有缝可钻的市场作为本公司的独占目标。这个独占目标就是打入小市场，在轻、薄、小、特、优上做足文章，做大公司不愿做的生意，从而体现小公司"小而特""小而专""小而优""小而精""小而新"的强势。例如，建国前西安市城隍庙的买卖，大多是小店小铺，但却家家顾客盈门，生意兴隆，其原因就在于他们经营的商品大多为大商店所没有，特色突出。此外，在销售的方式方法、资金运用、价格核算等方面都要发挥其小的特点，变小为巧，以巧促销。

商训深解

市场竞争，即是优势的竞争、优质与数量的较量。没有优势，就是劣势；不能发挥优势，就无法竞争取胜。面对竞争的广度和深度达到了前所未有的境地，要赢得竞争胜利，就要认清优势，培优扶强，提升优势，打造核心竞争力，充分发挥优势。

第十二章 竞争法则——
敢于竞争·善于竞争

第十三章

效率法则:80%的收获来自20%的努力

效率是衡量经营成败的核心标准

> 当你全神贯注时,你完成工作的速度和效率会相当惊人,就像是一个广角或可调焦距的镜头,只要缩小焦距,你就可以朝着你所想的方向前进。
> ——世界顶级潜能大师吉米·罗恩

私营公司的总经理要想让自己成为一个成功的人,尤其是成为一个有效率的人,就必须要能够适应现状,应当做到:

(1)好好地掌握现状;
(2)好好地掌握周围的需求;
(3)对于现实的期待,予以妥善的回应。

这三点是很重要的技巧,说得简单些,就是总经理必须要明白两项原则:

(1)自己站在什么立场;
(2)什么是自己非做不可的事。

而依据这两个原则,时时地做出最恰当的对策。

然而,大部分的总经理都是比较关心如何提高自己的业绩(即如何做一个"成功"的总经理)。为了以最快捷的速度达到预期目标,他们不是对部属采取迎合的态度,就是强迫部属接受自己的想法,常会忘了要好好地掌握现状和好好地掌握周围的需求。在这种状况下,自然没有时间好好地思考自己站在什么立场以及什么是自己非做之事。

因此,自己的努力往往得不到相对的回应,不但业绩无法持续增长,也得不到部属的信赖。由此可见,一个有效率的总经理必须要掌握现状以及周围的需求,如此才能使业绩持续增长。

商训深解

一个人,如果每天都能提高1%,就没有什么能阻挡他抵达成功,成功与失败的距离其实并不遥远,很多时候,它们之间的区别就在于你是否每天都在提高你自己,假如今天的你与昨天的你相比没有进步的话,那么你就会被竞争无情地淘汰。

学会将复杂的问题简单化

管理就是把复杂的问题简单化,混乱的事情规划化。
——通用电器公司总裁杰克·韦尔奇

宝洁公司的制度具有人员精简、结构简单的特点,并且该制度与其雷厉风行的行政风格相吻合。

管理者制定了"深刻明了的人事规则",使之得到顺利的推行并获得了良好的评价。而最能体现这种简洁明了效率的就集中体现在该公司"一页备忘录"原则上。

所谓"一页备忘录"是指尽量精简公司所有的报告文件,以尽可能简炼的语言来描述公司的现状和未来的发展趋势。其内容会随着具体情况的变动而增加或减少。这一风格可以追溯到该公司的前任管理者理查德·德普雷。

理查德·德普雷非常厌恶将简单问题复杂化的做法,所以,他十分反感那些超过一页的备忘录。他通常会在退回一个冗长的备忘录时加上一条命令:"把它简化成我所需要的东西!"如果该备忘录过于复杂,他会加上一句:"我不理解复杂的问题,我只理解简单明了的东西!"他认为,管理者的工作任务之一就是教会别人如何把一个复杂的问题转化为一系列相对简单的问题。只有这样,才能既提高管理者自身的工作效率,也才能更好地指导下属着手后面的工作。

随着MIS(管理信息系统)的扩散和预测模型及大量员工之间无止息的较量,导致了解决问题过程中的"政治化",这些进一步增加了不稳定性因素。而一页备忘录解决了很多的问题。首先,只有少量的问题有待讨论,那么复核和使其生效的能力将大大加强。其次,建议条目按序展开,简洁、易懂。总之,一页备忘录使宝洁公司的管理远离了模糊和凌乱,并因简洁明了的作风为宝洁公司带来了令人欣慰的高效率。

商训深解

谁会有时间去阅读一大堆记不住的、乏味的计划书呢？计划应压缩成只有一页纸长短的、有力的、实用的、可张贴的以及令人难忘的文字说明。如果能够把计划中的要素清晰地定义出来，那么，即使最复杂的战略也可以用一页纸的篇幅完整地表达出来。

总之，公司管理不必太复杂化，使事情保持简单是公司发展的要旨之一。把复杂的问题简化成简单的问题加以解决，是公司的明智之举。

创造高效率的公司环境

成功的管理者必然会给组织带来较高的效能。

——杰克·韦尔奇

从小处入手，一点一滴地改变沿袭已久的运作方式，无疑能给员工带来一种新鲜感，从而促使他们以新的精神面貌投入工作中；而对公司总经理来说，只需要采取一些看似微不足道的改变措施，就能创造出一种高效率的公司环境，使员工以更为轻松的态度去工作，进而提高公司的生产效率和经济效益。

在世界汽车制造业中，论产量而言，当数通用和福特公司最多。论自动化程度而言，要数德国奔驰公司最高，他们生产的小汽车90%以上的点焊都是自动化的。但是要论劳动生产率而言，却是日本的丰田公司第一。日本丰田公司平均每个员工的年产汽车量在60辆以上。而通用和福特汽车公司在欧洲新设的工厂，每个员工的年产量仅在11辆左右。即使是以劳动生产率高自称的三菱汽车公司，每个员工年产量也不过只有33辆。

按生产额计算，丰田公司的员工平均每人每年可以做30多万美元的生意，而福特公司平均每人每年只有10万美元，通用汽车每人则不足8万美元。相比之下，美国人的生产力只是丰田的四分之一而已。

丰田公司之所以能够获得突飞猛进的发展，是因为它注重不断变更常规的工作形式，从而大大地提高了工作效率。公司自行设计了一种自动化的生产线，以追求更大的生产效果。这种生产线不同于传统的直线式输送，它穿梭往来于零星分布的操作人员之间。在整个车间里到处都是微型自动开关，它能随时发现生产线上出现的毛病，成为自动化生产的得力工具。

比如，在曲轨生产线上，模胎的位置只要稍微有些偏差，该生产线就会自动停车，信号灯立刻能指示出在几十部机器中究竟是哪一部出了故障。如果故障出在不太重要的地方，信号灯就会指示可以在不停车的情况下进行检修。如果信号灯持续地闪烁了一分钟左右，说明有的地方出现较严重故障，这时必须停车修理了。

同时丰田公司的管理层制定了一套卡班制度，就是专门配合这套自动化生产线的。

过去，各个工序的生产很不协调，员工们都想多加工一些零件，而一旦下一道工序跟不上，只好把堆积如山的零件送到仓库里存放起来。这样必然增加了输送仓库的运输工作和仓储费用，再加上破损，至少造成25%的浪费，这种浪费降低了经济效益。从表面上看，个别工序是超额完成了工作，实际上是得不偿失的，造成整个工序的生产率下降。相反，如果前一个工序生产减慢，也会使下一道工序停工待料，同样也影响了劳动生产率。正是在这种情况下，丰田公司建立了卡班制度，目的是克服各个工序只顾自己的现象，做到统筹安排，灵活调度，使各个工序的生产都能够恰如其时地完成，从而尽可能地减少资源的浪费。

丰田公司把浪费看成是自身最大的祸患，他们将浪费的种类细分为加工的浪费、等待造成时间的浪费、库存积压的浪费，等等。浪费之最不能让人容忍的是制造过多过滥的浪费，而卡班制度取消了中间产品运往仓库这一不必要的过程，这种方法也称为零库存，即把整个生产线当成一个类似的超级市场，各个工序的生产小组自行向上一工序的小组取货，而每一工序生产小组的存货都以2天为限。如果某一小组的存货超过了规定的限额，就把人员抽出来做别的工作。这样既保证了生产线上各个工序的元件得到充分供应，也避免了中间产品的积压。最终避免了不必要的资源浪费。丰田的许多措施似乎是微不足道的，但他们善于从小处入手，改变工作方式，取得了提高生产效率和增加经济效益的显著成果。

商训深解

总的来说，要让员工的工作效率达到最高点，公司必须设法提高员工的工作动机，并且提供他们工作所需的良好环境。

打破只求生产绩效的经营模式

做正确的事比把事情做对更重要。

——彼得·杜拉克

罗克海先生,是飞利浦中国台湾公司一家工厂的第一任总经理。

当罗克海先生从荷兰飞到新竹科学园区,走马上任该工厂总经理的时候,他所面对的,是每个部属的考验:新流程、新产品、没有经验的工人、变化快速的市场、工厂建造期间还经历了6次台风。

结果,工厂不但比原定的18个月早半年完工,而且开工一年不到,就风风光光地庆祝第100万个彩色显像管的产出。

曾经天天工作超过十几个小时的罗克海先生,现在不但可以"睡得安稳",还有余暇筹设新竹第一个游艇俱乐部。

曾为工厂大小细节疲于奔命的罗克海,创出"效能管理",帮他管理流程复杂的工厂。

这套方法不但让荷兰飞利浦总公司折服,决定在全球飞利浦工厂推行,连前来参观的日本竞争对手,都细细问了内容,带回去做参考和学习。

"这个方法,其实只是常识。"51岁的罗克海,努力用中文念"常识"。

他的办公桌前,贴了一张中文写的"常识"两个字。

罗克海所说的常识,其实是打破了过去求生产绩效的心智模式。

一位企业家曾经指出,过去用来评估生产表现的"良率",是计算产出和合格产品的比例,大家忽略了其实产出和设备的最好效能还有一段距离。

效能管理结合设备利用率与良率的概念,简化成一张清楚易懂的表,以设备完美运作时的效能为上限,从中区分出实际产出、直接良品、经过调整之良品等,并细分完美产能与实际产出间的落差形成的原因是什么。

"就像从直升机上看事情,可以综览全局。"

罗克海指出,任何人只要看了这张表,就很清楚工厂的潜力在哪里,目前做到什么程度，哪里出了问题。

有问题的部门，则再用同样的表，分析为什么出问题，进而提出改善计划。

但不是充分发挥现有潜力就满足了，还要不断设法提升产能。

了解现状与潜能的差距，也是激励的动力。

效能表上标示了共同努力的目标，大家一起想，可以改进多少，怎么改进，"百分之百是我们的目标，我们现在想的是（不能全能生产的）损失。"

效能表也提供讨论所需的扎实数据及信息。

过去各部门讲各部门的话，现在效能表则提供了共同语言，现在大家"不是坐下来谈差异，而是直接切入解决问题"。

效能表的产生及运作，电脑是不可缺的幕后功臣。

这家工厂的许多生产线，都可看见机器人规律地忙碌。不只生产设备电脑化，连产品数量及品质，都被整合起来。

透过产品上的电脑条码，计算机器人的工作量，电脑系统可分秒掌握生产及运作情况，并告知异常状况。

即使是夜里10点，已下班在家的罗克海，只要打开书房的电脑，荧屏上立即显示全厂的设备图。

如果哪个设备出现红点，只要按几下鼠标，电脑即显示故障原因，罗克海只需拨通电话，便很快掌握状况，不必在冷风飕飕的夜里开车进工厂。

发展出效能表和罗克海的背景有关。

"我被训练得不看见全部的地平线应当安全，因为危险可能从任何地方来。"

罗克海说，效能表就兼有综览全局、掌握细节、目标明确的优点。

中国台湾飞利浦公关管理人指出，从争取戴明奖（全球最高荣誉的公司管理奖）开始，飞利浦就建立一种管理精神，透明化、数据化。

而效能表将生产活动数据化，并让员工共享这些信息，对提高生产效率帮助极大。

看着效能表纪录，罗克海安慰地说，平均每两个半月，产出会往上跳一级："就像在高速公路开车，一档一档换上去，现在就要冲刺了。"

商训深解

一个庞大事业体，若是不讲求工作方法和效率，那就是一盘散沙，就无法发挥团体的力量。方法的制定是各级经理的责任，但是事后的成绩落实却不能忽视，这必须通过分层授权的方式来达到。因此，无论做什么事，都要在事前先行评估。

实施"弹性工作制"

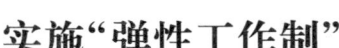

知道何时不该工作和知道何时应该工作是同样重要。

——全球顶尖管理大师哈维·麦凯

"弹性工作制"是指员工们不必再像过去那样每天8小时必须待在办公室里上班,只要保证完成工作任务,他们可以获得更多归自己自由支配的时间和更大的工作灵活性。更有一些管理者提出"工作结果不是看时间,而是看成果"的口号。他们一般不限制员工的工作方式和工作地点,而只着眼于工作的内容、工作的质量和完成工作的最后时限。

思科公司实行"弹性工作时间"也不是一帆风顺的。当年思科公司的首席执行官、现在的董事长马格里其提出这一建议时,许多董事会成员都表示反对。他们担心,这样一来思科公司会成为一盘散沙,员工想来就来,想走就走,公司对员工就失去了约束力。而当时的思科公司高级副总裁、现在的首席执行官钱伯斯对马格里其的建议则大力支持,他认为,"弹性工作制"这一新型工作方式体现了公司对员工的全然信任,会更加适应现代人的精神需求。因为现在人比历史上任何时候都更加重视家庭生活,重视与家人和孩子们在一起,人们需要在时间、金钱、家庭与工作之间获得最大的平衡。

"弹性工作制"在思科公司实行后,不但没有遇到那些董事们担心的问题,反倒受到员工的热烈欢迎。

身为思科公司客户开发部副主任,辛达·罗丝芬每个星期五的生活是这样的:早晨起床后先带着4岁的孩子去咖啡厅吃早餐,接下来去超市购买下周的食品,然后回家吃中午饭,下午在家中处理一些工作。照她说,是"弹性工作制"给了她如此之多的时间与灵活性,她对这种新型的工作制度十分赞赏:"重要的是从每周像压缩机一样的工作方式中解脱出来,公司给了我许多自由,作为一位母亲同时又是一位职业女性,我需要家庭和事业都能兼顾起来。""弹性工作制"使员工工作的积极性和服务态度都得到明显的改善,这是因为:一方面,他们的家庭、工作能够互相兼顾；另一方面，他们也感到公司更加支持与信任自己。为此，他们会知遇报恩，更加努力地工作。思科公司曾经聘请硅谷一家资深调查公司对本公司进行测试，从而检验"弹性工作制"的效果是否理想。对不同部门数百名职工的调查结果显示，采取"弹性工作制"后，思科公司的员工工作效率得到了大幅度的提高，而且他们更积极地参与解决公司中的问题，提出了更多的建议。总的来说，对"弹性工作制"持肯定态度的人占大多数。

为了更好地实施"弹性工作制"，思科公司不仅为总部的每一名员工都配备了通过局域网运行的 VIP 电话，而且公司将基于宽带的 VPN 服务普及到员工家庭。这样的话，员工就可以通过家中的宽带 VPN 安全接入公司的网络，实现远程办公。

"弹性工作制"的运行，不仅方便了公司员工，更重要的是节约了大笔诸如"加班费"之类的公司开支。因为实行新制度后，思科公司就可以无需支付因员工超过每周 40 小时之外的劳动工资。按照以往的规定，如果员工每周工作超过 40 小时的话，那么多干 1 小时，总经理就必须支付 1.5 小时的工资，否则就是违法行为。

如此一来，思科公司的董事们也改变了对"弹性工作制"的误解，转而对它大加赞扬；而在这样宽松、自由的环境里，思科公司员工的工作效率比竞争对手快出许多，取得了绝对的优势。

商训深解

实施"弹性工作制"能够使员工在时间、金钱、家庭与工作之间获得最大的平衡。这样员工既可以把工作做好，又能兼顾家庭的需要，它既体现出公司对员工的充分信任和关怀，也有利于调动员工的积极性。同时这种制度能够因势利导，为公司节省管理费用，大大提高员工的工作效率。虽然，由于国情不同，中国的私营公司不见得适用这套制度，但这其中的管理思想还是值得总经理们思考。

如何科学合理地安排你的时间

速度越来越快，压力越来越大。无法让时间减速，我们只有改变自己的"习性"，也就是管理好自己的时间，管理好自己的生命。

——全球知名销售训练师博恩·崔西

时间是不可再生的宝贵资源,我们应尽量使单位时间内产生的效益达到最大值。那么,怎样才能达到这种效果呢？答案就是科学地安排时间。

依据效率研究专家的说法,在相同的时间内,用相同的劳力做尽可能多的事情的最佳方法就是即时处理。

所谓即时处理,简单地说,就是凡决定自己要做的事,无论它是什么事,就立刻动手去做,"立刻"这一点至关重要。

立刻动手,这不仅省去了记忆、记载,或者从头再干的工夫,而且可以解除把一件事总记挂在心上的思想包袱。

总经理如果对一切事务性的工作都采用"一次性处理",那么就省去了对一件事再花第二次、第三次的工夫。如果有信件需答复,应看完原信后立即动手写回信。如果拖延几天再写,就得再一次读原信,当然就多费了一些工夫。如果有事非得作决定,便立刻作出决定。脑海中一旦闪现出对工作有用的想法和主意时,也立刻动手记下来。无论什么事,"再来一次吧"都会造成时间浪费。诚然,有些事情是需要深思熟虑的,是需要花时间考虑的。但对于不太重要的事或急事,马上动手干则是上策。

然而,在某些私营公司中,有一些总经理却有一个很不好的工作作风,那就是拖拉,本来可以随手处理的事,却拖了几天甚至几周,几天内可以办的事,却几个月不见踪影。还有的人对需要解决的问题还有意识地"踢皮球",你踢向我,我踢向你,这样导致工作效率极低。殊不知,被拖延的事务,将来仍然需要做,而且需要花费更多的精力去做。

总经理要赢得时间,必须养成随手处理能够处理的事务的作风,不能依赖着明日。古诗云:"明日复明日,明日何其多;我生待明日,万事成蹉跎。"把握今朝,才是我们总经理获得成功的必备的工作作风。

总经理的时间像豆腐一样很容易被切成小碎块,一个总经理一上午的时间表上可能排列着七八件事,诸如与业务人员讨论业务、批阅文件、参加一位职员的退休欢送会,等等。正当你想坐下来着手另一件事时,有人敲门进来,来者可能是你的朋友,也可能是个重要的客户,不管是谁,总得听听对方的来意,有的来者可能并无要事,只是一般性拜访,甚至是路过此地打个照面。但不管来意如何,递上烟茶,再说几句,十几分钟、半个小时就过去了。

总经理对自己的时间运用普遍感到苦恼,抱怨没有"可自由运用的时间",早想着手做计划已久的较大的事情,可是多次拿在手上又放下了。要知道,如果把时间分割开来零星使用,时间的利用效率就大大降低,甚至等于没有时间。要想做一件较大的事,必须有一定的、哪怕是最低限度的整块时间。

商训深解

杰出的总经理都应该有科学的、合理的安排时间的习惯,这样就可以把时间充分利用,以此提高工作效率。

统筹规划时间的两种方法

正确的时间管理方法可以通过学习获得。
——英国心理学家戴维·丰塔纳

一、化繁为简,提高时间效率

前文我们已经说到过化繁为简的重要性,下面介绍具体的操作方法。

化繁为简的时间运筹艺术,具体的方法包括以下几个内容:

（1）抓住主要矛盾,着力打通"瓶颈"。做事情必须善于在纷纭复杂的事物中,抓住主要环节不放,"快刀斩乱麻",使纷纭复杂的状况变得有脉络可寻,从而使问题易于得到解决。

（2）简化不合理的工作程序,或者叫做"优化事序"。对一个总经理来说,在他的案头,往往会有许许多多、大大小小的问题或任务排成队,静待着处理。如果要按单向排队顺序,来了什么工作就做什么工作,天长日久,就会形成"事无巨细,一律平等,一律照办"的工作习惯,这样的习惯在客观上就会导致数量众多的"小事"淹没了十分重要的"大事",导致总经理产生因小失大的错误。

运用化繁为简的策略,总经理可以大大提高时间使用效率。纵观人类发展史,效率往往就是从简化开始的。赵武灵王提倡"胡服骑射",用骑兵结束了"战车时代",靠简化在军事上作出了卓越贡献。秦始皇统一文字、统一货币、统一度量衡,靠简化推进了社会的进步。在当今科学技术、社会发展日新月异的时代,用简化的方法提高效率,加速我国现代化建设的步伐,具有重要意义。

二、委托权限,借用他人时间

委托权限,称委权。是指委托某些工作人员以一定的权限,让其完成某项上级领导者分配的工作。委权与授权有着类似之处。所不同的只是在于授权是给予下属较为长期的、稳定的权限,而委权只是给予下属临时性的权限。委权的目的主要是分散自己的工作,节约自己的工作时间。

（1）确定什么样的工作可以委派他人去做。一般来说,有一些工作是不能委派他人做的,但相当多的一部分工作都可以委托出去。

（2）确定委派给谁。在决定了什么样的工作可以委派之后,接着就考虑应由哪些人来接受委派。

（3）确定怎样委派工作。进一步的问题,则是怎样委派工作。总经理必须善于把自己的想法传达给接受委派的人,要求对方明白自己想做什么,只有这样才能把工作做好。

（4）监督所委派的工作。总经理在委派了工作之后,并不意味着可以撒手不管了,还需要进行必要的监督,监督与是否信任部下无关。

商训深解

时间,不能再生,但却可以通过合理的利用来加以延长,即缩短无效时间和补充有效时间。只要你有这种意识,那么时间就将掌握在你的手中。

改变低效率的六种方法

据我观察,大部分人都是在别人荒废的时间里崭露头角的。
——福特汽车创始人亨利·福特

效率是私营公司总经理必须考虑的重要问题,因为一个没有效率的公司,一定不会产生效益。另外,效率高与低也是考评员工是否称职的一个重要方面。

无论事先多么小心,每个公司都会遇到生产进度问题。当跟不上进度时,你该怎么办?急躁、报怨……其后果只能降低你在员工心中的地位,失去你应有的威信,与其这样,不如找出解决这些问题的方法,巩固自己的魅力。

当跟不上进度时,总经理应采取以下措施:
(1)立刻跟员工招开会议。
(2)当员工向总经理报告问题的时候,应当有一个补救行动的计划。
(3)揭示引起延误的原因。只有知道了症结所在,才能解决问题。
(4)进行调整。
(5)如果不能纠正整个问题,就寻求妥协的办法。
(6)如果别无他法,失去的时间不可挽回,就只有修订日程表。

正确掌握处理低效的方法,才能获得强效的能力。

把自己的工作任务清楚地写出来

有些人每天早上预定好一天的工作,然后照此实行,他们是有效地利用时间的人。而那些平时毫无计划,靠遇事现打主意过日子的人,其生活只有"混乱"二字。

——法国作家雨果

工作有序性,体现在对时间的支配上,首先要有明确的目的性。很多成功人士指出:如果能把自己的工作内容清楚地写出来,便是很好地进行了自我管理,就会使工作条理化,也会使个人的能力得到很大的提高。

只有明确自己的工作是什么,才能认识自己工作的全貌,从全局着眼观察整个工作,防止每天陷于杂乱的事务中。

只有明确办事的目的,才能正确掂量个别工作之间的不同比重,弄清工作的主要目标在哪里,防止眉毛胡子一把抓,既虚耗了时间,又办不好事情。

只有明确自己的责任与权限范围,才能摆脱自己的工作和下级的工作、同事的工作及上级的工作中的互相扯皮和打乱仗现象。

填写自己应干工作的清单是使自己工作明确化的最简单的方法之一。其方法是在一张纸上首先试着毫不遗漏地写出你正在做的工作。凡是自己必须干的工作,且不管它的重要性和顺序怎样,一项也不漏地逐项排列起来,然后按这些工作的重要程度重新列表。重新列表时,要试问自己:"如果我只能干此表当中的一项工作,首先应该干哪一件呢?"然后再问自己:"接着,我该干什么呢?"用这种方式一直问到最后。这样,自然就按着重要性的顺序列出了自己的工作一览表。其后,对你所要做的每一项工作,写上该怎样做,并根据以往的经验,在每项工作上注上你认为是最合理最有效的办法。

商训深解

为了使工作条理化,不仅要明确你的工作是什么,还要明确每年、每季、每月、每周、每日的工作及工作进度,并通过有条理的连续工作,来保证按正常速度执行任务。在这里,为日常工作和下一步进行的项目编出目录,不但是一种不可估量的时间节约措施,也是提醒人们记住某些事情的手段。特别是制定一个好的工作日程表就更加重要了。计划与工作日程表不同之处在于计划是指对工作的长期打算,而日程表是指怎样处理现在的问题。比如今天的工作、明天的工作,也就是所谓的逐日的计划。有许多人抱怨工作太多、太杂、太乱,实际上是由于许多人不善于制订日程表。他们不善于安排好日常的工作,连最没意义的事也抓住不放,人为地制造忙乱,不但谈不上工作条理化,连自己也被压得喘不过气来。

提高会议的效率

相对于那些低效率的会议,一次又快又好的会议并不会占用更多的时间,实际上还会更少。

——《经理人工作手册》作者罗斯·杰伊

会议是许多领导损失时间的重要原因，只要把出席会议时间集中起来计算一下，就可以清楚地看出，自己因出席会议而损失了多少时间啊！

据统计，平均每位领导者大约把20%～80%的时间用于会议上。一周内6次出席公司内的会议，花去9小时，然而在一次问卷调查中，有3/4的人尖锐地指出："用于会议的时间有一半是浪费的。"

改善这种状况，节约时间的第一个办法，就是取消并非真正需要的会议。但是这个办法常常被人忽视，一些无聊而冗长的会议仍然在公司内进行着。

从节约时间的着眼点出发，提高会议的效率，就要对每次会议都要有原则性的分析，决定在什么情况下开会？哪些人应该出席会议？如何提高会议的效率？……

一、应该在什么情况下开会

应该在什么情况下开会呢？如存在下面列举的理由中的一条或几条时，便应该开会。

（1）产生会使目前正在从事的工作发生重大变革的问题时。

（2）必须要具备不同知识和经验的人进行讨论才能得出结论时。

（3）为了处理问题，按正规的管理规则的步骤一步一步地做，时间上来不及时。

（4）必须实行新的方法，改变旧的方法时。

（5）你认为参加会议的人们由于受到会议的影响将比较容易接受会议做出的决定时。

（6）会议上的讨论对于参加者来说有重要价值时。

二、应该让哪些人出席会议

出席会议，每位成员都必须付出时间的代价。如果某人不出席会议的话，他就可以在自己的计划内做事，拥有更充裕的时间，进行更有创造性的工作。

因此，在考虑让谁出席会议时，应当要考虑清楚，为什么要让其出席会议？有无必要？如果没有必要，就可以让其去做更有意义的工作。

考虑让谁出席会议，可以依据以下标准。

（1）这个人与会议将要做出的决定有关吗？

（2）这个人对于会议将要讨论的问题具有专业知识吗？

（3）这个人将会执行会议的决定吗？

(4)这个人以前有过这方面的经验吗?

三、缩短会议时间的技巧

从技巧上缩短会议的时间,可以从以下几方面来实现。

(1)下午快下班时召集会议。

一般人都想早点回家,所以这时在会上就不多讲废话。随着时间逝去,与会者把注意力越来越集中在问题的症结上。结果,上午要3个小时才能开会解决的问题,拿到下班前来讨论,在一般情况下,只需一个小时或不到一小时就可以解决了。

(2)站着开会。

有的总经理推荐"站着开会"。比如某总经理就是如此,他没有一张像样的办公桌,为了和公司的成员谈话,他亲自到办公室里去与公司成员们交谈。即使是开会,也是站着和成员们说话。他认为,如果站着开会,既不需要准备会场,而且能够迅速、有效地取得成果,讨论时也不会有那种空洞无物的长篇大论了。

(3)午饭前的会议。

有的总经理喜欢在午饭前召开有关的工作会议。因为午饭前,大家肚子都饿了,就不会为一些无聊的事来辩论是非曲直以至于浪费时间了,而会很自然地全力以赴进行讨论。

(4)限制会议的时间。

有一些总经理把自己主持的会议时间限定在最多不超过1小时之内。他们在开会前,先上一个小时的闹铃,到时间就结束会议。

(5)让代理人出席会议。

无论是请你参加的会议,或者你自己主持的会议,如果让代理人出席,就能节约你自己的时间。代理人可把会议上谈的内容记在笔记本上,然后向你汇报。

商训深解

总经理要能明辨哪些会该开,哪些会不该开,该开的会怎么才能提高会议的效率,对这些问题总经理要进行深入的研究。最终要的是开高效率的会,开有结果的会。

总经理不能做"无头苍蝇"

活着不仅仅为了创造财富,时间管理的目的是为了更好的生活。

——美国管理学家大卫·桑切尔

工作没有系统程序的总经理,常因办事方法的不恰当而蒙受大量的损失。他们不懂怎样去处理和安排事务。他们往往作出重复矛盾的事、不切合实际的事。他们的经营处处落于人后,他们不能改进这种糟糕的状况,使一切都在混乱中。

有一位著名管理专家,曾将"缺乏系统"列为许多公司失败的重要原因。

工作没有系统,而同时想要大规模的经营的总经理,总是抱怨人手不够。他们以为只要人手雇佣得多,事情就可以办好了。其实他们所缺少的不是更多的人手,而是更有效的工作程序。他们办事不得当,工作没有计划,没有系统的程序,因此浪费了大量的职员的精力与体力。

指挥失调、毫无步骤和计划的工作,决不能使任何机关、商店的业务有效率、有起色。而精细的计划、简单而有效的系统,却能使中等的人才成就巨大的事业。

有这样一个总经理,他真似一只"没头的苍蝇",不管你在什么时候去,总能看到他忙得喘不过气来。他只能拿出几秒钟的时间来同你谈话,假使你显出要同他长谈的姿势,他会用他的手表来提醒你,他的时间是宝贵的。他公司中的业务做得很大,但开支更大。他不懂得人工成本的原理,只想雇佣更多的人以补救他的凌乱,补救他系统的缺乏。他有着一个无系统的头脑,并且缺乏处理事务的能力。

结果,他的事务一团糟,他的办公室如一间杂货铺。他老是忙碌,甚至没有时间把手头的东西安置好,即使有时间,他也不知道应该安置在什么地方好。

这位总经理自己的工作毫无计划和安排,却只知道催促他的职员们,督促他们工作更加努力。于是,一切尽在混乱中:各人做完一件事后都不知道应该再做些什么,假如去请命于他,他只会催他们尽力去干;他不能发出固定、具体的命令,没有工作计划,没有工作纲领;职员们各做各的事,各不相干,除了他常要去催促他们以外。

还有一个与他同行业的竞争者,这位总经理却从来不表现出很忙碌、紧张的样子。他老是平静安详,永远不曾慌张。不管业务怎样繁忙,他总有时间可以从容地招待你。在他的公司办公室中,一切都有条不紊。大家似乎个个不忙碌,然而事务却进行得很顺利,没有混乱,没有矛盾的工作,也没有不必要的重复工作。

他每晚清理他的写字桌,重要的信立刻答复,定货单赶快填发,所以他的业务情况非常好,然而别人从外表看来,总是意想不到的。一切事务的进行,整齐得像钟表的转动一样,因为他能用他的头脑;他能指挥他的职员,能系统化地安排他公司中的工作;各人都照着一定的程序工作,因此一切凌乱的状况都消除了。

时间没有浪费,人工没有浪费,办公室中不慌张、不凌乱,这位条理井然的总经理,给人以一种力量、平衡、安详的印象。他不是常常埋头劳累不堪地傻干,一切琐事也不是事事亲为。

工作愈有系统,则愈能有效利用时间。他的事务按照程序进行。他的业务成功,不在于他每时每刻都去监察、督促他人,而在于他能支配指挥他人,在于他能订下工作计划,然后由别人来执行。

商训深解

今日世界是思想家、计划家和谋略家的世界。只有沉着稳健的思想家、能订立计划并有力量执行的计划家,可以运筹帷幄的谋略家才能得到成功。头脑不清楚、办事无方法的人没有立足的余地。总经理必须有计划、有系统。

第十四章

财务法则:总经理的财务必修课

节约资金

> 公司管理要以财务管理为中心,财务管理要以资金管理为中心。
> ——沈阳市汽车工业资产经营有限公司董事长何国华

大家都知道投资回收额(利润)等于销售总量减去费用,利润和费用是呈反方向运动的。如果费用低,利润就高;如果费用高,利润则低。费用与资金控制紧密相关,而现在许多总经理脑子里不知道如何管理资金,忽视对资金的控制,造成费用节节上升,而利润却不断下降,直接影响了公司的运营,甚至半途而废。

一位总经理在他第一次创业失败时感慨万千:"我如果再次选择经商,驾驶的会是一辆小型货车,而不是奔驰。"这简单的话语中却包含了一条道理:节约资金是经商成功的第一步。

经商中的资金浪费是人们不易察觉的,它就像一个无形的黑洞,随时都可以把整个企业吞噬掉。作为资金十分有限的小本公司,总经理如果不注意这一点,不能对自己管理得狠一点,必然会造成经营上的失败。作为小本公司,要想做大做强,总经理就要先养成良好的习惯和制定良好的制度来降低成本。

(1)作业规范化。明确规定长途电话和普通电话的通话时间和每位发言人的发言时间;严格控制办公用品的申领;清楚规定每个物品所在的地方,等等,尽量做到物尽其用和节省时间。这些繁琐小事,如不加以规定,大把大把的钞票就会不知不觉消失了。

(2)养成随手关灯、关水的习惯,可节省20%的电费水费。

(3)在不影响质量的前提下,尽量减少加工次数,可省下许多加工费和电费。

(4)尽量减少操作失误,减少无效工作和废次品率。

(5)聘用能身兼数职的员工,以节省工资费用。

(6)经常评估、考核员工的工作效率。人往往有惰性,时常要人提醒、催促才会进步。只有不断地评估、考核员工效率,才能激发潜能,提高工作效率。工作效率一提高,成本自然就降低。

（7）裁减或调换能力差的员工。

（8）发动员工提出改进作业、革新产品的合理化建议，并对优秀方案给予奖励。

（9）对于邮递的成本，要反复思考，哪些必要，哪些不必要，哪些须快件发寄，哪些平信即可。

商训深解

著名的风险资本家弗雷德·阿德勒说："我的一个'定律'是，成功的可能性与经理办公室的大小成反比。"一味地追求豪华舒适的办公室、办公桌，乘坐豪华汽车，在高级饭店里摆宴，再加上一些名誉性的花销，开支巨大，将宝贵的资金用在消费而不是用在生产上。资金管理盲目，成本高，销路缩小，利润不可能提高。

一定要聘用一名优秀的财务主管

> 出差还把财务章带在身上，这完全是个体户的观念，一个有完善现代企业制度的企业是不会那么干的。
> ——巨人集团董事长史玉柱

一名优秀的财务主管应具备的素质主要包括道德素质、知识素质以及身体素质等几个方面。

一、道德素质

财务主管是现代公司核心部门的负责人，由于其所处位置的重要性，他的品德素质对公司的发展至关重要。财务主管的道德素质主要有以下几个方面：

1. 作风正派。一个优秀的财务主管应当具有良好的工作作风，不论做人还是做事都实事求是，光明磊落，在财务管理工作中遵纪守法，廉洁奉公，严格按规章制度办事，坚持原则。

2. 有敬业精神。一名优秀的财务主管应当热爱本职工作，把工作视为一种需要和自我价值的实现。在工作中，勤恳忠实，不断追求创新，自觉学习相关工作知识与技能，不断提高自身业务水平。

3. 对公司忠诚。主要表现在：视公司利益高于自身利益，不做任何不利于公司的事情，针对公司财务工作中的各种商业机密，财务主管要应当严格保守，自觉维护公司形象，并为公司的发展积极出谋划策。

二、知识素质

公司财务管理是一项专业性很强的工作，财务主管作为公司财务部门的负责人，必须掌握一定的专业知识，才能做好公司的理财工作。

财务主管必须具备微观与宏观经济学知识。这些知识给财务主管以正确的思维方法，使其能比较好地把握经济形势对公司经营的影响。要分析经济环境经济形势，离不开宏观经济学政府政策的知识；而微观经济学中边际成本与边际效益以及市场运作原理对于正确地进行公司财务决策又至关重要。

财务主管必须熟练掌握会计知识。财务主管进行财务管理活动最重要的信息来源便是会计账目，公司的一切活动和营销情况都在会计账目中有所体现。财务主管在进行各种财务经营决策时，都要用到会计账目所提供的各种信息。

一名优秀的财务主管必须掌握相关的专业知识以及国家有关财务、会计工作的政策法规。像《企业财务管理》《审计》《管理会计》《责任会计》《税收会计》等专业知识是财务主管开展工作的基础，而像《公司法》《票据法》《企业会计准则》等国家的政策法规，也应当熟悉其规定。

财务主管还必须对本公司的生产产品有较深刻的了解，产品性质不同，其所需资金运转情况便不一致。财务主管不应局限在自身所处的部门，其心中应有对整个公司各个方面的全盘认识，这样才能更好地开展开作。

优秀的公司财务主管还必须具备一定的组织能力、沟通协调能力和分析判断及用人能力。

商训深解

财务主管作为现代公司最为重要的部门主管之一，他在公司决策层中占有重要的地位。可以说，公司的任何决策都与财务主管有关，能否发挥其决策参谋的作用，受到公司所处客观环境的制约，但从根本来讲还是取决于财务主管本人自身的素质与能力。公司的财务管理工作既是一项科学又是一门艺术，作为私营公司的总经理,你要搞好财务方面的工作,必须聘用真正有素质、有能力的人充当财务主管。

拥有一个良性的、健全的财务规划

找一个好的CFO(首席财政官或财务总监)规划一下,把项目做大。
——IDG中国区总裁熊晓鸽

现代商战中,财务是商战能否获胜的"生命线",过去有许多公司,产品虽然不错,但最后仍难逃厄运,究其原因乃是财务周转困难,或被倒账等。

所以,如何做好财务管理,乃是各公司必须随时注意的问题,尤其是中小公司的财务方面的规划。

中国台湾的一些公司,多为中小公司,财务结构都较差,原因如下:

①自有资金不够,举债经营严重;

②信用差,银行方面不给贷款,于是改向民间借贷,利息负担深重;

③存货处理不好,造成资金积压;

④盲目投资,把短期资金固定化;

⑤会计制度不健全;

⑥股东往来金额宠大,影响财务健全;

⑦财务报表信赖程度差;

如果财务结构不健全,在商战中取胜的机会是不大的。

若要健全财务结构,则应以合理的途径取得资金与运用资金,并维持长期利润,使资金能在良性的轨道上循环,这就是我们所说的"开源节流"。

例如,在资金运用上能做到减少现金量的需求,加速账款流通,缩短收账时间,不要积存过多原料,缩短半制品的制程;成品不要多量化;有效运用机器设备;土地与建筑物不一定要购买等。

大军开动要花很多钱,现代大型商战亦如此。即使是开个小店铺,也要不少零碎钱,如水电费、电话费、人事费、材料费、租金、营业税、周转资金、折旧、广告费……,加起来同样是一笔极可观的数目。

所以说小公司的营运"麻雀虽小,五脏俱全",也要一笔可观的资金,这时如能健全财务规划,将使公司在商战中稳步前进,奠定商战获胜的坚实基础。

商训深解

现代商战中,一个公司从新设公司、工厂,乃至营运、行销、扩建等,都需要宠大的费用。

《孙子兵法·作战篇》中说:"凡用兵之法,驰车千驷,革车千乘,带甲十万,千里馈粮。则内外之费,宾客之用,胶漆之材,车甲之奉,日费千金,然后十万之师举矣。"意思是说,凡是兴兵打仗,出动战车千辆,辎重车千辆,军队十万,还要从千里外运粮草;前后方的费用,外交使节往来的开支,维持作战器械所需各种物资的供应,车辆盔甲等武器装备的保养和补充,每天要耗费千金,然后十万军队才出动。

商战也同样,即使是开个小商号,各种费用加起来也很可观。

因此,在商战中各项经费若不好好筹措、计划、控制,到最后往往会因财务不健全,而周转不灵。

避免不必要的花销

抠门才叫企业家,不抠门就不是真正意义上的企业家。企业家是社会财富的"守门人",该花的钱不花,那叫缺位;不该花的钱乱花,那叫越位;把钱花在刀刃上,那才叫责任。

——蒙牛乳业有限公司董事长牛根生

如何去控制不必要的花销,常用的办法有以下几种:

一、"可买可不买"与"非买不可"

分析人们的消费心理,一般的人总是存在着"可买可不买"与"非买不可"两种心理活动。很简单的一个例子是，某公司为了业务需要，将添置 10 台计算机，这对一个正在发展阶段的公司来说，算不了什么，总经理会很干脆地签下支票，让采购部门去办的。但是，正是有了这种应该买或者可买可不买的心态，才使人产生"非买不可"的压力。在某种情况下，反而会造成一种错觉，仿佛是他都有了，那么我也应有的群体攀比心理，导致公司购买更大数量的同类物品。

二、"我也要"综合征

在办公用品的购买上，这种症状的表现是十分突出的。公司人事部的经理对你说，办公室需要购买 1 张桌子、6 把椅子和 1 把茶几，尤其对人事部来说，这些办公用品的添置有助于公司形象的完美。如果你批准了，那可就惹下麻烦了，没过几天，其他部门的主管会不约而同地前来，向你报告，他们也需要改善一下办公条件了。如果同意了，可能各部门的下属也会说，我们的桌子也早该换了……依此互相攀比下去，那样总经理就惨了，你不得不去派人购进这些东西，否则将无法将各部门的怒气抚平。这种购买活动，真是牵一发而动全身。

三、滚雪球式的开支

如果公司的某项费用如滚雪球一样难以控制，必然会影响到公司的其他工作。公司推行办公自动化，就是一个典型的例子。

某公司准备改善办公条件，专门组建了一个办公自动化领导小组，以便使机器的购买、设备的配套和经费等问题得以落实和妥善解决。经过一个多月的论证、调查和询价，决定为公司先购置 20 台计算机，并建立一个小型的计算机终端。设备进公司那天，公司各部门如过节一般欢快，但是第 2 天财务部则又接到了更多的账单。

因为购进的计算机，还需要大量的辅助设备等等其他的开支。办公室秘书部门与电脑配套，购置了 3 台打印机；财务部门则购买了新式的财务软件，其价格远远超过了整机价格；为总经理和两位副总经理购买了 3 个隔音罩。结果，到了两个月以后，财务部门发现，为电脑的配套开支已远远超过购买设备主机的费用。

所以在购买新设备的时候，深思熟虑的总经理总是亲自审定报告，决定买与否，以防止这种滚雪球似的开支出现，避免那种互相攀比的风气发生。

每一家公司都有节约成本的绝招儿，即那些相对而言比较容易节省开支的办法，但下面这些做法对大多数公司都适用。

1. 租用。过去的几年一直是商品买方市场，大片大片的空闲建筑，租金降低，成千上万的租户无事可做。如果你是个名声不错的租户,你的房东会竭尽全力让你留下来,这可是你伸胳膊伸腿、讨价还价的绝好机会。

2. 利用废纸的背面。你也许会嘲笑这种显得非常小气的想法,但是如果你认真计算过你的公司每年在办公用纸上的开销,你就会惊讶地发现这个措施的成本节约效果是多么显著。事实上,很多著名的大公司早就开始这样干了。同样的思路还可应用于公司的其他方面,例如与别的公司合用办公设备、会议室。

3. 计算机硬件。这就好比明明一辆微型车就够用,很多公司却在开豪华车。一家生机勃勃的小公司,可以成功地用一台计算机设备将主要的经营管理任务全面自动化。计算机会让你相信这样一台设备像出自"方舟"一样不可思议。

计算机世界讲求速度,但你不需要。你的文件是在一眨眼的工夫,还是眨眼时间的千分之一恢复了,这真的很重要吗?你能用眨眼时间的千分之九百九十九提高利润吗?为数不多的公司的确获益于使用图表型的软件包,例如计算机辅助设计和桌面出版系统,他们可能需要一台苹果机,你也非要凑热闹吗?如果像大多数企业一样,你只是对文字和数字的利用率较高,搞一台 PC 机和一套综合性的类似微软文字处理的软件包能节省很多钱。总经理应该明白,只有在付钱的时候你才会注意到它们之间的差别。

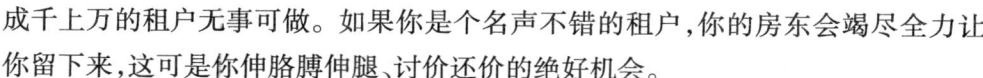

作为一名总经理,任何时候都要对开支精打细算,怎么样去降低成本,减少费用。精明的总经理,总是把一块钱当两块钱用,该用的时候,就把钱用在刀刃上;不该用的,一块钱也不多花。因为,他们深知,如果在某一个地方用错了一元钱,并不就是损失了一元钱,而可能是花了两元钱。

如何应对财务困境

阳光灿烂的时候要去借雨伞、修屋顶。

——阿里巴巴集团主席马云

刚创立的公司在其成长和发展的道路上难免会遇到一些财务问题。当客户的付款比预期迟缓时，会产生现金流量问题；当经济普遍不景气时，主要的债权人可能会收紧付款条件；当销售跌落到预期水平之下时，公司可能会发生亏损。不管是什么原因所致，大多数财务问题并不严重，它们只是公司遭遇的暂时挫折，只要用心管理就能很快克服。然而，有些财务问题却不会马上消失，它们会使公司陷入财务困境——财务失败的幽灵会不时困扰公司，所以值得总经理预防和寻找解决办法。

虽然公司摆脱财务困境的途径会随着情况的不同而不同，但所有与财务困难作斗争的公司却面临着一个共同的重要事实，即严重的财务问题不是一朝一夕便能得到解决的。一个公司从陷入财务困境到恢复财务健康通常要经历一个渐进的、耗时的过程。事实上，解决严重财务问题的计划常常要实施好几个月，有时甚至好几年。财务问题是慢慢形成的，对它们的解决也是如此。

掌握一些基本的管理原则，可以使总经理在导致公司财务失败以前争得时间，摆脱财务困扰。运用这些原则并不等于得到了摆脱公司财务困境的答案，但这些原则可以为人们解决问题提供必要的时间。有时候，争取时间与问题本身最终得到解决同样重要。

首先，与债权人建立畅通的信息交流可以争得最多的时间。从一开始就应该让债权人事先知道何时你的公司将缺乏资金而无法按时偿付债务。自然，当公司无力按期偿付债务时资金的匮乏必然会显露出来，可是，让债权人较早地了解事实真相就可以增加债权人的信任感。它可以清楚地表明你对问题的关切，并强化债权人对你最终承担债务的信任。

一旦信息交流建立起来，就应该保持它的公开性，不要对债权人躲躲闪闪，回答问题要迅速并且开诚布公。而且，应该自愿地向债权人定期提供你公司财务状况的最新变化。同时，你要传送坦诚的信息，要向你的债权人提供足够多的信息以便使债权人能够理解你的公司财务困难的性质和程度。如果有必要，你甚至应该向债权人提供你的月度或季度损益表和资产负债表的副本。

其次，战胜财务困境的自信来自公司总经理渴望成功的内心。这种渴望可以为克服几乎所有财务问题——不管其出现时多么严重——提供内在动力。可以说，自信的气度是公司总经理摆脱财务困境的必备条件。自信就是一种动力，它可以将一个遭受挫折的公司拉回到健康赢利的阳关大道。

商训深解

遭遇财务困境时,总经理切莫心慌气急,也不要想着一下子就解决所有问题,应该让自己冷静下来,然后再慢慢寻找解决问题的方法。

降低生产成本的十大窍门

经营管理,成本分析,要追根究底,分析到最后一点。

——台塑集团创始人王永庆

一、发现潜在的过剩人员

许多公司都不同程度地存在潜在的过剩人员,从而造成了生产成本增加。比如,两个人能做的工作偏偏由三个人来承担,就会发生1/3的过剩人员的损失。同样拥有100%能力的人,仅发挥50%的能力,则该人的50%能力就浪费了,这样,就发生了人事费的损失。所以,为降低生产成本,必须发现潜在的过剩人员并尽可能另行安排。

二、不要大量增加间接人员

所谓间接人员,即像事务人员、技术人员、销售人员或监督人员之类的人。在人事费用的损失之中,特别值得重视间接人员的大量增加。在公司的效益好时,公司喜欢大幅增加间接人员,而且间接人员开支增加的比例会超过生产增长的比例,从而导致公司生产成本上升,经济效益相对下降。公司的间接人员之所以呈大幅度增加的趋势,除了公司生产扩大需要相应增加间接人员的原因外,还因为间接人员的工作没有客观的标准,多点人少点人都可以。另外的两个原因是,总经理想增加部下的人数,提高自己的身价;间接人员比直接作业者在公司里地位稍高。公司要想降低生产成本,就必须克服间接人员大量增加的趋势,尽可能控制间接人员增加的幅度和比例,使其低于生产本身的增长。

三、省略对公司无益或益处不大的工作

公司要想排除潜在的过剩人员,首先要除去那些对公司无益或益处不大的工

作，只有这样，才可能真正减少过剩人员。比如，办公室的几个秘书，成天认真地写各种报告、材料，从工作忙碌的情形来看，再增加一两个人都轻松不起来。但是，这些秘书们所写的报告、材料等，是不是都有益处呢？不见得。很多都是在作无用功，总经理可能只看了看标题就丢在了一边。对于这类益处不大的工作，就应该省略一些，这样，便可减少不少潜在的过剩人员。

四、在原材料的购买上精打细算

在公司里，总经理通常对生产和经营部门十分重视，并注意到这些部门生产成本的降低。但对原材料购买部门则不那么重视，仅安排一些二三流的人员，而且对购买过程中是否存在浪费关心较少，这是经理所应克服的。事实上，对一个公司来说，不管生产与销售如何增加，要是在购买部门发生损失，购买一些质次价高的原材料，就有如将水拼命地汲入有漏洞的水桶一般，流失的利润无可估量。故公司要降低生产成本，对在制造成本中占极大比例的原材料费用要精打细算，严加控制。

五、贯彻少数精锐产品政策，大刀阔斧地清除赤字产品

一个公司，通常会生产几种或数十种产品。在经济形势好时，为了扩大几种不同类型的产品，有的产品是高收益，有的产品是低收益甚至是不赚钱亏本的赤字产品。低收益的一般产品和亏本的赤字产品，会侵蚀高收益产品的利润，使整个公司的利润降低。因此，公司要降低生产成本，提高利润率，必须采用少数精锐产品政策，重点生产少数高收益产品，清除赤字产品。不能因为担心影响销售总额，而舍不得清除赤字产品，因为赤字产品既耗费时间，又增加销售费用，与其维持下去，不如忍痛舍去。

六、尽量避免坏账损失，在销售方面最大的损失就是坏账的损失

比如，一家公司向另一家公司提供原材料产品，在货款回收前，接受原材料产品的那家公司倒闭了，于是，所交付的货物就变成了坏账。要弥补此损失，需要有相当长时间的努力。比如，如果发生10万元的坏账损失的话，当经济不景气销售利润率降低到4%时，如果没有重新获得250万元的销售额，是无法挽回损失的。对中小公司而言，坏账是致命的。因此，公司必须尽量避免坏账损失，为此，应加强对往来客户的信用管理，一旦对方的信用出现问题时，应断然中止往来。

七、加快货款回收的速度

回收的货款迟缓,厂家要背负那部分贷款的成本负担。比如,100万元的货款回收如果迟延了90天的话,100万元的资金在90天内都是死的。该资金,如果有效利用的话,每月可获得2%的营业利润。如此一来,在90天内就会发生6万元的损失。因此,对一个公司来说,如何加快货款的回收,是一个不容忽视的重要问题。

八、在生产管理上减少不合格产品

每个公司都存在不同比例的不合格产品,要完全杜绝不合格产品当然不可能,但减少不合格率却是可以做到的。不合格产品会带来多种损失,如材料本身的损失,生产不合格产品的应付工资损失,返工维修该产品的应付工资与时间损失,等等,这些损失,会提高产品的制造成本。因此,提高产品合格率,就显得十分重要。

九、削减盘活库存物质

在经济不景气时,产品的库存会大幅度增加,紧紧束缚住公司的脖子。产品的库存,即为资金的呆滞。它除了使资金周转不畅外,还会带来其他一些损失。比如,为了保管库存产品所开支的保管费,为推销库存产品所打的折扣,等等。为此,必须将库存的损失减少到最小。方法是,将库存的产品按品目加以分类,花主要精力清除占最大库存比例的少数几个库存产品。比如,在100个品目中,8个品目占产品库存总额的75%,此为A组;其次25个品目占库存总额的20%,此为B组;剩下的67个品目仅占库存总额的5%,此为C组。此时,应将主要时间和精力花在A组库存产品的清除上,这样,就能取得事半功倍之效。相反,集中精力去清除种类多、所占比例小的C组库存产品,那么就会事倍功半。

十、资金要恰到好处地加以利用

与个人不同,公司是由多个部门或工厂构成的,因此容易带来散漫经营的情形。比如,公司决定每期的预算时,常常是由各部门先提出部门预算,然后高层管理人员在各部门的预算基础上再加以调整、决策。结果,虽然顾及了各部门间的平衡,得利三分,却大觉惭愧,"仅仅为了三文钱,就必须快吃快拉,真是穷到家的表现。"

■商训深解■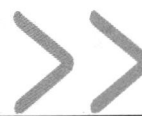

管理大师彼得·德鲁克说:"在企业内部,只有成本。"总经理管理公司的一个根本任务就是如何不断降低成本,这是公司保持活力的一个永恒主题。

总经理理财九法

你不理财,财不理你。

——理财格言

作为私营公司的总经理要想理好财,成为理财的高手,应遵循以下9个方法。

一、精于安排存款余额

公司不仅要求助银行解决资金的困难,同时银行有时也要求公司在存款方面给予银行有效协助。在金融业中,有的银行希望增加月底存款余额,以表示银行业绩,也有个别银行希望增加平均余额。所以公司能在事先把握这些微妙关系后,在月中将重点放在重视平均余额的银行,到月底前就将钱存入重视月底余额的银行,从而搞好与银行的关系。另外会计报表中的某项目,如资产负债表项目,都是用月末账户余额反映,巧妙安排某些账户月末余额,对各项指标形成有重要影响。

二、尽量查明支出增加的原因,确保收支平衡

各项费用及资金的运用,在预算确定后就要严格按预算执行,一旦发现超支就应迅速查明其原因,明确责任,制定措施,杜绝不必要的开支。另在出现销售下滑,不能实现其预算收入时,应作为抑制支出的信号,也要相应地压缩相关的支出。以确保收支平衡。

三、经常注意利息率趋势及金融情势

金融情势与市场前景密不可分。银根宽松意味着金融情势缓和,也就是说资

金充裕,工商公司也不需要太多的资金,以致连带利息下降;相反,"金融紧缩"意味着各行各业都需要资金,各银行也缺乏放贷的资金,不仅借款困难,利息也会提高,事先预测出金融市场未来情势变化,在资金筹措和运用上会有助益。

四、做好资金调度,充分运用剩余资金

公司财产物资的货币表现是资金,做好资金调度,实质上就是做好公司的物资调度工作。为此,公司财务部门要按月编制切实可行的资金周转表,通过该表了解资金从哪来？又流向何处去？产生不足的原因以及筹措资金渠道等。销售收入、收款计划的估计要保守,要沉着应付突发性支出,要充分利用剩余资金。为此,要掌握剩余资金究竟有多少,可运用的期间有多长,要注意投资的获利率以及获利后的课税问题。资金周转加快了,就可产生较好效益。

五、提高员工的理财意识

利润是通过资金周转产生的,在同样销售利润率的条件下,资金周转越快,利润就越多,但是要加速资金周转不只是财务人员的事。材料采购、产品设计、工艺规程、生产状况、劳动效率、产品推销、货款回收等都与资金周转息息相关,动员每一位员工结合自己的岗位参与资金周转。对每一个部门岗位应有资金使用规划,做到事前有计划、事中有控制、事后有考核,根据完成优劣给予奖惩,从而提高资金利用效果。

六、与主要客户维持良好关系,争取客户的支持与协助

在经营活动中公司购买材料要同供应商发生往来,推销产品要同销售商发生往来,这些往来均要通过结算。在结算中必须守信用提高信誉度,公司应在互处的基础上,与他们搞好关系,相互支持,在遇到困难时,他们会给予协助。

七、与税务部门搞好关系,依法缴纳各种税金

依法纳税是公司的义务,但是在市场经济条件下,税种较多、征收环节复杂,税率也不一样,公司应与税务部门保持密切联系,对不清楚的政策,请税务部门给予指导,能缓交的尽量缓,能免交的尽量争取免交。对一些优惠政策要争取充分享受。

八、同多家银行处好关系

公司只同一家银行往来，不仅无法任意安排使用存款，甚至公司资金的出入会被这家银行了如指掌。另外不与其他银行往来，也就不了解其他利息行情，只能出现唯此银行是从的倾向，一旦资金周转不灵，自然不能向其银行申请贷款。另外，公司应主动向银行说明公司长处和短处，根据情形可以要求银行给予经营方面的指导等，由于与银行维持良好关系，当公司遇到困难时，银行会协助解决。

九、加强与银行往来技巧，不忘推销自己和公司

总经理在同银行及有关部门来往时，要随时不忘推销自己和公司，特别是与主要银行的往来更重要，偶尔也可与分行管理人打个照面，加深对他的影响，在往来中更注意结交银行内部实力派，了解放款业务的承办人，加强同他们的联系。

公司借贷时银行要求提供各种资料，为避免这些资料发生矛盾，一定准确编制。但是要明确，和银行往来如同做生意，是公司活动的一部分，是为公司谋利益才往来的，在西方，不管交情多厚的银行，一旦公司经营发生困难，银行也会与公司断绝往来，因此，当公司发生经营困难时，他们不让银行知道，防止落井下石。

商训深解

经商做生意的目的是为了赚钱，如果不会理财，就不可能赚钱，即使赚了钱，也会在不知不觉间白白流失。

七分盘算三分魄力

总经理不要被每日应接不暇的信息所包围，因为他的任务不是钻进纸堆里，他需要的是重要的财务信息。

——香港假发业开山鼻祖刘文汉

如果经营也有哲学的话,"七分盘算三分魄力"应当算是其中的一条。盘算就是精打细算,要有计划管理的概念,注重数字,力求"心中有数";魄力就是决心,要依靠经验与灵感产生胆识。换言之,经营的成功是靠七分的科学与三分的灵性管理。

人们常说:"杀头生意有人干,赔钱生意没人做。"赚钱与赔钱的具体分别在哪里呢?那应该是加减乘除后的红黑数字。因此,总经理对于数字,对于各种百分比、指数等要有清晰的概念。否则,就像夜间开车不开灯一样,必然险象丛生。

不过也不能一味地依赖数字,否则不是应用数字,而是被数字所愚弄。所谓七分盘算而非十分盘算的道理也在于此。

运用数字并加以分析、研讨后,定下今后经营的方针是总经理的重要工作,但即使是更科学的电脑也不易为总经理定下实施某一方针的决心。因为下定决心乃是人为的。因此,有了科学的概念与方法之后,总经理更须以经验、灵感来配合。

东京有一家车店,多年来业绩都不好,市场占有率仅为百分之八,为了挽回这种不利局面,店总经理经过七分盘算之后,决定实施双重大赠奖促销活动,做背水一战的推销。结果,情势好转,不到三个月销售猛增。

这种三分魄力,往往出自洞察力与判断力的结合。横滨市一家服装店,平均每月采购西装的数量为一千件,后来突然决定增加一千件,结果也达到了销售倍增的目的。

商训深解

总经理应重视"七分盘算三分魄力"的经营哲学。一面学习科学方法,一面培养管理上的灵性。

总经理的公私财产要分开

在私人公司里,总经理一定要将公私财产分开,否则,你的财务状况就会变得混乱。

——美国财务专家赫特

许多公司混乱的财务现状，与总经理公私不分有直接的和重要的关系。本来生意的现金周转、利润水平都处于相对理想的状态，但您个人的高消费足可以严重影响您生意的财务状况。同时，尽管是"肉烂在锅里"，但你的事业由于财务公私不分，很难使之正常发展。

我们都知道，尽量减少公司运营过程中的不可预计因素，是保证公司顺利运营与发展的重要措施。总经理的日常消费如果实施供给制，完全由您的公司按需供应，则将增加公司的运营费用，莫名其妙地比同行高出一截成本。同时，古人已经语重心长地告诉我们"由俭入奢易，由奢入俭难"，总经理如果不加以控制，很容易快速提高自己的消费水平。如果再有一些不良嗜好，处于创业期的公司通常很难承担如此高额的费用，这离破产也就不远了。

公私分开对于合伙经营的小型公司，具有更加重要的意义。如果有一个人不遵守游戏规则，大家都将不遵守游戏规则。转眼之间，一家前途光明的公司也就倒闭了。开一份适当的工资。这是一个很好的创意与方法，可以解决小型公司许多问题。首先，您有一份工资可以养家糊口，并在一定阶段维持一定的生活水平；同时还防止你过早地进入奢侈消费的行列，对你发展事业积累必要的资金有利。其次，每月固定的总经理工资，与聘请一名总经理的价值一样，是一种合理的营运成本，降低了公司的营运风险。合伙公司的合伙人中，有多种情况。有参与公司业务的，也有不少与公司无业务的；参与的程度、个人的能力也有一定的差异。如果采用同样的利润分配形式，是鞭打快牛，这将严重伤害部分合伙人的利益与积极性，会导致公司的解体。而通过工资差异的调节，至少可以缓解这种矛盾。

商训深解

公私不分是很多总经理的一个缺点。反正都是自己的，分那么清楚做什么？左口袋里的钱没了，就从右口袋掏。早上卖电脑的钱晚上用来打酱油。如果成立的是公司，他的房子、车子这些自己使用的财产就都在公司名下。这样虽然十分方便，却是在身边挖了一个陷阱。在这种公私不分的情况下，一旦生意失败欠了钱，就需要用你全部的财产进行清偿。这意味着不仅生意没了，你的房子、车子、冰箱、电视统统都要还账。

注意防止家贼

> 公司内外都安全,才是真正的安全。
>
> ——杜邦公司董事长贺利德

总经理在生产经营过程中,很可能会发现这样一种现象,有个别员工偷盗公司财产,破坏公司财务,或者胳膊肘儿往外拐,将公司的机密透露给竞争对手,这其中有许多原因,可能是为了钱、为了报复等。通过对众多案例的分析,我们发现,以下几种类型的员工容易成为"窝里反"的家贼。

一、生性贪婪,假公济私者

利用自己的职务和工作之便把公司的钱、财、物据为己有,例如,偷窃、贪污、挪用等。

二、心高气傲却怀才不遇者

个别员工心高气傲,认为总经理没有给予自己应有的认可与尊重,心里总有一股无名火难以发泄。满心的怨恨与怒气,使得这类员工很容易被外人操纵。

三、喜欢幻想,追求刺激者

有些员工之所以会成为家贼。主要是想给无聊的生活寻求某种新鲜与刺激。

四、另觅高枝,即将跳槽者

即将跳槽离职的员工,也会对公司构成安全的威胁。

五、以前的属下,已经离职者。

以前的属下也可能会对公司造成伤害。其动机不外乎报复、追讨欠薪,或讨好新公司。

商训深解

对于家贼，总经理一定要特别留意。有效的防范手段大概有以下几方面：

（1）了解手下员工的背景。这是一项基本的要求，包括是否有犯罪记录、工作经历以及学历的准确性。背景查核虽然不能保证员工绝对不会贪财如命、见利忘义或胳膊肘儿往外拐，但确实能刷掉不少居心不良的"干将"，或脑后长有"反骨"的人。

（2）强化管理。加强管理，严堵漏洞是杜绝私营公司家贼的重要途径。管理严格，钱、物及商业秘密管理制定要严格，有专人把守，"家丁"护院，纵使家贼胆子再大也难以下手。

（3）在公司内部设置举报信箱。设立举报信箱，专门供员工报告某些非安全问题，比如公司丢失什么财物可以通过这途径发动员工举报，当然，这个举措对于规模较小的公司不适用，小公司这样做，容易引起员工内心的不安。

第十五章

债务法则:要债的艺术

密切关注客户的经营状况

> 不要相信对方的谎言,更不能被表面的现象所蒙蔽,要亲自了解对方的经营情况,坚守不见兔子不撒鹰的经商之道。
> ——北京鸿儒教育集团总经理郝欣

与客户做生意,必须对其经营状况有所了解,及时把握客户的动向,根据情况判断是否可能出现"呆账",以减少本公司的损失。一般来说,总经理应该让自己手下的业务员注意以下几点:

(1)不正常进货。一位优秀的业务员,平时应深入了解经销店的销售能力、库存数量、以及当前的市场情况,以便对该经销店的每月进货量、进货种类、进货时间,在内心都有个概算。对于经销店的不正常订货,应深入了解。

例如,一向精明的经销店总经理,却选择较不利的时间订货(结账的前几天订货),且订货量超出其以往的销售量甚多。遇到这种情况,业务员必须有所警觉,除非查知其订货动机纯正,否则应暂时中止,一方面再深入调查,另一方面观察其反应与变化。

(2)货品流向有问题。某经销店生意并没有比以前好很多,但最近向本公司进的货一下子就不见了,而且订货次数增加。此时,业务要注意该经销店是否"转售同行"、"填支票洞"。

(3)削价求售。经销店的削价求售,依正常情形,显然是赤字经营。这种经销店虽未必于近期内倒闭,但是长期以债养债的结果,当宣布倒闭时,其倒账的金额可能高得出乎意料之外。因此若经销店有长期削价求售的赤字经营方式,则其征候已明,长痛不如短痛,这时必须选择一最有利的时机,结束这一交易关系。例如:利用其他厂牌大量供货而尚未收款的空当,诱使其提前付款再终止往来,或以最保守的方式往来。

(4)不正常的经营方式。如果经销店不是以正常经营而赚得利益,而是以迂回方式获利,例如:削价转售而换取现金,然后转放高利贷,用这种方式试图谋求高额的利润,等等。这些不正常的经营方式,风险太大,应趁早终止交易关系。

(5)不务正业。有的公司客户经营规模较小,如果再转投资或兼营其他行业(例如,炒股票、炒地皮),在财力和人力上显然较勉强。万一他失败了,则本公司必然成为他倒账的对象。在这种情形下,必须缩减出货量给这家经销店。

(6)私生活不正常。总经理除了应兼具财力、经营管理能力外,更重要的是要投入心力。如果总经理过度沉迷于吃喝嫖赌,则终日不是精神萎靡就是心有旁骛不专心业务,严重的甚至造成家庭纠纷搞得鸡犬不宁,或是债台高筑不得不铤而走险。因此若经销店已经出现这种不合乎经营条件的情况时,就应该缩减出货量,进而终止交易关系。

(7)延期付款。如果某经销店的进货消化速度很快,没有什么库存,但付款却一延再延,则显然其财务结构不良,应小心防患于未然。

(8)会计人员突然离职,不敢再继续做下去。若某经销店财务出问题,则最先惊觉到大势不妙的必然是会计人员。因此,当会计小姐突然离职时,业务员须赶紧追查该会计人员的离职原因,同时从各种角度衡量该经销店财力是否出问题。

(9)仪容不整,精神萎靡。某经销店总经理一向仪容整洁,精神饱满。最近一反常态,突然变得仪容不整,精神萎靡。经查证结果,并无生病事情。此时,业务员就要特别当心是否财务出问题。

(10)风声不良。被同业批评得一无是处的经销店迟早会出问题的。因此,当业务员一听到某经销店有不稳的风声时,必须抢先在别厂牌之前"束货",同时赶紧收款。

(11)突然转变态度,对业务员巴结讨好。某经销店总经理一向趾高气扬,最近突然一反常态,对业务员巴结讨好。此时业务员须调查背后是否隐藏着信用"红灯"的现象。

(12)进货厂商突然大增。此时业务员须注意该经销店是否有恶性倒闭的企图。

(13)总经理经常不在。某经销店总经理突然变得经常不在店中,早出晚归,找不到人。此时,业务员更要增加拜访次数,查出总经理经常不在是否和信用"红灯"有关。

(14)对本公司过分捧场。某经销店一向与本公司交易量不算多,最近却一反常态,对本公司非常捧场,进货量多,连本公司不畅销的产品也大量进货,对品质也不再计较。此时业务员须提高警觉,深入求证是否有发生倒闭的可能。

(15)第六感觉。一位优秀的业务员应时时观察分析周围环境变化,久而久之似乎对环境就有洞烛先机的第六感觉。这种感觉也许是感觉到经销店的产品陈列变得毫无动感，布满灰尘；或者是总经理、会计人员死气沉沉或阴阳怪气。也可能看到完全相反的一面，一向不吭气的总经理却忽然热情豪爽，店内陈列忽然变得夸张显眼。当业务员走入经销店，如果有不祥的第六感觉，必须相信自己的第六感觉。立即暂停出货，赶紧收款，并立刻着手求证。

商训深解

应收的账款不能及时兑现，公司与客户之间就形成了债务关系。这是令所有企业总经理头疼的问题。怎样理顺双方关系、解决债务问题呢？首行必须对债务人的情况有全盘的了解。

产生债务纠纷的五个原因

人不能把金钱带入坟墓，但金钱却可以把人带进坟墓。

——蒙牛乳业有限公司董事长牛根生

一、存在争议

法人作为债务人，因其是为一定的经济目的而存在，因而法人之间的债务纠纷，一般是债权人与债务人之间对债权债务的某一方面存有争议。这种争议可由一方过错而造成，又可因双方过错而造成；也可因一方认识错误而造成。

对此种情况，因债权债务人双方同为一定经济目的，通过摆事实、讲道理、分清是非，一般可以解决，双方协商不成，通过调解仲裁和诉讼，达成协议或裁决一般比较容易执行。处理这类债务，一定要抓紧时间，避免损失过大，否则给解决纠纷造成困难。

二、无力偿还

法人作为债务人，另一种情况，是由于种种原因，已无力偿还。造成无力偿还的原因,有自身的:如经营管理不善、拆东墙补西墙、挥霍浪费、各种经济联合体或私营公司内部发生纠纷等;有外部的:如市场物价变化、国家机构、计划改变、上当受骗等。

这类债务人对债务的心理性态,可分为积极的——即想方设法偿还债务;消极的——即无动于衷,漠然处之。对于积极的债务人,可尽可能地帮助支持,争取债务人早日清偿债务。对消极的债务人应施加压力,尽快采取法律手段,包括提出破产申请。

三、故意拖欠

故意拖欠是指有偿还能力的法人,寻找种种借口,拖延履行义务。在实践中,经常遇到的是债务人声称无履行能力或答应履行,但到期变卦;也有胡搅蛮缠,听起来好像自己不但不应履行义务,反而还受到了损失。故意拖欠还有一种常见的现象,就是推躲不见讨债人员。

这类债务人的心理是:能磨就磨,能拖就拖,能少还就少还,不见棺材不落泪。对故意拖欠者,除了采取强有力的措施使其感到不履行义务对自己的经营活动有影响、对个人在声誉道德方面有损害外,请求国家强制力制裁是最有效的方法。

四、存心赖账

存心赖账,根据其赖账心理形成的时间不同,可分为一开始就准备赖账、在变动过程中有机可乘赖账,或根据讨债者的情况赖账三种。

这三种赖账一般表现为:拒不承认其义务,或强词夺理,吹毛求疵,寻找债权人的缺点,或干脆外逃难寻。一旦发现债务人赖账的动机就要引起高度重视,即请国家机关处理,同时收集必要证据,不给债务人可乘之机。

五、蓄意诈骗

蓄意诈骗,是指诈骗人一开始就以骗取财物为目的。企图利用合同纠纷等合法手段,达到非法目的,对此类债务人,万不能让其抓住债权人讨债要款心切的心理,或与之妥协甚至为其掩盖罪行。这样做的后果,非但不能达到讨回欠款的目的,反而给讨债增加难度,使犯罪分子越发猖獗。

在实际上,债务人境况和心理相当复杂,而且处于不断变化之中,在此难以举例,但需提出的是:当债务主体是公民或公民利用法人名义而实际债务人是公民时,债务人躲藏外逃甚至被关押、判刑的情况屡有发生,给讨债带来了巨大不利,对此,讨债人员的决心和意志就对讨债起重要作用,尽早诉诸国家机关有利于减少损失。

另外,在实际中还遇到债务人死亡的情况,对债务人死亡后债务由谁承担,继承法对此有原则性规定,一般继承人继承其财产的,同时应承担被继承人的债务。继承人放弃继承的,可以不承担被继承人的债务,但是如果债务人生前已将其财产以各种方式交给了第三人,在可能的情况下,法律规定应当返还债权人财产,债权人就应努力追讨。

商训深解

公司应该把客户当成上帝一样敬,同时,还要把客户当"贼"一样的防,时刻关注一切可能引起债务纠纷的异常状况。

别掉进欠贷陷阱

如果你被暴利蒙住了双眼,那么,就免不了掉入陷阱,结果是赔了夫人又折兵。
——上海新新集团总经理张成

在公司创业初期,不要把重心放在怎么融资上,就像阿里巴巴主席马云说的,要假设你融不到一分钱的情况下去做事业,毕竟,白手起家的人多的是。这样假设最大的好处在于,可以避免让创业型总经理陷入借贷陷阱。现实社会中,很多创业者,在找到好的项目之后,便急于弄到启动资金。

现在许多初涉商场的经营者,最苦恼的就是缺乏资金。可是要想办实业,经商做买卖又都离不开资金,没有资金就只能是纸上谈兵。拿出自己多年的积蓄可以,向亲戚朋友借钱也算办法,但这些往往还是凑不够数。向国有银行、集体信用社借贷好是好,就是现在社会上不正之风盛行,兴什么"回扣"、"好处费"、"劳务费",结果算一算实得数和高利贷情况差不多,还得看人家的脸色,报答人家的情。于是,有许多经营者就走向暗中的、地下的、未向社会公开的"高利贷"的门里。钱是拿到了,可以去做买卖,干自己的事业了,可也陷入了陷阱之中。

一说起高利贷,就令人想起《白毛女》中那个可怜巴巴的卖豆腐的杨白劳,想起了沙士比亚的名剧《威尼斯商人》中威尼斯商人在法庭上被逼得一步步无路可走的场景。虽然这些都是剧本里的形象,但现实生活中也确确实实存在还不起高利贷而走投无路的经营者。

记得一位经济管理学家,曾精辟地分析社会经济生活中的一些现象。当提及借高利贷经营时,他这样分析道:一个人想在事业上取得成功,重要的素质是:能够根据自己具有的条件,充分地发挥自己的才能和智慧,不走歪门。而在现在社会,刚刚开始从事小本生意的经营者,在激烈的市场经济竞争面前,由于发家心切,赚钱心切,求财心切,往往头脑发热,为了尽快实现预订目标,往往容易走了"偏门",甚至搞歪门邪道。对于未来的经营者,尤其从社会角度考虑,从方法和技巧上说,如何避免走"偏门",堵塞歪门邪道,必须要精心讲究的。

高利贷,顾名思义,就是以高利运用资金,这可以说是"吸血鬼"的代名词,就是在旧社会也是受到诅咒的,因为它曾使多少人家破人亡,丢掉性命。现在,这样的悲剧也时有所闻。小本经营,特别是刚刚开业的小本生意,赚大利还债的可能性是非常小的。如果借了高利贷得不到预期的利益,除了破产以外,还有什么路好走?因此,以高利贷来发展经营,无异于"饮鸩止渴"。

且莫说高利贷,就是经营者有门路向银行贷款做本钱,也要十分慎重,三思而行。因为没有把握地盲目扩大经营,你赚得的利润是不是能够抵上贷款利息还是一个大问题。现在,在街头巷尾,茶馆酒楼,我们也常常听一些人咒骂银行信贷员是"晴天借伞、雨天收伞",但是,平心静气而论,这能怪银行的信贷员吗?当债主发现借债人无法偿还的时候,前者的心理不是同样的着急吗?

时下,社会上也常听到这样一些情况:一些人辞去公职,纷纷下海,由于缺乏资金,千方百计向银行贷款,甚至不惜向地下的贷款机构借高利贷,但又由于经营不善,生意冷淡,最后关门"大吉"了,接二连三地被债主逼还借款,透不过气来。有的甚至举家出门避债;有的还被几个催债的彪形大汉,打得满身是伤,躺在医院里住院。

实事求是地讲,一个创业者如果真的是一文没有,要想起家也不大可能。做任何生意,办任何实业都必须有最基本的本钱,所以,一个想发家致富的人要办的第一件事就是通过各种途径去筹集所需的起码的资金。经营者借贷开创自己事业的不少,但是,专靠借贷,特别是靠借高利贷来开创你的事业,很有可能使自己背上沉重的包袱,是进"偏门",此门莫入。

商训深解

不管在资金紧张时,还是比较宽裕的时候,都要小心借贷陷阱,否则,吃亏的肯定是你。

如何对付狡猾的欠款人

有些人善用软磨软抗,拉拉扯扯,耗时间能拖则拖,能等则等的方法。无论你怎样着急,怎样发火,他都不会着急,不会与你翻脸,更不会与你打架。相反,他会悠然自得。你越是火冒三丈,他越是气定神闲。

——某些债务人的嘴脸

假如你的信用审查系统存在一些漏网之鱼,下一步你要做的就是请这方面的专业人员来收这些呆账了,最好大家先好好协商,尽量不要伤了和气,尽量不要做出过激的行为,催款时受了气,再想办法出出气,甚至做出过激的行为,此法不可取。如果能有一线希望,都不要与客户撕破脸皮,最终会造成客户会就此赖下去,收款难度加大。通过友好的协商,收回应收款才是上上之策。但是,此时千万不要一错再错,自己扮演起讨账的角色,免得一些局面不好收拾,这是私营公司总经理常常犯的错误。

对大多数的小公司来说,一次次相信不良的经销商的谎言,在拖延的等待中一次次的失望。于是,应收款回款的时间被拖得越久,就越难收回。国外专门负责收款的机构的研究表明,收款的难易程度取决于账龄而不是账款金额,2年以上的欠账只有20%能够收回,而2年以内的欠账80%能够收回。

呆账实在无法讨回时,最好先委托律师事务所来处理。由于是这方面的法律专业人员,律师对付这类狡猾的欠款人有比我们多的手段,相信一纸律师函多多少少对欠款人会有一些震撼力。

"常常,再顽强的客户只要看到我们公司信纸上的标记就软化了",唐恩·布莱德斯崔特(Dram&Bradstreets)商业收账公司的资深副总裁居·奈特(GuyKnight)

说,"这是一种心理现象。债务人看到讨账公司出面了,就了解到,债权人这次是来真的了。通常,只要有这样的表现,就足以令债务人付账了。"

下面包含了这一领域里的专家研拟出来的指导原则,涵盖有利于讨账时采取的步骤:

要当机立断,马上中止对这类经销商供货,特别是针对那些"不供货就不再付款"的威胁,否则,只会越陷越深;

一般来说,超过付款期限3个月以上的账,就要交给律师来处理,而对大多数的呆账来说,90天是一个比较合理的容忍期限;

一旦形成呆账,就要尽早将呆账交给律师处理,就越有机会收回欠款,超过一年以上的债款特别难催讨,是因为其具有许多不利因素。

商训深解

总之,赊销是风险很大的一种交易方式,必须对赊销进行有效的控制。一旦呆账既成事实,对付呆账,总经理心肠就不应该太软,面对那些故意不付款,且赖账的客户,可以考虑动用法律武器,切不可息事宁人、得过且过。

赊账的坏处有哪些

要假设你融不到一分钱的情况下去做事业。

——阿里巴巴集团主席马云

做生意,以现金交易为好,不宜赊销。如果卖出一千元的货是赊销的,不如卖八百元的货是现金交易的好。这里所说的现金交易,包括开户单位和个人利用转账方式进行结算。有许多谚语是说明这一问题的,如:"现有小钱五十,胜过以后大钱一百""隔夜的金子,顶不上当日的铜""立着放债,跪着讨钱""赊出容易,收回艰难""本小利薄,赊欠不得"等。相对而言,做生意卖货,现金交易和赊销,后者较前者利少弊多:一是影响资金周转;二是减少利润;三是不能按时交税;四是讨账占用人力、财力;五是赊出容易,收回困难;六是往往因人事的变动和对方公司的变化,造成呆账、瞎账、乱账,有的可能一分钱也收不回来。有个县供销社,为扶持农民发展副业生产投入几十万元,收不回来。最后收账时,有些农民赖账,有的说:"要钱没有,要命一条,要媳妇还有一个。"这种经济损失给人教训很深刻,不到万不得已不能赊销。商品的买卖在没有形成一套稳定的销售渠道之前,应坚持现金交易,一手钱、一手货,对买卖双方都有好处。

商训深解

犹太商人经商,绝招之一是彻底采取现金主义。他们认定唯有现金才能保障他们的生命和生活,以对抗天灾人祸。做生意说千道万的诀窍,归根结底要讲实际利益。

实用催款技巧

钱只有放在你袋子里才是你的钱,款只有打到你账户里才是你的款。

——催款格言

一、杀一儆百,运用威信收债

在经商的催款活动中,杀一儆百,可树立威信。只有这样,才能使催款活动取得圆满效果。

在催款活动中,具体运用"杀一儆百"这一方法时,需要注意以下几个方面:

第一,明确此计在什么情况下使用。在数量上,当债权人面临的债务人不止一个而是有好些个,而债权人又没必要、没时间精力一一去对付他们时,这时可以考虑使用杀一儆百的方法。当然,这些债务人居住应相对较近,否则就起不到"儆"百的效果了。

第二,选要杀的"一"。选准这个"一"非常必要。选准了,可以起到威慑他人的作用,选择不准,则达不到预期效果。

第三,考虑用什么方法来"杀"。普遍情况下,可以考虑向法院起诉。通过法院来审理和宣判一是具有权威慑力,二是可以通过张榜公告晓谕众人,向其余债务人传递信息。

第四,"杀""一"后,及时反馈信息给其余债务人。一般情况下,其余债务人见"钉子"都被拔掉,都会明白自己也跑不掉,与其也被起诉,不如趁早"还钱"。这样,债权人就有可能只通过一次起诉,就可以使自己的债务人清偿债务。

二、攻心为上,让债务人不战而败

在战争中,最好的办法是展开攻心战,使敌心乱神迷或心服口服,从而达到兵不血刃,不战而胜的目的;高超的战争指导者,善于与敌斗智斗谋,以谋略胜敌,而不是靠蛮勇和强力去制服对手。而在经商催款活动中,灵活运用攻心的策略,也是出奇制胜的一大法宝。

三、釜底抽薪,用狠招讨回欠款

釜底抽薪在军事上是一种从根本上削弱敌方战斗力的策略。在催款活动中,表现为想方设法控制住债务人赖以生存的各种情况,以此要挟对方还债。

在使用这一计时,关键要把握好两点:第一,要善于发现赖账人的"釜底之薪"。这是实行"釜底抽薪"的前提。第二,要善于运用"釜底抽薪"的手段和方法。要针对赖账人"釜底之薪"的具体情况,掌握好火候,不即不离,去选择和运用"抽薪"的手段和方法。只有针对赖账人的要害,采取果断行动,在催款中方能取得事半功倍的效果。

四、擒贼先擒"王",讨债要狠"抓"能拍板的人

射人先射马,擒贼先擒王。意思是说要抓主要矛盾解决问题。经商要债时,若能抓紧拍板的人,才能有的放矢,否则只能是缘木求鱼,不得其法,钱没收到,还得罪了一批人。

五、死缠烂打,催款要给对方施加压力

经商时的"死缠烂打"催款法要求催款人设法缠住债务人,影响他的日常工作,以免他没有还债压力高枕无忧,肆无忌惮,假如债务人众多,不止一家此法则更为实用。

死缠烂打催款兵法的精要之处在于缠,缠后方便集中力量解决债务纠纷,快速

有效地追回欠债。

商训深解

债务人拒绝履行债的义务,一拖二逃的行为是一种违法行为,是我国社会主义法制不容许的。正因为如此,债权人必要时可以诉诸法律程序,请求强制执行。

这样的催款方式要不得

经营要走正道,为人要讲正气,产品要正宗,要讲信誉。
——正泰集团创始人南存辉

讨债行为虽然是受法律保护的,但是同时也受到了法律的约束,就是说讨债人的讨债行为必须不违反国家的法律法规和有关政策,否则,讨债人的讨债行为将会受到法律的惩罚。

在我国当前的经济生活中,大多数讨债人员都能将自己的讨债行为置之于法律的保护之下,都懂得必须在法律允许的范围之内实施讨债行为。但是,却也有极少一部分讨债人员或者是因为缺乏必要的法律知识,或者是讨债心切,总是出现一些违法讨债的现象,采取一些违法手段去讨债,结果不但没有讨到债,反而自己还受到法律的制裁。

根据我们所接触到的一些案例看,在讨债过程中,讨债人员出现违法犯法行为大致有以下这几种情况:

(1)恐吓、绑架、打人等暴力讨债。这些就是现在社会上流传的所谓"黑吃黑"的办法。这种办法有时确实也还能产生效果。但是,讨债人采取这种手段本身就是违法的,是法律所不允许的。一旦出现这种讨债行为,不管结果如何,不管讨债人是否讨回了欠债,法律都会制裁讨债人。所以,讨债人尽管对债务人故意欠债、赖债十分不满,深恶痛绝,也不能采取这种过火行为。

(2)利用金钱诱惑帮助实现讨债目的。这种情况为数并不少,讨债人员为了达到让债务人尽快履行债务的目的,以给债务人或者给其他办事人员一笔好处费、信息费等为手段,刺激债务人或者其他有关人员尽力尽快地帮着催讨、清偿债务。还有的讨债人员在讨债过程中对有关人员请客送礼,甚至出钱请他们出国旅游。以此为手段促使债务人尽快履行债务。这些做法被一些人冠之以舍芝麻而得西瓜。殊不知这种舍芝麻的办法已违犯国家的财经纪律,有的甚至已构成经济犯罪。

(3)利用色情手段讨债。当前很多人都把这种手段视为高招,还美其名曰"充分利用人性的弱点。"不少单位、不少债权人为了达到讨债目的,动员说服、金钱诱惑甚至高压强制一些靓丽、开放的女性对债务人进行色情勾引、诱惑、拖债务人下水,然后以此要挟债务人清偿债务。这种做法严重违背我国社会主义道德原则,败坏我们的社会风气,即使债权人达到了目的,实现了自己的利益,一旦被查出,债权人将受到惩处。

(4)专门选派一些能吵能闹、会撒泼的中年妇女到债务人大本营大吵大闹、撒泼。因为在日常经验当中,人们对泼妇总是畏惧三分的,这种办法虽然谈不上什么违法犯法,可如果撒泼的妇女在又哭又吵又闹的过程中,恶语伤人,债务人也就有了借口将泼妇赶走。

商训深解

以上几种非常手段在讨债实际过程当中往往能起到一些特殊作用。其主要原因就在于大多数债务人都自认为欠债不还没有道理,从而对讨债人的侵权、违法行为只能容忍,而不敢依靠法律,利用法律保护自己的正当的合法的权益。尽管如此,我们坚决反对债权人采取上述违法犯法的手段达到讨债的目的。

第十六章

谈判法则：谈判是一种心理战

谈判一定要有明确目标

切记,谈判的出发点是有所需求。

——美国营销大师西格玛

作为私营公司总经理,随时都要准备生意谈判,如何谈判,如何在谈判中争取利益是至关重要的。

谈判准备阶段的要务之一,就是定出目标。目标的确定,需要在谈判的准备阶段搜集与谈判目标相关的技术与价格资料,同时了解对方的态度和可能发展的趋势。

因此,准备阶段的确定目标对整个谈判的成败起着关键作用。远在你坐在谈判桌之前,那些你所做的以及没做的,就已经决定了你在谈判中的表现。

一、定出你的理想目标

理想目标是个希望得到的目标,即达到此目标,对己方的利益将大有好处,如果未达到,也不至于损害己方利益。

二、重要的是你的终极目标

一家位于苏格兰的小轮胎公司原来一周只开工四天,总经理为了加强产品在市场的竞争力,希望能将工作日为一周开工五日。但是,工会拒绝开会,工会的理想目标是周五不开工。

在漫长的谈判过程中,公司一再声明,如果工会不肯合作的话,公司将可能被迫关闭。看来资方的决心挺大,可工会的决心更大。最后谈判宣告失败,公司亦宣布关闭,工人们都失业了,工会就是因为要追求理想目标而牺牲了终极目标——保住饭碗。

三、最好将谈判目标定得高一些

在谈判过程中，设置高目标的人往往会比设置低目标的人表现得好。不过期望愈高，失望的机会也会愈大，这当然要承担风险。所谓"买卖交易"，当然要靠良好的判断力，做一个周密的评估，评估时应该将目标订得高一点，尽管那样会有一些风险。

商训深解

谈判要想取得成功，首先必须有明确的目标。目标一经确立，就要心无旁骛，集中全部精力，围绕着这个目标与对方谈判。

谈判取得成功的四大妙法

谈判的成功，无非要满足谈判双方的欲望和心理价位。

——商业谈判格言

一、给对方一个好的感觉

谈判正式开始后，双方见面的短暂接触对谈判气氛的形成具有关键性作用。
（1）恰到好处地寒暄。
谈谈大家都有兴趣的话题；
点到为止地谈点私人问题；
与对方开个玩笑，如果你们认识的话。
（2）人可以貌相。
打开你的心灵之窗——眼睛；
适当的手势语言可以化繁为简；
全身放松，动作自然得体。
（3）避免谈判开头的慌张和混乱。

宁肯站着谈判，因为那样会更轻松、更自由、更灵活；

做好充分的准备，战略上藐视敌人，战术上重视敌人；

凝神、坦然地直视对方；

轻快入题。

（4）调整、确定合适的语速。

谈判切忌滔滔不绝，那会给人慌慌张张的感觉；

也不可慢条斯理，倒人胃口；

不要让自己无话可说；

在你说的过程中察言观色，捕捉信息。

二、诙谐幽默

谈判气氛形成后，并不是一成不变的。本来轻松和谐的气氛可以因为双方在实质性问题上的争执而突然变得紧张，甚至剑拔弩张，一步就跨入谈生意破裂的边缘。这时双方面临最急迫的问题不是继续争个"鱼死网破"，而是应尽快缓和这种紧张的气氛。此时诙谐幽默无疑是最好的武器。

三、预期理由引诱法

某机器销售商对其买主说："贵方是我公司的老客户了，因此，对于贵方，我们理当给予优惠照顾。现在我们已获悉，在年底之前，我公司经营的这类设备要涨价。为了不使老朋友在价格上遭受不必要的损失，我方建议假如你方打算订购这批货，要求在半年到一年内交货，就可以趁目前价格尚未上涨之时，在订货合同上将价格条款确定下来，那么这份合同就有保值的作用，不知贵方意下如何？"

如果此时该产品市价确实有可能上涨，那么这番话就很有诱惑力，对方绝对会倾耳细听，并做短暂考虑。

见到买主犹豫不决，这位销售商又补充道，如若此事早日定下来，对于卖方妥善安排投产、确保准时交货是有利的。

买主仍有些踌躇不定。"我们可以随时撤销合同，当然必须提前三个月通知我方对供货另做安排。"销售商又加上一道保险。

此时买主还能说什么呢？便同意签订合同了。

四、投其所好的引诱法

美国商业谈判专家荷伯·科恩在其《人生与谈判》一书中追忆了他在两年前

初次与日本商人谈判时,因缺乏经验被对方击败的情形。

荷伯先生的上司决定派他到日本去谈笔生意。"我太高兴了,兴奋地对自己说:'这可是展现自己才华的一次好机会。命运在召唤我,我要扫清这个障碍,然后向国际进军。'"

"一周之后,我乘上去日本东京的飞机,参加为期14天的谈判。我带了所有关于日本人精神和心理的书籍,一直对自己说'我一定会干好。'"

"飞机在东京着陆了,我小跑着到了舷梯。下面两个日本人迎接我,向我客气地躬身行礼,我喜欢这个。"

"两个日本人帮我通过海关,然后陪同我坐上一辆大型豪华卧车。我舒服地倚在绵绒座背上,他们则笔直地坐在两张折叠椅上。我大大咧咧地说:'你们为什么不跟我一样,后面有的是地方。'"

"'噢,您是重要人物,显然您需要休息。'我又喜欢这个。"

"在途中,其中一位主人问道:"请问您懂日语吗?""

"不懂,不过我打算学几句,我还带来了字典。"

"他的同伴又问我:'您是否关心您返回去的乘机时间?我可以安排车子去送您。'"

"我心里想,多能体贴人呀。"

"我从口袋里掏出返程机票给他们看,好让他们知道什么时候送我回机场。当时我并不知道他们就此知道了我的截止期,而我却不知道他们的截止期。"

"以后的日子里,他们没有立即谈判,而是先让我领略了一下日本的文化。我的旅游花了整整一周时间。"

"每当我要求谈判时,他们就说:'有的是时间,有的是时间。'每晚有四个小时,他们让我坐在硬木板铺上进行晚餐和欣赏节目。你能想到在硬木板上蹭这么久是什么滋味。如果你没蹭出痔疮的话,你是永远也找不到他们的。而每当我要求谈判时,他们就说:'有的是时间。'"

"到了第12天,谈判总算开始了,但又提前结束了,为的是去打高尔夫球。第13天开始了,又提前结束,因为要举行告别宴会。最后的一天,我们恢复了认真的谈判。正当我们深入到问题的核心时,卧车开来接我去机场。我们全部挤入车里,继续谈判。"

荷伯·科恩以惨败而告终。由于日本人知道了他谈判的截止时间,先搞好公共关系,投其所好,而把正式谈判压缩到仅一天时间,给他造成很大时间压力,他为完成上司的任务而不得不草草签订协议。

商训深解

谈判不是打嘴仗,而是比拼心理。为了达到自己的谈判目的,总经理就应该掌握一些谈判技巧,使自己在与对方的较量、周旋中占据上风。

商业谈判应该学会适当让步

· 妥协,在谈判上并非是失败的表现。

——本田汽车创始人本田宗一郎

假如你是个业务员,你的上司指示你在与客户谈判时不能做出任何让步,同时还要你尽可能做到让客户满意的程度。这项指示乍听之下,简直是天方夜谭,但是真正做起来,也并非不能。

以下这些方法,你可以一试:

(1)专心聆听对方的谈话。

(2)尽可能向对方提供合理的解释。

(3)你所说的话,要能够得到证明。

(4)尽量拉长谈话的时间,别怕谈话内容重复。

(5)对客户礼貌周到,态度良好。

(6)让客户意识到,他所受的待遇是很高的待遇。

(7)反复不断地向客户说明,他绝对可以信赖这笔生意所提供的永久保证。

(8)向客户询问,为什么其他买主也做了同样的选择。

(9)让客户自己查明某些事情。

(10)如果日后有任何事情需要处理,你绝对负责到底。

(11)要你们公司的新管理人出面向客户提供有关商品品质及服务方面的保证。

(12)向客户提供这些商品或市场的情报资讯。

在《威尼斯商人》一剧中,莎士比亚曾写道:"一分代价,一分满意。"的确,恰到好处地让步确实有助于提升客户对你的满意程度。

到底有没有所谓"理想的让步模式"呢?从资料上看,也可以找出一些佐证。下面几点值得注意:

(1)提出极少条件的买家要比完全不提条件的买家来得有利。

(2)假若买家出手阔绰、大举让步,这会刺激卖方对谈判的期望值。

(3)假若卖方对谈判期望值不高,那实际结果也会如此。

(4)每次以小幅度让步的人较为有利。

(5)在主要议题上率先做出让步的人八成会是输家。

(6)最后期限会迫使双方不得不迅速做出决定、达成协议。

(7)仓促的谈判,对买卖双方都不是好事。

(8)在谈判中,你做出了一次最大的让步,你便占不到便宜。

(9)给自己留够谈判空间。如果你是卖方,尽可把售价提高;如果你是买方,尽可能把开价压低。但是事先应替自己想好"定价"的理由。

(10)先让对方提出要求,把他的要求放到桌面上,至于自己的条件可暂且不表露。

(11)促使对方先在主要议题上做出让步,而你则先在次要议题上做些让步。

(12)尽可能满足对方提出的要求,谁也不愿意一无所获全盘皆输。

(13)不要过早做出让步,因为让对方等待的时间愈长,他就愈会珍惜。

(14)不要报复性地让步,如果对方出价60,你出40,对方说:"咱们把差价分了吧!"你完全可以回答:"我负担不起。"

(15)每次让步,必须有所得。

(16)看清没有损失的话,可以让步。

(17)记住:"我会考虑"也是一种让步。

(18)搞不到一顿晚饭,搞到一个三明治也好;搞不到一个三明治,搞到一句承诺也行,承诺是打了折扣的让步。

(19)不要拿钱开玩笑,每个让步都有可能损失掉一大笔钱。

(20)很多人都有不好意思开口说不的短处。事实上,如果你不断地说不,别人就会相信你是认真的。

(21)不要因让步而乱了阵脚。

(22)已经做的让步还是可以收回的,毕竟谈判最后所达成的协议才是结果,而非中途的一点共识。

(23)不要让步太早或太甚,这样会助长对方的气焰,因此,要特别小心你让步的数量、比例,以及转变的程度。

商训深解

卖方对买方所做让步会有怎样的反应,主要在于让步的情况。如果让步的幅度一下子很大,未见得能令买方完全满意,反而会使对方提出更进一步的要求。总之,我们所说的话、所表现的行为都有可能影响对方的语言、行为,反之亦然,这是一种连锁性反应。

因此,卖方在做出让步之前,应当先自问:"如果我做此让步,那我下一步该怎么办,还有,对方会采取什么行动呢?"这样的话,就可以帮助你从对方的角度分析让步可能造成的后果。

必须学会讨价还价

讨价还价不仅是业务员应该具备的本事,也应该是总经理必须具有的谈判智慧。

——商务谈判专家李可

抬高底价的做法是否道德,要看它是在何时、为何原因,以及怎样使用而定。不管你是买方还是卖方,如果你不希望自己的利益减少,你都应该了解一下这种技巧。

所谓不道德的情况大抵是这样:买卖双方已经谈定了价钱,第二天,卖方突然变卦,抬高价格。买方气愤之余,也只能与卖方再度商议,结果成交价比"原定价"要高得多。这样的伎俩不单卖方常用,买方也常常这样反向做。

又举例,如果你想卖一部车,开价15万元,有人前来和你商议,一阵讨价还价之后,你勉强同意以13万元成交,于是买方留下1万元定金。第二天,他带来一张支票取车,但支票面额却是11万元,而不是12万元,他满面乞求地向你解释,他就只能凑到这么多。你没有办法,只好接受他的条件。

做出一个决定并不容易,所以,一旦做出决定,你就会自己说服自己,认为这个决定是正确的。特别是当你把决定告诉周围的人之后,你更没有办法改变决定,或者你必须再花同样的时间和精力,去做另一场交涉。

谈判双方没有任何一方能确知,他们到底能占到多少便宜,总的来说,讨价还价的时间愈长,愈有可能得到令人满意的结果。

抬高底价的作用远比一般人的想象来得高,因此,在生意场合,即使在合约上签了字,仍有人无所顾忌地运用这种策略。而对付这种策略最好的方法,就是彻底弄清它为什么奏效。这将在下面的章节中讨论。

如何防范对手抬高底价?请参考以下建议:

(1)迫使对方亮底牌。也许他跟你一样都不愿意把时间耗费在讨价还价上。

(2)尽可能争取较大数额的定金。如果你是要卖房子或是卖车子,那你最好要求买主付出一笔定金。

(3)多找一些高阶层人士来参与合约签订。监督的人越多,事后后悔、抬高底价的机会越少。

(4)改变你所提的要求,反将对方一军。

(5)召开管理员会议,给自己一些时间思考问题。

(6)不要不好意思,在签订合约之前要向对方问清楚,以后还会不会抬高价钱。

(7)慎重考虑,要是真的谈不下去,掉头就走。

防范措施要根据情况来决定,所以你要弄清楚,有意抬高底价的人知不知道你在做什么,并不断试探他的底价,没准你会发现,他所要付出的代价比你的还要高呢!

商训深解

讨价还价是谈判中一项重要的内容,一个优秀的谈判者不仅要掌握谈判的基本原则和方法,还要学会熟练地运用讨价还价的策略与技巧,这是促成谈判成功的保证。

谈判要善用"拖"字诀

进行商业谈判,当你不知道该如何进行决定时,"拖"就是最好的方法。

——商业格言

在商务谈判中,暂停并不代表失败,而是在考验生意双方的决心和毅力,给彼此一个软化态度的机会;尤其是在双方都找到了台阶可下时,更是愿意互相妥协,做出让步,以谋求更满意的结果。

当然,暂停也有风险。有的心结就很难打开,有些僵局就无法突破,"暂"字没有用场,就只有真的喊"停"了。

很少有人会拒绝让对方作一次自己人之间的私下交谈。贸易洽谈进行了一段时间以后,可以暂停五至十分钟。在这期间,双方走出紧张的氛围,回顾一下洽谈的进展情况,重新考虑自己在谈生意中的地位,或者清醒一下头脑再进入商讨,这都很有必要。

在整个谈判过程中,人的注意力总是在谈判开始时和快结束时高度集中,谈判之初大家精力十分充沛,但不会持续多长时间,这时候提出暂停的建议是会得到对方积极响应的。暂停是有积极意义的,它使双方有机会重新计划甚至提出新的设想和方案,可以使双方在新的气氛下重新坐到一起,精力和注意力也能再次集中起来。

值得注意的是,如果你想用这种方式来取得进展的话,那么首先你必须确认在你愿意从你方立场上松动一下的情况下,对方是否也愿意从他们的立场上松动。如果不是这样的话,你将发现对方之力量有所增强,你则因为让步而大败而归。因此,在你提出暂停时,你必须确知对方已经保证在复会时将有所动作。不要怕喊暂停,关键时刻该喊就喊,并毫不迟疑!

买主和卖主并不总是想通过谈判来达成协议。有些谈判是要抢先于对方做出决定或拖延对方对己方不希望有的行动。

有些买主主动去与一家卖主谈生意,仅仅是想先占住他的库存,与此同时再到别处寻找更低的价格。一些已经在时间——材料或者成本——加价基础上做工作的卖主，有意拖延达成固定价格协议，因为他们知道以后签约更有利。外交谈判也常常是为了掩盖一次预谋的进攻，或者是为了转移对军队集结的注意力。

"不想成交"的谈判是讨价还价的一部分。尽管常常是不道德的，但也不总是这样。下面是一些能利用这一战术实现目的的情况：

（1）用以影响别处的谈判。

（2）为后来真正会谈打下基础。

（3）为别的人打下基础。

（4）占用产量或库存。

（5）搜寻信息。

（6）拖延不希望有的决定或行动。

（7）边谈边寻找其他方案。

（8）拖延时间以便让公众或第三方参与。

（9）表示妥协的愿望（有时根本没有这样的妥协）。

（10）在摸清基本意思后迫使冲突进入仲裁。

（11）转移注意力。

商训深解

谈判者要想在谈判桌上取得成功，就必须安下心来，不急于求成，善用时间，掌握暂停的策略。因为，它能测出谈判对手对此的耐力和意志。但一般人对暂停却避之唯恐不及，好像很害怕似的，这实在很不应该。

如何面对谈判中的僵局

保持冷静的头脑，谈判桌上切莫发脾气。

——台塑集团创始人王永庆

谈判一旦陷入僵局，对那些急性子的谈判者来说绝对是致命的！因此可以说，僵持战术是专门为急性子的谈判者而设计的。原因是谈判只要陷入僵局,时间会无限制地延长,根本看不到结束的可能——这对那些妄想一鼓作气的谈判者无异于当头一棒!

一、僵持是成败的开始

僵持是谈判中最有力的战术之一,几乎没有什么东西能像它那样更有效地考验对方的力量和决心。而且大多数人都像躲避瘟疫一样躲避僵局,他们害怕它。

有心理学家把僵持比作疏远。他告诉我们,人最害怕的事情之一是与别人隔离开来。人们为了避免破坏宝贵的关系而付出极大的努力,实验好像也证实人们宁可歪曲事实,也不愿与同辈人有分歧。疏远和僵持都令人不快。

每一个人都在某些时候遇到过僵持,我们都体会到它是如何的不舒服。当我们开始一个希望达成协议的谈判时,僵局所留给我们的是一种失败的感觉,我们容易失去信心并对自己的判断产生疑问。"我们还应该通过其他方式来说些什么或做些什么吗?""还有些什么别的让步应该采取吗?""我们新管理人会怎样看待这次僵持?""我们应该接受最后那次报价吗?""这种僵持会对我们的声誉带来影响吗?"诸如此类的问题在折磨着双方。

难怪商人们都怕僵局,特别是当他们在为一个大公司做事时更是这样。事实上一项坏的交易也比僵局容易向公司解释。如果把你自己放在买方或者放在推销员的地位,则很容易看出僵持并不对他们个人有利。承担风险或者多做些额外的工作不值得,从个人立场上看,它常常像是个愚蠢的举动。

僵持仅仅是谈判战术中的一个。它也像任何其他方案一样值得考虑,但它不总是合适的,也就像任何其他战术不总是合适的一样。没有管理背景的谈判人员会对僵持持犹豫态度,甚至该僵持时都不敢僵持。愿意敞开思想仔细考虑僵持问题的新管理人,肯定能改进他的工作。

僵持之所以有力量,在于它对双方产生的作用,它是对他们的决心和力量的严峻考验。僵局之后,买方和卖方都会被软化。双方都更愿意相互妥协,特别是能找到一个保全面子的方法时更是这样。那些愿意去试一试僵持的人,会获得较好的结果。不过,正像我们大家都懂得的那样,僵持确实包含着风险,僵局不能被解开,他们在"死"这个字眼上停止。

面对僵局,不要着急,要能忍!

二、利用僵局达到目的

那些有耐心的谈判者,面对僵局并不害怕,虽然僵局多多少少对他们也会有一定影响,但显然要少得多。相反,聪明的谈判者还可以利用僵局,向被僵局搞得心慌意乱的谈判对手施加压力。

在商业谈判中,双方都希望能顺利地和对方达成协议,完成交易。但好事多磨,当遇到僵局时,如何应付它,利用它,使它变成争取成功的转机,就成为一个不可忽视的问题。

虽然人人都不喜欢僵局,但是别忘了,你的目的是为了通过谈判取得利益,取得谈判的成功,至于采用什么方式,就需随机应变了,当利用僵局有助于达到目的时,你倒不妨放开胆子一试了。

那些在僵局中的人容易产生沮丧的心情,出现人性软弱的一面,动摇信心,甚至怀疑自己的判断能力,这是谈判者的大忌。而且这种时刻,别的竞争者只要再做点让步,就会抢走你的生意,于是僵局给予双方的压力就更大了。

在出现僵局的情况下,往往更能试探出对方的决心和诚意。

假如你冷静地判断对方是确有诚意要促成此交易并是希望打破僵局的,那么你就可以适当采取一些积极的行动,稍作一点让步,抑或只是形式上的让步,都可以使对方看到你的诚意,情况就往往会出现转机,使对方的态度明显缓解。但要注意,假如你发现这僵局有可能是对方故意制造的,你稍作一丝让步便可以成为一个试探气球,如对方仍不松口,这时候你最好也能坚持下去,打他个持久战。

僵局如同其他战略一样,也是需要各方配合的,在没有上级支持的情况下,即使这种战略有效,谈判者也往往不愿冒这个险,因为坏合同也比僵局易于向上级交差。所以上级决策层应授命他的谈生意人员使用这种战略,提供他合作和耐心,使他能够利用僵局而获胜。更重要的是让谈判者知道,绝不会因僵局的出现而引起对他商业谈判能力的怀疑。

但总的说来,对僵局的利用仍是一种置之死地而后生的策略,过于冒险。一旦僵局就此僵住,怎样也打不开,就只好宣布谈判失败了。这恐怕是任何一方谈判者都不愿看到的结果。

只有善于利用僵局、把握僵局的人,才能最后胜出!

三、突破僵局 14 法

面对僵局和来自对手的咄咄逼人的压力,急性子的谈判者要想扭转局面,反败为胜,唯一的办法就是想办法打破僵局,使时间重新"动"起来!

许多谈判是因错误的原因而中断的。僵持本身并没有错。卖主有理由因价格太低而不与某人做交易,买主喜欢把僵持作为一种战术来达到他的目的。这都无可厚非。我们关心的是如何才能打破我们所不想有的僵局。

以下14种策略可以避开或打破僵局:

①改变收款的方式。较高的预付金,较短的支付期,甚至在总金额不变的情况下,采用另一种不同的现金流动,也会产生奇妙的结果;

②更换谈判小组成员或小组的新管理人;

③变更不确定因素的时间顺序。例如把协议中的某个困难部分推迟到晚些时再进行谈判,那时已了解了更多的信息;

④善于共担风险。有分摊未知损失和收益的愿望,能够继续一场拖延下来的讨论;

⑤改变实施的时间进度;

⑥提出妥协的程序或保证来打破僵局;

⑦把讨价还价的重点从竞争转向合作。让双方工程师、操作人员以及管理人接触;

⑧改变合同的种类;

⑨改变百分比的基数。一个较大基数的较小百分数或者一个较小基数的较大百分数可以使事情沿轨道继续进行下去;

⑩找一个调解的人;

⑪安排一次最高级会议或打一个"热线"电话;

⑫增加真的或显而易见的选择。提供未必能采用的选择可能缓解紧张形势,以利交易的进行;

⑬对技术规格或条件做些变动;

⑭设立一个联合研究委员会;

商训深解

谈判的中断不总是由震惊世界的举动或者什么大的经济问题而引起的。像人的个性差异、怕丢面子、组织中的麻烦、与管理人的关系不佳、或者全然无力做出决定这类小事都会致谈判中断。在设法打破僵局时必须考虑人的因素。不是说你要做什么,而是你怎样去做,这也许是最关键的。

打破僵局很可能牵一发而动全身,所以必须慎之又慎!

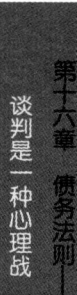

第十六章 债务法则——谈判是一种心理战

巧妙收场的诀窍

> 谈判的最好结果是双方均是赢家。
>
> ——中国第一谈判专家高锋

买卖双方谈判,谈到什么地步可以告一段落了呢?按理说应该是彼此都认为对方已经没有可能再让步,继续努力已无济于事,因此,不再需要对方的任何信息,就到了最后决定的时刻了。

下最后决定,可能凭借的是事实或者直觉判断,总之又与宗旨无关,重要的是谈判双方对谈判的期望,以及结束谈判后的事宜。

以下提供11项技巧:

(1)表现出对"结束谈生意"的积极态度,反复询问对方:"既然我们对所有的问题都已达成共识,何不现在就签署协议呢?"

(2)在要求结束谈判时,话不必过多,以免忽略了对方的反应,同时,话太多也会让对方觉得你紧张或是情绪不稳定。

(3)反复询问对方,影响达成协议的问题何在。或许在对方的回答里,你能够找到解决困境的线索。

(4)反复告诉对方,达成协议是很明智的抉择。尽量把理由说得堂堂正正一点。

(5)不妨假定谈判已经达成协议。如果你是买方,准备一支笔记下协议要点,并询问对方支票开具的日期;如果你是卖方,询问买家货物该送往什么地方。

(6)和对方商量协议的具体内容,例如遣词用字、运送方式,以示该谈判已在主要议题和价格上达成共识。

(7)以行动表示。业务人员开始填写订单,买方则给卖方购货凭证,并相互握手。行动可具体表达你对达成协议的诚意。

(8)强调如果达不成协议的话,可能带来一些损失。有些人可能对得到什么无动于衷,但却非常在意失去什么。如果你是买方,你可以告诉对方,你提供这么优厚的条件,这已经超越了你的权限,所以如果对方不马上决定的话,等一会你的新管理人来了,可能就没有什么话好说了,而且,老实说,还有很多人在排队等着这个千载难逢的机会呢!

（9）提供一项特别的优惠,诱使对方尽早结束谈判。比方说赠送折价券,允许分期付款,提供设备,等等。

（10）以讲故事的方式告诉对方,某某人就是因为错失达成协议的机会,使自己陷入痛苦的境地,从反面衬托出双方成交是桩很值得的事情。

（11）除非屡遭拒绝,否则不要随便放弃。有一位颇富名气的共同基金营业员曾经对人说过,他总是在被别人拒绝七次以后,才宣告放弃。

商训深解

好的开始是成功的一半,而真正决定你是否成功的,则是好的结束。

迅速达成协议的技巧

不要浪费您的时间,与没有实权的人进行谈判。

——谈判格言

谈判的双方,都希望能够迅速地达成协议。迅速达成协议要把握下列要点:

（1）协议要包括对方的目的,并为对方所接受。一个协议的签订,不仅包含一方所要达到的目的,而且要包含对方需要达到的目的。影响协议迅速达成的第一个障碍,是把对方谈判的目的看成是"对方的事",因而置对方的要求和利益于不顾。

此种观点最容易妨碍协议达成。如果希望协议迅速达成,就要抛开单方面考虑自己利益的狭隘思想,从对方的立场去考虑对方的利益,提出足以令对方心动和满意的方案,使他们容易进行抉择,谈判就能够迅速成功。

（2）协助谈判对手获得签订协议的新理由。购销业务的最高决策虽然由高层领导决定,但直接坐到谈判桌边的却是谈判的代表——供销员,而不是某个经理或董事长,或者是所有的员工。因此,要设法使谈判代表找到迅速签订协议的理由。这个理由不是一般性的。应该是能够支持迅速达成协议的新理由。当谈判代表感觉到已经掌握了足够的新理由去说服经理和董事长的时候。他就愿意在协议上迅速签字。例如,经理估计在未来时间内彩色电视机将在农村畅销,但什么时候出现这种情况却把握不准。如果一方提示谈判代表,该地区将设立微波站,不久还有卫星传播电视节目,这个新消息将给谈判代表一个新理由,用以说服他的领导者,从而推动协议迅速签订。

足以使谈判代表获得新理由的内容极其广泛,包括各种各样的信息、新的理论、新的政策法令和规定、新的管理办法、新的营业方式,等等。谈判一方的任务是为对方找到新理由,首先使他信服,并加强他说服的分量,使他转而去说服他人。

(3)从对方熟悉的、已有经验的问题开始。人们对自己熟悉和已有的经验往往十分重视,决定的问题经常用它来做参照的标准。在谈判当中,一旦遇到他熟悉的条款,便能根据过去的经验迅速作出决定。因此,在谈判之前,尽可能了解谈判对手过去的谈判经历、决定问题的习惯、爱好、对问题的理解能力等,自然是很必要的。从最容易解决的条款入手,有助于增加谈判的信心,有助于解决更复杂更棘手的问题。

(4)不要留出更多的谈判空间。谈判时要注意成效,务必把注意力放在具有决定性的内容上,无须留下过多的讨价还价的余地。例如,一匹能跳过高栅栏的马,就不要再加高栅栏,不要待到跳不过去时再把它降下来。如果你的产品定价1元已经得到满意的利润,就不要开价1元5角,待到买方还价8角,然后请他"再往前走一步",以1元的价格成交。这种做法并不是聪明的。制定协议条款不要太苛刻,努力作出实质性的决定,减少讨价还价所浪费的时间和精力。

(5)多拟几个协议方案。在谈判中多拟订几个不同目标的方案,几种不同的执行办法。这不仅是科学决策的要求,而且也是迅速达成协议的需要。有了这些方案,就可以将其分为"主要达成"和"次要达成"两种。当前者很难达成协议,可以选考虑较少的、程度较浅的次要协议。次要协议的解决,将有助于主要协议的解决。

主要协议和次要协议的区别有以下4点:

(1)全面性的与局部性的;

(2)实质性的与程序性的;

(3)永久性的与临时性的;

(4)有约束条件的与松散的。

在协议难于达成时,不仅可以考虑改变协议的强度,甚至可以改变协议的范围。

商训深解

除了上面所说的几点外,在谈判过程中,根据实际情况及时地拟订另外的方案,并非为时过晚,这种情况应该视为正常现象,有利于协议迅速签订。

说服对手的三大绝招

一个人的实质,不在于他向你显露的那一面,而在于他所不能向你显露的那一面。因此,如果你想说服他,就不要去听他说出的话,而是要去分析他没有说出的话。

——黎巴嫩著名作家纪伯伦

一、用共同利益说服对手

在买卖双方各有自己利益的前提下,谈判双方因意见相左,互相猜疑,而影响谈判和达成协议,这是常见的事。要使谈判获得成功,就要说服对方。或者是你赞成我的意见,或者是我赞成你的观点。签定协议总是不能在各持己见、僵持不下的局面中实现的。然而,在利益冲突的事实面前,说服工作乃是一件艰苦的差事。

当谈判一方怀疑自己的利益受到不公正的待遇或者受到损害的时候,千万别去攻击对方的立场。因为维护己方的利益乃是谈判代表的职责,无可非议。重要的是用共同利益说服对方,使对方明白,谈判成功并不是一方获得利益,另外一方受到损害,而是双方共同得到利益;反之,谈判假若失败,则双方都受到损害。

找到共同的利益所在,说服工作也就找到了根据。

二、用谦虚态度听取反对意见

每次谈判都有令人满意和不满意的因素,双方总会有一些需要克服的反对意见。只有用正当的理由,说服对方,谈判才会取得成功。

应付反对意见,并最后说服对方同意你的观点,这是谈判中一场极端艰苦的事情。这里要把两种情况区别开,采取不同的方法。

(1)假若对方的意见是针对你的产品或服务中的缺点,这就不要多解释,要倾听这些意见,显示出你了解他们所说的内容,并切实地改进这些缺点。虚心听取意见的办法,是无声的说服力量,使对方最终同意你的观点,并在合同上签字。

(2)假若是利益协调的问题,在虚心听取意见之后,可以搜集更多的直观资料,让对方充分了解实际情况。用资料去说服对方,比千言万语更有力量。

听取反对意见,不是无原则地迁就,而是表现出改进工作的诚意,反映不断提高工作水平的要求。

三、说服技巧的使用

谈判中常有许多容易说服对方达成协议的因素,也有一些难于说服的因素,影响谈判的成功。所以要使用说服技巧,帮助谈判者取得成功。主要做法如下:

①在谈判开始时,首先选择容易统一观点的问题进行谈判,促使达成协议。然后再讨论容易引起争论的问题。

②如果有两个信息传给对方,应该先传递能引起对方好奇并感兴趣的信息,这个信息不能带有威胁性,否则对方就不能接受了。

③伺机传递信息给对方,影响对方的观点,进而影响谈判的结果。

④若能巧妙地把已解决和未解决的问题放在一起讨论,较有希望说服对方,从而达成协议。

⑤强调彼此双方处境相同,比强调双方彼此处境相异,更能说服对方,消除意见分歧。

⑥说明一个问题的两面,比仅仅说出一面,更能说服对方。

⑦探索对方的期望,并把已方的期望传递过去,就有希望使认识一致。

⑧重复地说明一个消息,让对方完整而深入地了解,容易为对方所接受。

■商训深解■

在谈判中会经常出现各种不同的甚至对立的观点,说服对方,实质上是使他赞成你的观点。如果把这件工作做好,谈判就会得到成功。

开场白的表达方式

学会推销自己,也是一种谈判艺术的表现。

——谈判格言

开场白表达的方式有以下三种:

(1)开门见山。直接把自己的设想毫不掩饰地端出来,让对方一听就明白。例如:"×先生,我有一个设想,现在已进入秋季,在你那里搞电热褥展销,可以替你今后的销售带来有利条件。"或者:"你能买我公司的电热褥,将增加你公司的畅销商品。"这些话一开始就概述了双方的利益,容易引起对方的兴趣。

(2)迂回方式。用第三者的反映来表达自己的观点。例如,"我听百货公司王采购员说,他们今年增加电热褥的经营,仅此一项,营业额上升了10%。"或者,"百货商店的供销员上周又在我公司购走了1000条电热褥,他说,这是现在的畅销货"。

(3)询问方式。例如,"许多商店在我公司购买电热褥,有的选择价格便宜的,有的选择质量优良耐用的,有的着眼于面料因素,请问贵公司认为哪一项最重要",这类开场白虽没有接触到关键性的问题,但却有了个好的开头。

上述三种开场白方式哪一种最好,这就要看谈判对手的具体情况。一般来说,如果能在开场白中说出与谈判对手投合的话,将引起对方极大的注意和兴趣。另外,如果能说出对手没有看见或听见过的具创新意义的见解,补充他的知识领域,增强他的信心和耐心,使他考虑面临的新局面,将使谈判在融洽气氛中迅速开展。

商训深解

谈判者在谈判桌边就坐之后,要有一套简洁而有启发力的开场白,引起对方的兴趣,使谈判者的怀疑心理和紧张的空气消去一大半,这有利于谈判的进行。

第十七章

危机法则：危机就是转机

危机时,对该解雇的人不能手软

21世纪,没有危机感是最大的危机。
——哈佛商学院教授理查德·帕斯卡尔

当公司面临重大危机时,总经理必须压缩开支和精简机构,这时,进行裁员是难免的,对于公司一些碌碌无为的人只有让他们另寻高就。

当然,解雇员工是痛苦的,但又是非常必要的,若是解雇背叛公司的人还好说,怕就怕解雇那些不是太称职的人或者一些老职员,这就需要勇气和谨慎。

机会要选择适当。如果想解雇他,应该选择对公司最为有利的时机。以便更大限度地减少解雇他所给公司职工带来的震动和对公司带来的伤害。

对付想跳槽的员工,最好的办法是由他提出辞呈,让他体面地离开公司,这要比管理人直接下逐客令好。

让别人来"聘用"他。有的公司碍于当时聘用人的后台关系,或其他难以言明的因素,不便直接下令让某人离开公司,总是说服别的公司接收此人,并让这家公司主动找该人联系工作。

为解雇的职工找到合适的位置:有些职工虽然肯干诚实,但是碍于自身文化水平较低、适应能力弱等原因,不太适合公司业务发展需要。把他调到另一个适合他的工作岗位上去,或许到了那个岗位,他会干得更好。

果断处置解雇决不手软。对任何公司的总经理来说,开除或解雇员工,总是一件令人不快的事,因为这或多或少地反映了公司存在的某些缺陷或不足之处。但是如果解雇的是一个存在一天,对公司就为害无穷的"捣乱分子",则没有一点值得留恋的。

商训深解

公司面临危机时,裁员是提高效率、降低成本的最佳方法,裁员不一定能度过危机,但至少可以减轻公司的负担,同时也可以避免造成不必要的浪费。

居安思危,总经理一定要有危机意识

> 一个伟大的企业,对待成就永远都要战战兢兢,如覆薄冰。
> ——海尔集团总裁张瑞敏

1935年,日本索尼公司试制成功了第一代晶体管收音机。这种收音机体积虽小,但与原来社会上通用的笨重的真空管收音机相比,性能却大大提高了,而且也非常实用。考虑到日本是个资源小国,而且市场容量也不大,所以产品只有出口才能有所作为。公司创始人盛田昭夫决定把新产品首攻地选在美国这个大市场。经过艰难的推销工作,新产品在美国的订单渐渐多了起来。

让人大为惊喜的是,有一天突然冒出一位客商,居然一次要订10万台晶体管收音机。10万,这在当时近似天文数字。10万台订货的利润足以维持索尼公司好几年的正常生产。全公司的职员无不为此欢欣鼓舞,都希望给这位客商以优惠,尽快订下合同。

不料公司总部突然宣布了一条几乎是拒绝大客商订货的奇异价格"曲线":订货5000台者,按原定价格;订货1万台者,价格最低,订货过1万台者,价格逐渐升高,如果订货10万台,那么只能按照打算为此而破产的人才肯出的价格来订合同。

如此奇异的价格"曲线"令公司职员及客商大为不解。因为按照常规,总是订货越多,价格也就越低。

什么原因呢?

盛田昭夫后来向高级职员们透露了他"着眼将来,力避后患"之计,当时索尼公司的年产量还远远不及10万台这个数字。如果接受这批订货,那么生产规模就必须成倍地扩大。可是如果公司筹款扩大生产规模以后,再也没有现在这样突然降临的大批量订货,那么结局只能是使刚刚起步的公司马上破产。

订货越多,单价就越低,就一般情况而言是成功的、完善的方案。以此方案订下10万台合同也足以使索尼公司在短时间内在大踏步地前进一步。但从公司的长远发展而言,由于盲目投资、盲目扩大生产规模而造成的生产不稳定、忽上忽下甚至公司倒闭的后患也就在不知不觉中埋下了。公司所制定的价格"曲线",旨在引导订户接受对双方都有利的1万台计货数量。为避将来后患,公司目前最需要的就是订1万台左右的客户。

由此可见,总经理要把私营公司做大做强,首先就是要建立危机意识。

若是没有危机意识,就会难以控制公司的发展,易于翻跟斗,而公司当然更不会进步。

所谓"生于忧患,死于安乐"就是这个意思。

商训深解

一个合格的商人,必须时刻保有一种危机感,这样才不会被市场所抛弃,才会永远处于行业发展的前列。

发现隐患要立刻消除

预防是解决危机的最好方法。

——英国危机管理专家迈克尔·里杰斯特

2002年春,深圳某公司招来了一批新员工,这批员工都来自武汉市名牌高校,共同的特点是学历高、有专长,大都是技术和管理骨干。然而,上班没几天,就有两位年轻人辞职回原籍了,这件事宛如投下一枚炸弹,让不少一同来的员工忐忑不安。

该公司副经理,也就是经理的夫人,敏锐地觉察到了这一潜在的危机,当即决定在第二天晚饭后召开员工会议,尽快解决这一问题。参加会议的除她本人外,还有公司的另一位高层薛小姐,一位从打工妹一步步升上来的部门经理,而最妙的是这位副经理利用老乡观念,让这批武汉人中的一位任行政工作的刘小姐主持会议,自己则坐在一旁。刘小姐作为副经理的代言人,在讲话中一再转述副经理的意思,如"副经理要我转告大家……"云云。这种委婉的方式营造了一个和缓轻松的氛围。副经理通过这种间接方式,要大家注意保重身体,对公司不要有顾虑,并一再

表明公司诚恳希望大家能安心工作,有问题可以提出来。然后,她又嘉奖了一名姓赵的员工,由于他工作态度好,表现出色,提前将其转正并加薪。之后,薛小姐接着以自己为例发言,极力赞扬公司的正规化和总经理的人情味。最后副经理趁热打铁,代表公司说明两位员工辞职的真相是因为他们自己的实际能力与申请到的职位不符。她又表示各位员工如在工作上还有顾虑,可以在明天与经理私下说,公司会予以调整,总之,请大家安心工作,视公司为家。

散会后,副经理问大家:"还有什么不妥吗?"大家齐声说:"没有!"又问:"大家还想回去吗?如果下了决心在这儿干的,请举手!"顿时大家齐刷刷地举起双手。就这样,这位副经理用她敏锐的观察力、过人的智慧、有情有义的劝说有效地防范了可能导致公司业务停顿、人心涣散的隐患。

上面这个案例向我们阐述了这样一个道理:世上万物都不可能孤立存在,相互间总有着千丝万缕的联系。只要把握这些联系并仔细观察,就会找到危机发生前的一些预兆。那么,就可以早做应付的准备,以消除隐患,避免危机。

经商要特别警惕以下几种因对隐患的主观失察而导致危机的因素:

(1)视而不见。对于已经出现的一些隐患麻木不仁,没能引起应有重视,而是放任不利因素的发展。

(2)对问题严重性认识不足,忽视了问题发生后的潜在危机,而未能及时控制局势。

(3)缺乏敏捷应变的思维能力。面对危机的出现,不知所措,一筹莫展,没了主意。

(4)认识问题偏执,爱钻牛角尖,遇事只往好处着想,不去考虑不利的一面。

▌商训深解▐

总经理要能及早发现危机端倪,针对可能出现的隐患,在思想上强化防范意识,并且具体、详细、妥善地安排切实可行的防范措施,这样才可能让危机化解于无形。

千里之堤毁于蚁穴，不要忽略任何一个错误

不放过任何细节。

——日本经营之神松下幸之助

临近黄河岸边有一个村庄，为了防止水患，农民们筑起了坚固的长堤。一天，有个老农偶尔发现蚂蚁窝一下子猛增了许多。老农心想：这些蚂蚁窝究竟会不会影响长堤的安全呢？他要回村去报告，路上遇见了他的儿子。老农的儿子听后不以为然地说："那么坚固的长堤，还害怕几只小小蚂蚁吗？"随即拉着老农一起下田了。当天晚上风雨交加，黄河水暴涨。咆哮的河水从蚂蚁窝始而渗透，继而喷射，终于冲决长堤，淹没了沿岸的大片村庄和田野。

这就是"千里之堤，溃于蚁穴"这句成语的来历。

公司中的各种"小问题"其实就是公司管理中的一个个小的蚁穴。

中国改革开放以来，涌现出多少先富起来的风云人物，多少企业辉煌一时，又在商界演绎了多少"大败局"的故事，秦池、爱多、飞龙、巨人、三株、太阳神等等。

为什么有如此多的悲剧在商界中上演呢？看看那些公司当年的发展速度和规模，哪家不是"千里之堤"，倒下之时，不过三五个月。三株，曾在短短的三年时间里，销售额提高了64倍，达到80亿元，打造出了无比辉煌的保健品帝国，销售网络遍布全国，而且触角直达各地村镇。总裁吴炳新曾自豪地说："中国第一大网络是邮政网，第二大网络就是三株网。"但是一个常德事件，一篇"八瓶三株口服液喝死一条老汉"的报道，便使拥有15万员工的三株这座庞然大物轰然倒下，难得的企业管理帅才吴炳新大病了一场，且收到了医院的病危通知书，同时也使商界多少人为之长嗟短叹，唏嘘不已。

三株垮掉，追溯起来，是多方面的。近年来，各类评论也是仁者见仁，智者见智。三株曾不止一次地发誓，要在20世纪内将人类的寿命延长10年，可自己的寿命不过六七年，一次打击便使其直接经济损失高达40亿元。

1997年，吴炳新在三株年终大会上，总结了三株的"十五大失误"：

1．市场管理体制出现了严重的不适应，集权与分权的关系没处理好；

2．经营体制未能完全理顺；

3．大企业的"恐龙症"严重，机构臃肿，部门林立，程序复杂，官僚主义严重，信息流通不畅，反应迟钝；

4．市场管理的宏观分析、计划、控制职能未能有效发挥，对市场形势估计过分乐观；

5．市场营销策略、营销战术与市场消费需求出现了严重的不适应；

6．分配制度不合理，激励制度不健全；

7．决策的民主化、科学化没有得到进一步加强；

8．部分干部的骄傲自满和少数干部的腐化堕落，导致了我们许多工作没有做到位；

9．浪费问题严重，有的子公司70%的广告费被浪费，有的子公司一年电话费39万元，招待费50万元；

10．山头主义盛行，自由主义严重；

11．纪律不严明，对干部违纪的处罚较少；

12．后继产品不足，新产品未能及时上市；

13．财务管理出现严重失控；

14．组织人事工作与公司的发展严重不适应；

15．法纪制约监督的力度不够。

由此我们可以看出，三株大堤之毁，并非哪篇新闻报道之所为，而是三株大堤之下的蚁穴成堆了。如果仅仅是因"常德事件"的新闻曝光而中招，三株集团完全可以事后补救，找出解毒良药。

商训深解

比尔·盖茨常常说，微软距离破产永远只有18个月。其实，从公司需要强调和重视管理细节的角度来看，企业稍大一点就存在此类风险。韩国的大宇公司是身价700亿美元的大企业，但说倒闭也就倒闭了。因为企业大，所以小事没有人做；因为事情不大，所以小事做不透。有人把工作中小事的失误比作一只有危害的老鼠，老鼠多了，破坏力自然巨大。我们工作中一系列的麻烦频频出现，一连串的失误势必在某一天酿成大祸。

危机中大多蕴藏商机

> 危机不仅带来麻烦,也蕴藏着无限商机。
> ——美国大陆航空公司总裁格雷格·布伦尼曼

世界上任何危机都蕴含着商机,且危机愈重商机愈大,这是一条颠扑不破的商业真理。

美国有位经营肉类食品的老板在报纸上看到这么一则毫不起眼的消息:墨西哥发生了类似瘟疫的流行病。他立即想到墨西哥瘟疫一旦流行起来,一定会传到美国来,而与墨西哥相邻的美国的两个州是美国肉食品的主要供应基地。如果发生瘟疫,肉类食品供应必然紧张,肉价定会飞涨。于是他先派人去墨西哥探得真情后,立即调集大量资金购买大批菜牛和肉猪饲养起来。过了不久,墨西哥的瘟疫果然传到了美国这两个州,市场肉价立即飞涨。时机成熟了,他趁机大量售出菜牛和肉猪,净赚数百万美元。

商训深解

危机常在,而巧渡危机的智慧并不是每个总经理都具有的。作为一个优秀的总经理不但要善于应对危机,化险为夷,还要能在危机中寻求商机,趁"危"夺"机"。

危机时更要加强对资金的管理

一个公司在两种情况下最容易陷入危机,第一是有太多钱的时候,第二是面对太多的机会。一个 CEO 看到的不应该是机会,因为机会无处不在,一个 CEO 更应该看到危机,并把危机扼杀在摇篮之中。

——阿里巴巴集团主席马云

整个行业都不景气的时候,公司经营不成功,也需要从自身找原因,寻找突破口。推行的改革应该是全方位的,但必须确定好顺序。首先必须摆脱"经济危机",缓解资金压力。

林·麦克唐纳在1991年接管诺兰达林业公司的时候。知道这家公司有了麻烦。"整个行业都遇到了危机。"他说,但当时他不知道危机有多大。

麦克唐纳来自阿毕特毕公司,这也是一家林产品公司,但不是诺兰达的直接竞争者。他来到诺兰达林业公司的时候,公司每年亏损近2亿美元。数额很大,但问题还不止于此。整个纸浆和纸制品行业在当时都在走下坡路,全世界的需求量在减少,又有好几家价值5亿美元的新设备投产。使生产能力过剩,产品价格剧减。诺兰达林业公司经营的其他生意——纸浆和建筑材料产品也在走下坡路。在这三重打击下,公司的运作达到了有史以来的最低点。

麦克唐纳就是在这种情况下进入公司的。他本希望经济复苏会帮他摆脱困境,可是,他很快就发现,公司的问题要比不景气深刻得多,广泛得多。问题出在公司以前的战略上——或者说就根本没有战略,并且同态度和经营作风有关。

"我的前任是一个甩手掌柜。他喜欢充当行业发言人,而且干得还不错。他在公司经营上花的时间不多,"麦克唐纳说,"公司各部分的经营各自为政,自己挣钱自己花。整个公司的资本支出总的来说没有明确的长远计划,也没有拨款程序。"结果,诺兰达公司没有明确的路线图,无法对付行业恶性循环,摆脱困境。

这还不算,麦克唐纳很快发现诺兰达林业公司还欠着加拿大特许银行3亿美元的活期贷款。"我们很担心,很快会有某家银行发现我们的现金周转不灵,而对我们说：'时间到了，该还账了。'"麦克唐纳回忆说，"只要有一家这样做，其他各家都会紧随其后。"

"所以，我不敢说我们比同行业其他企业管理更好或更糟，"他补充说，"可是我们的财务管理肯定更欠稳妥。"

麦克唐纳迅速采取了措施。战略可以以后再说，首先要做的是摆脱银行催账的威胁。

他设法同各家银行改善关系。头一年主要由他亲自同银行贷款部的官员们打交道，解决诺兰达林业公司的问题（公司从1992年起就没有专管财务的主管了）。他们更经常、更坦率地向银行介绍情况。他们对各银行说："瞧，这是我们本季度的业绩。这是我们的说明。这是我们取得进步的地方。这是我们下一季度的打算。"他们的意图是要银行觉得公司的情况起码不比同行业其他公司更糟。他们展现出一种希望——他们正在改善，即将摆脱困境。

与此同时，麦克唐纳集中力量改善资金状况，削减一切不必要的资本支出，出售亏损的企业，如三家小锯木厂。他还减少了流向各下属企业的现金，规定所有的现金都要上交公司中心，由中心再分配。

各经营单位并不反对这一新程序，因为大家也知道不改变不行了。经营单位的总经理知道，如果自己不改，那就要由别人来替他们改了。所以大家都抱合作态度。

有一年半时间，麦克唐纳对诺兰达林业公司采取尽量维持的态度，不断地同银行谈，削减开支，等等。可是终于他明白了光是这些不足以使公司摆脱庞大的债务。

"后来事情越来越清楚，我们唯一的出路是把我们在麦克米兰·布罗黛公司的股份卖掉。"这可不是小事。许多人认为麦克米兰·布罗黛公司——加拿大最大的林产品公司——是诺兰达林业公司皇冠上的珍珠。诺兰达林业公司拥有它49%的股份，每年得到红利约500万美元，可是同时为支撑控股而欠的10亿美元贷款，每年需付1亿美元利息。"麦克米兰·布罗黛是一个好公司，前景也不错。可是它并不打算把它的现金同我们分享，"麦克唐纳说，"我们要么卖掉它，要么卖掉别的分公司。"

下一步麦克唐纳要做的是说服诺兰达公司董事会同意卖掉麦克米兰·布罗黛的股份。他说，这是不困难的，否则他就会提出别的选择。不久，一家保险商集团以"现付"的方式购买了诺兰达公司在麦克米兰·布罗黛公司的所有股份，诺兰达森林公司在两年内得到了9.3亿美元。

这大大减轻了麦克唐纳的压力，它立即堵住了一个大窟窿。他们可以开始还债了。他们终于摆脱了银行逼债的阴影。

取得了自由之后，麦克唐纳觉得有了信心，可以着手进行经营方式上的其他彻底改革了。

他的第一步是对公司总部的作用形成明确的共识，确保负责经营的每一个人都参与。他明确地重申他就职后的头几个月所提出的要求，即各单位挣得的所有现金必须上缴中心，由中心按整个公司的需要进行分配。各个经营单位在销售与制造方面有自主权，能够支配自己的成果，但其战略计划必须与公司的整体战略观念相一致。当然，制订计划的程序也要变。各单位的计划不再只是由中心马马虎虎地一看了事。麦克唐纳对经营计划审查很严，提出问题并修改，要求得到落实。他把公司赢利目标定位在居同行业比较靠前的位置。他要求经理拿出业绩来，不许找借口搪塞。

情况有所改善、现金有所增加之后，麦克唐纳便开始要求最高层经理们参与彻底改革。为此目的，他要求他们提出通过兼并、销售或制造新产品来实现增长的计划。他原想，即使十个里头挑一个，也总可以得到一些可取的建议。可是结果一个也没有得到。

这一失败促使麦克唐纳转而另采别法。他首先聘请了一家战略咨询公司。"我们向各单位要策略计划时，没有人能跳出自己的本单位，他们都只愿意把钱花在自己原有的天地里。那么我们就决定采取自上而下的办法来决定哪些产品有前途，哪个企业有余力，哪些东西将来看好。这就需要来自外部的眼光，以了解全貌。"

与此同时，麦克唐纳改变了最高层经理们的奖励制度，不仅看他们单位的业绩，还同样要看本人的表现和公司整体的成绩。他每年把各部门总经理请到外地开两天会，以促进相互之间的关系。最后，他撤换了四个部门总经理中的两个，以及最高管理层中的一些人。

在有周期性的行业里，确切说出麦克唐纳的种种努力究竟取得了多大效果是不容易的。不过1994年对诺兰达林业公司来说是个好年头，营业额13亿美元，收入1.06亿美元。但是麦克唐纳会第一个告诉你，这时整个经济在复苏，周期进入了上升阶段。

不过，他说，诺兰达林业公司使一名工程师不得不倾全力于公司财务而无暇顾及其基本业务的日子已经一去不复返了，这是可信的。

商训深解

拯救危机中的公司,首先必须止血——控制住资金流失,然后再重建公司的战略、文化和经营程序。

处理危机时应注意的几点

要善于从不利因素中找出有利因素。即把不利条件变为夺取胜利的有利因素。

——德国郎盛集团大中华区总裁王永利

一般来说,私营公司总经理在处理危机时应注意以下几方面:

(1)迅速隔离危机,制定救急措施。危机发生后,总经理很容易陷入惊恐失措的状态,严重的打击往往使总经理一时无所适从,这时便要迅速从混乱状态中尽快解脱出来,冷静地制定处理紧急事件的措施及对策。

(2)尽快地掌握事实真相的原貌。这是寻求妥善处理事件的前提。所谓"知己知彼,百战百胜",即在处理危机时,首先要明确的就是危机的症结,找到危机产生的最根本的矛盾所在,才有可能找到消除危机的突破口。

(3)坦诚地对待公众和新闻界。危机一旦发生,往往成为新闻媒介及公众关注的焦点,这时当事人的坦诚往往成为博得新闻界的信任与支持的有效武器。

(4)维持公司形象,消除事件后果。公司形象是私营公司安身立命的条件,良好的公司形象将有助于私营公司博得公众的信任与好感,而恶劣的公司形象则有可能使私营公司的活动寸步难行。在危机中,公司形象也极有可能受到挫伤,在处理危险的策划中,私营公司总经理要由始至终注意公司形象的维护。

(5)危机到来,往往千头万绪,情况异常复杂,这时,总经理就必须分清主次,有先有后,互相配合,协调作战,而不要四面出击,不管缓急,不论轻重。

第十七章 危机法则——危机就是转机

■ *商训深解*

在经营公司时,总经理必须深谋远虑,而且要具备坚韧的神经,能够自信地面对各种危机,从而在混沌隐暗中找出真正的答案,带领公司走向光明。

第十八章

客户法则:绝对不要得罪你的客户

客户是你的衣食父母

> 最后赢一定是赢在客户上面。
> ——阿里巴巴集团主席马云

丰田公司是闻名世界的大企业,它对客户的服务让人惊叹。

来看一则故事。在芝加哥的一个大雨天,路上一辆丰田牌汽车的雨刮器突然坏了,司机傻在那里,不知道怎么办。突然从雨中冲出一个老人,趴到车上去修雨刮器。司机问他是谁,他说他是丰田公司的退休工人,看见他们公司的产品坏在这边,他觉得有义务把它修好!

"最后赢一定是赢在客户上面。"这是创业教父马云的名言。反映在用人上,马云考核员工的最主要的标准就是是否将客户放在第一位。

在阿里巴巴内部,新来的员工往往会听到这样一个广为传播的个案。

阿里巴巴有一个业务员将山东一个三线城市的房地产商发展为中国供应商。尽管它给阿里巴巴带来了6位数的收入,但阿里巴巴仍然把钱退给客户,并对员工进行了处理。这是为什么呢?就是这个员工触犯了阿里巴巴公司"客户第一"的"天条"。阿里巴巴B2B总裁卫哲的分析很有道理:"为什么说把客户利益放在第一位?如果按照股东的利益这个钱该收。但是,按照客户利益第一的原则,阿里巴巴这样做就是在欺骗客户!阿里巴巴根本就无法把房子卖到全世界。这显然是业务员夸大了阿里巴巴的效果。"

作为私营公司的总经理,应该向马云和阿里巴巴学习,在自己的脑子里不断强化"客户第一"的认识,只有这样,才能在竞争激烈的商业社会求得生存的可能,毕竟,离开了客户或者是消费者认可,那么,无论你在别的方面做得有多好,都只是无用功,都不可能取得经营的成功。

商训深解

公司的财富源于客户,任何一家公司,离开了客户,都无法生存。对于一家私营公司来讲,只要它拥有足够多的客户,他就一定会成为它所从事行业的大赢家。而对于总经理手底下的员工来说,只有全心全意为客户着想,将客户放在第一位,为客户创造最大的利润,才是对总经理和公司最负责的做法。

同客户维持稳定的合作关系

企业是一棵生命之树,这棵生命之树的土壤是客户。

——海尔集团总裁张瑞敏

经商成功的第一步,无疑就是要顾客盈门。在商业经营中,单凭一个客户就兴旺发达的事例并不少见。有时因为亲戚朋友,或者上级,以至业务上的相识需要某种产品或服务,有了这个客户,一个新公司就成立了,一个新的生意人便诞生了。

有一点你必须承认,不管你相信与否,第一个客户不是那么容易找的。才开始生意就有一个客户,是不可多得的好运。事实上,有许多规模并不算小的公司,就是只做一两份客户的生意而已。

当然,大部分时候,只有一个客户是件十分危险的事。你想,如果这个客户有什么三长两短,或人事上有什么变动,那么,你的生意便很可能一夜之间失去。

在每一个行业,每一个公司都有盛衰规律存在。如果只有一个客户的话,它的命运便不可避免地为这个客户所影响,完全处于被动的地位。主动开展业务固然不行,甚至连收缩也不可能。

况且客大欺主,仅有的一个客户一旦成为公司的衣食父母,那公司必会处处受制于人。

一个客户既然棘手,两个客户也不见得容易。要有五个客户以上才较为安全。

如果你花费太多的销售时间去拼命开发新的客户,那就忽视了一个最简单的道理。大多数情况下,你的现有客户才是最可能的销售对象。应该关心他们,善待他们。他们往往是你经商做生意的最大资产。努力跟他们搞好关系,你可以把你的一次性客户变成老客户;随机性的销售变成重复订单。据估计,在很多产业中,赢得一个新客户比维系一名现有客户要多花费五倍的时间;一个不满的客户会平均向四到五个人诉说你的不是；而一个满意的客户只会对一个人称赞你的良好服务。所以原则很简单：照顾好现有客户既省钱又增加利润。

不间断地给客户或者说重要客户送去他们感兴趣的与其有关的信息，是保持良好的客户关系的一个有效办法。你也可以附上一张类似这样的简短的手写字条："我怕你万一错过了这一机会，估计你会对此感兴趣。"这样做不仅表明你对他们的生意有浓厚的个人兴趣，而且会让他们时时把你的名字挂在嘴边。

如果你真想给一个有潜力的或是重要的现有客户留下深刻印象，那么，工作可以再深入一步。通过各种媒体，你可以获取主要新闻刊物的系统性总结。这些新闻刊物可能涉及某一产业、公司或具体人士。而你所掌握的信息可用来：

①使你能够真实了解客户关心的内容；

②表示你对他们的生意有浓厚、透彻的兴趣；

③甚至使自己成为与他们相关的领域的专家，为他们提供一系列的总结和关于他们产业的建议。

经商做生意的人，谁不希望客户尽量增加呢？但这绝不是一件容易的事。

不过，如果敬业的精神强，即使不积极地去争取，客户也会自动上门。

因为老客户对你经营的公司抱有好感，会为你带来新的客户。例如，有一位客户对他的朋友说："我经常和那家公司打交道。他们很热情而且服务周到，我对他们很有好感。"如果这话说得很真诚，那么那位朋友一定会说："既然你这么说，一定不会有问题。我也去试试看。"结果必会光临。对经商的人来说，这等于是别人为你开了一条生路。

所以说，平时不断地设法争取新的客户固然重要，但更应该留住老客户。总而言之，只要能尽心地留住一位客户，或许能因此而增加更多新的客户；相反地，失去了一位老客户，则可能使你失去许多新客户上门的机会。做买卖绝不能缺少这种信念。

中国台湾著名企业家，号称"生意之神"的王永庆先生，最初开了一家米店，他把到店买米的客户的家庭人口，消费数量记录在心。过一段时间，不等客户上门购买，王永庆先生就亲自送上门，这种做法使他的米店深得客户的好评和信任。这种做生意方法和精神，使王永庆先生的事业日益发达。

▎商训深解▎

客户是任何一家公司生存的关键。没有了客户，就失去了公司存在的价值。问题的关键在于如何吸引客户来关注你的产品。

一般来说,生意人们会采取各种各样的措施来推销他们的产品,例如广告,上门销售,营业推广,公共关系等。一番努力后,公司拥有了较为固定的客户群,产品很顺利地走出公司,装上这些客户的卡车。此时,生意人们都会高枕无忧地喘一口气,也不再做过多的努力。他们所能做的,往往是维系自己与这些客户的关系。

维系与老客户的关系固然重要,但要把一根线都系在这棵树上,也的确是一件十分危险而又可怕的事情。生意人们不应就此罢休,你还必须不断争取新的客户。

深入了解客户

谁消费我的产品,我就要把他研究透,一天不研究透,我就痛苦一天。
——巨人集团董事长史玉柱

办公司,生产出来产品不符合客户的心理需求,意味着什么呢?意味着你是在盲人摸象,成功的公司总经理都是客户的心理医生,能看懂他们的心理需求到底是什么?

一、求廉的心理

人们在消费的实践活动中,都希望用最少的付出换取最大的效用,获得更多的使用价值。追求物美价廉是最常见的消费心理。买主在消费活动中,对商品价格的反应最为敏感,在同类以及同质量的商品中,消费者总会选择价格较低的商品。

二、耐用的心理

这种消费心理讲究消费行为的实际效果,着重于消费品对消费者的实用价值。人们需要吃、喝、穿、住等,实际上绝大部分人是将其大部分精力放在获取这些基本必需品上。购买行为也是为了满足这些实际的需要,所以,自然就讲求其实用价值。

三、安全的心理

这里包含两层意义：一是获取安全，二是避免不安全。消费者购买消费品后，要求消费品在被消费过程中，不会给消费者本人和家人的生命安全或身心健康带来危害。人们之所以要购买社会保险、医疗保险或把钱存入银行，是因为他们想在年迈和困难时得到安全。人们所以要购买消防装置和防盗门锁，是因为害怕缺少这些东西可能会带来恶果，为了安全，宁愿在这方面投资。这种安全心理在家用电器、药品、卫生保健用品等方面的消费选择上表现得较为突出。

四、方便的心理

这种消费心理的特征是，把方便与否作为选择消费品的第一标准，以求尽可能在消费活动中最大限度地节省时间。在这种心理状态下，人们追求购买各种能给家庭生活和工作环境带来方便的东西。洗衣机、吸尘器、自动洗碗机、饮料、食物半成品等，就满足了人们这种消费心理。

此外，在方便的心理中，还包括要求商品有比较完善的售后服务。

五、求新的心理

追求和使用新产品是消费者带有普遍性的一种心理。在我们的生活消费中，某些新颖、先进的日用品，即使价格高一些，使用价值并不太大，人们也愿意购买。而陈旧、落后的消费品，即使价格低廉，也会无人问津。这种求新的欲望，年轻人比老年人更强烈。

六、求美的心理

美的东西一旦撞击到我们的神经和情感，就会使我们产生强烈的满足和快乐。美对人类来说，是一种精神上的享受。随着人们审美情趣的不断提高，对产品的求美心理越来越明显和强烈。

七、自尊和表现自我的心理

人人都有自尊心，消费者也不例外。特别是生存性消费需要得到满足后，消费者更期望自己的消费能得到社会的承认和其他消费者的尊重。不论怎样，我们都有这种心理，喜欢听好话，受人恭维，从而觉得自己有成就，并通过某种消费形式予以表现。

八、追求"名牌"和仿效的心理

消费者对名牌产品有着强烈的追求欲望和信任感。他们总是认为买到名牌消费品才能保证使用期,提高消费效果。年轻的消费者更崇尚时髦,进而相互仿效。

九、猎奇的心理

这种心理的表现形式与众不同,奇特至上。这在青少年中表现得比较突出。其心理因素主要有两点:一是认为奇特本身就是一种美;二是为了引起人们的注意。

十、获取的心理

不隐晦地说,绝大部分人都有一种占有欲。人拥有了财产才算是踏上了寻求人生安全的康庄大道。精明的推销员利用这种心理的做法,一般是通过产品的试用推销产品。比如,一个买主已经试用了一台计算机或电子打字机一个多月,他就很难再舍得让人搬走了。他的占有欲会变得十分强烈,会坚决要求把东西留下。

▍商训深解▍

没有客户,怎么办?

公司总经理见到别人的订单大把大把的,而自己手上除了冷汗,什么都没有。要想争取更多的客户,必须靠小技巧多开出几条打动人心的途径。赢得了顾客的心,你就赢得了他腰包里的钱。

一流的服务:服务好才是真的好

在激烈的竞争环境下,服务不会成为竞争的最后一张王牌,但是它将是竞争中缺一不可的因素。

——苏宁电器董事长张近东

肯德基快餐业是全世界知名的公司，其商业战略的首要诀窍就是微笑。服务员和蔼可人的微笑，可以让厨房里的员工们忙碌地安心工作，而客户就餐时也如沐春风。这样，客户自然会满意服务员的态度，这也就几乎等于对你的公司整体形象的认可。

20世纪70年代初，那些实力雄厚的新产品制造商乐于在不发达的第三世界国家制造新产品，并对那些由于生活条件所限，既看不懂这些新产品的使用说明，又不会正确使用产品的人们进行指导。他们在市场营销方面敢做敢为，下了不少工夫，但成功率却极低。

人们对此疑惑不解，一场关于新产品开发和由于人们不善于使用而造成的成功率低这二者之间可能存在的联系的讨论，由医学专家、行业代表和政府官员在一些国际会议上展开了，但当时公众还没有认识到这一问题的重要性。

毫无疑问，雀巢对于许多第三世界国家都堪称是一个咄咄逼人的市场营销商，它的促销活动除了针对消费者之外，还直接针对内科医生和其他医务人员。直接针对消费者的促销活动有多种，所采取的媒介有电台、报纸、杂志和广告牌，甚至使用装有高音喇叭的大篷车。它免费散发样品、奶瓶、奶嘴和量匙。在有些国家，雀巢通过采取"奶护士"的方式，直接与消费者接触。

雀巢公司雇用了大约200名妇女充当护士、营养师或助产士，这些专业人员通常的绰号是"奶护士"。批评家们认为这种奶护士实际上是变相的推销员。她们走访婴儿的母亲，给她们送样品，说服母亲们不要亲自给孩子哺乳，她们穿着制服，看起来很专业，这大大增强了人们对她们的信赖感。

"退换"只不过会给售货员带来点小麻烦，却得到了消费者的信赖，这是很大的收获，必定会有助于销售别的商品。

有一位男职员，年底到商店为单位买奖品，顺便给小孩买了衣服，回家后才发现妻子也给小孩买了衣服，而且比他买的好看多了。第二天他到商店退货，可是商店说什么也不退，惹得这位男客户很生气，他对周围的人说："我再也不去那家服务不好的商店买东西了。"

有位古人，在商人"八训"中曾经写道："当客户买的东西不随心意来退货时，应比卖货时更客气地对待。"这话颇有道理，因为常有售货员对买东西的客户态度很好，一见退货就不高兴；再说客户买了不称心的东西心里也不痛快，如果客户退货时，售货员比卖货时服务态度还好，客户会感谢你，也定会提高公司的声望，赢得客户。

在商店里常看到柜台上边挂着这样的牌子："削价商品概不退换"，这种告示完全是多余的。如果这些商品因此都卖不出去又会怎样呢？那不止是退回一部分的问题，而且还会全部成为滞销品，变成沉重的负担。应该鼓励退货，为了使买主买着放心，卖主卖着自信，商店应该做到保退保换。

什么样的能退，什么样的不能退，商店应有明确的规定。在卖出的商品中，用过的，开口开盖的，弄脏的，就不能退换。售货员在谢绝退换时，要和颜悦色，客客气气，讲明理由。

售货员在决定该不该退换时，首先应搞清楚客户为什么要退换。客户要求退换一般有以下4种情况：

（1）商品是残次品或被弄脏穿过的。这种情况责任显然在店方，应给客户赔礼道歉和退换，同时内部还应查明原因，以便改进工作。

（2）买走后觉得不称心，像尺寸不合适或颜色不随心意。这种情况责任在客户，怨他挑选商品时不细心，即使这样，也不要责怪客户，应痛痛快快地给退换。

（3）售货员介绍商品言过其实，强行推销。这种情况责任在店方，商店应好好检查一下指导思想和平时的经营方针，对职工进行优质服务教育。

（4）客户一时心血来潮不想要了，没有充足的退换理由。这种情况，按道理应不予退换。但若没有用过，不碍出售，还是痛痛快快退换为好。

商训深解

现代人的消费观念是花钱买舒服，享受一下当"上帝"的感觉。某些酒楼饮食生意不佳，不明真相的总经理总以为是自己的厨师炒的菜不合客户胃口，或者装修不够华丽等原因。殊不知服务员的态度才是致命伤。如果有上好的厨师，堂皇的大厅，却聘用傲慢无礼的服务员，那么酒楼的生意肯定不会景气。客户掏钱买的是享受，犯不着花钱买气受，说不定他们还会在亲朋好友面前数尽你的坏处。

相反，如果有上佳的服务态度，即使你的饭菜不怎么合胃口，装潢也不怎么华贵，却也很难让客户拂袖而去。

注意服务的细节问题

> 只有把消费者的事情当做自己的事情,充分尊重消费者,企业才能做大。
> ——蒙牛乳业有限公司董事长牛根生

总经理要想使自己公司的产品给客户或者消费者留下深刻且良好的印象,最重要的就是要注意服务的细节。如果不注意细节,有时会因小小的失误而造成许多不必要的麻烦。

在日本东京奥达克余百货公司,一天下午,售货员彬彬有礼地接待了一位来买唱机的女顾客。售货员为她挑了一台未启封的"索尼"牌唱机。事后,售货员清理商品发现,原来是错将一个空心唱机货样卖给了那位美国女顾客。于是,立即向公司警卫做了报告。警卫四处寻找那位女顾客,但不见踪影。经理接到报告后,觉得事关顾客利益和公司信誉,非同小可,马上召集有关人员研究。当时只知道那位女顾客叫基泰丝,是一位美国记者,还有她留下的一张"美国快递公司"的名片。据此仅有的线索,奥达克余公司公关部连夜开始了一连串近乎于大海捞针的寻找。先是打电话,向东京各大宾馆查询,毫无结果。后来又打国际长途,向纽约的"美国快递公司"总部查询,深夜接到回话,得知基泰丝父母在美国的电话号码。接着,又给美国挂国际长途,找到了基泰丝的父母,进而打听到基泰丝在东京的住址和电话号码。几个人忙了一夜,总共打了35个紧急电话。

第二天一早,奥达克余公司给基泰丝打了道歉电话。几十分钟后,奥达克余公司的副经理和提着大皮箱的公关人员,乘着一辆小轿车赶到基泰丝的住处。两人进了客厅,见到基泰丝就深深鞠躬,表示歉意。除了送来一台新的合格的"索尼"唱机外,又加送著名唱片一张、蛋糕一盒和毛巾一套。接着副经理打开记事簿,宣读了怎样通宵达旦查询基泰丝住址及电话号码,及时纠正这一失误的全部记录。

这时,基泰丝深受感动,她坦率地陈述了买这台唱机,是准备作为见面礼,送给东京外婆家的。回到住所后,她打开唱机试用时发现,唱机没有装机心,根本不能用。当时,她火冒三丈,觉得自己上当受骗了,立即写了一篇题为《笑脸背后的真面目》的批评稿，并准备第二天一早就到奥达克余公司兴师问罪。没想到，奥达克余公司纠正失误如同救火，为了一台唱机，花费了这么多的精力。这些做法，使基泰丝深为敬佩，她撕掉了批评稿，重写了一篇题为《35次紧急电话》的特写稿。

《35次紧急电话》稿件见报后，反响强烈，奥达克余公司因一心为顾客着想而名声鹊起，门庭若市。后来，这个故事被美国公共关系协会推荐为世界性公共关系的典型案例。

商训深解

总经理如果发现自己的公司在服务客户时有不合理的现象，哪怕是看上去微不足道的小问题，也要立刻设法铲除，不可姑息。对产品同样，不要因为是自己做的有了小毛病就讳而不宣，等到让消费者发觉时，你的经营之路很可能就此堵塞，这绝不是危言耸听！

倾听客户的声音，因客户而改变

根据市场去制定你的产品，关键是要倾听客户的声音。

——阿里巴巴集团主席马云

一个哲人说："灵活变通是最好的生意经。"

用变通播下的种子能绽放绚丽的花朵。许多置身商海的经营者一边墨守成规，又一边慨叹机遇总是离自己太遥远，看到别人因变而成，不去自我反思反而埋怨自己的命运。

做人不变不行，做生意不知变化更是大忌。"变"会使商机无限，走向更广阔的市场，从而使一个商业实体不断发展壮大。而不思改变则会毫无起色，甚至走向衰败。但这里有个前提，就是总经理的变化一定要以市场和客户的需求为根据，不能想当然地胡乱变化。

一个小贩到集贸市场上贩辣椒，一堆红灿灿的甜椒和一堆绿油油的尖椒分别堆在小贩的摊位上，鲜艳的色彩老远就让人眼馋。

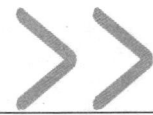

一位老大妈来到小贩的摊位上问:"小伙子,这辣椒辣吗?"

"不辣,您老放心,一点儿也不辣。"小贩回答说。

老大妈于是从小贩这里买了一大堆红椒。

过了一会儿,一个年轻人来到小贩的摊位问:"这辣椒辣不辣?"

小贩回答说:"辣!包你辣的够劲。"

年轻人满意地买了一堆青椒回去。

旁边的一个人不解,他问小贩:"为何你前后所说不一致?"

小贩笑了笑说:"其实,我这里两种辣椒都有,老年人喜欢淡一点的,年轻人要吃辣的,我是根据他们的口味来卖东西的。"

不同的人有不同的需求,构成顾客群体的是一个个独立的人,商家在做生意时要考虑顾客的不同需求,并应需而变。就像外国人吃不惯中国菜,就得准备他们要吃的西式菜肴。

1987年,经济大潮涌动大上海,史小虎和妻子蔡美英双双辞掉公职,开了一家熟食店,取名"梅莺饭店"。蔡美英有一手祖传的烧三黄鸡的绝活,上海人都喜欢来吃这道招牌菜,小店生意倒也红红火火。

这年夏天,两位留着小胡子,穿着深色牛仔裤,上套一件大翻领空心白衬衫的古巴船员走进小店,要喝冰冻啤酒。史小虎第一次遇着老外进店,忙迎上前去热情地安排他们就座。

结账时,他如实算了账,5瓶啤酒才6.40元。古巴船员脸上溢满了笑意,起身出了小店。第二天,这两位古巴船员又带了7位同胞来喝冰冻啤酒。一连8天,他们频频光顾小店,却让史小虎叫苦不迭。

原来古巴船员进店专喝啤酒不吃菜,坐在桌前叽哩呱啦聊半天,占着凳子不吃饭,许多本想到小店就餐的顾客只好去了别的地方。

光卖啤酒基本上没啥利润,小两口急得团团转。见到妻子一脸的沮丧,憨厚朴实的史小虎平静地说:"做生意也是在做人,这些古巴人大老远来到咱小店,怎么说都是贵客,咱中国人都讲个礼尚往来,怎么也不能拒别人于门外。"

这样又过了几天,一个晚上,一大群喝啤酒的古巴人里走出一位胖子,拍拍史小虎的肩膀,拉起他进了厨房,指指点点教他做海鲜烩饭、香脆蒜片虾。这些菜端上桌后,古巴人边大口喝啤酒,边竖起大拇指,对史小虎的手艺表示赞扬。看到一大帮老外把桌上的饭菜一口气吃了个精光,从未做过西洋菜的史小虎心里甭提有多高兴了,原来他们是吃不惯中国菜呀!

送走古巴船员后,史小虎又买来了西餐菜谱,两口子忙里忙外,学会了炸土豆条、什锦炒饭、炸猪排等地道古巴菜。这之后,古巴船员每天分成五批上岸到小店吃饭。由于来就餐的海员们大多带着为回国采购的大包小包东西,又无处堆放,史小虎索性把销路很好的"三黄鸡"熟食间拆改为行李间,虽然眼前的利润少了些,但小两口感觉值。直至两个月后轮船启锚离港。送别时,主宾相互间结下了深厚的情谊,大家相拥道别,流下了热泪。

这一幕感人的场面成了上海人街谈巷议的话题,上海有个"古巴角"的消息不胫而走,古巴船员也相互转告。为了留住古巴船员,只有高中文化的史小虎夫妇买来了大批西班牙书籍,一字一句地学习西班牙语,并着意研究古巴的风土人情、民族习俗。有古巴人就餐,史小虎夫妇总是利用一切机会操着半生不熟的西班牙语向他们讨教。渐渐地,史小虎夫妇学会了西班牙语,能够同古巴船员们随意交流。这让远道而来的古巴人有宾至如归的感觉。这样一传十、十传百,一批批古巴海员一到上海,就直奔梅莺饭店。一时间,小店门庭若市,古巴船员为史小虎夫妇带来了滚滚利润。

在上海这个外国人比较多的地方,经常有光顾小饭店的外国客人。史小虎夫妇针对顾客的需求变化而变,成功地把自己的饭店办成有特色的"古巴角"。他们给众多的饭店经营者指出了一条变通之路。

商训深解

顾客的需求是商家做生意的指针,它指向的就是财富。因变而变做生意,这是亘古不变的商海真谛。

要赢得顾客的心

营销就是营心。

——蒙牛乳业有限公司董事长牛根生

有些总经理富有激情,扯着嗓子在门口吆喝,这样是否真的能吸引顾客呢?实际上强拉硬拽是做不了什么大生意大买卖的。在这一点上,和谈恋爱有点像,只有你和对方在心灵上有所融合，对方才会信任你，喜欢你，不由自主地走近你。相反的是，花言巧语获得的只能是暂时的利益，而且一旦对方对你产生不信任感，那就有可能是永恒的。

20岁的爱丽舍·巴伦在一家超市卖糖果，在所有店员中，她是最受顾客欢迎的。许多顾客宁愿多等一会，也要让她给自己售货。同事很好奇，爱丽舍长得并不是最漂亮的，这到底是为什么呢？

"你是不是给的特别多？"有人好奇地问她。

"那是不可能的，我的秤向来很准，不会多也不会少。"艾丽舍摇摇头。

"那为什么顾客都喜欢找你买东西呢？"

爱丽含笑着说："别的服务员起初都拿得多，然后一点点地往下拿，而我总是先拿少点，然后一点点地往上加。顾客们可能以为我给的多，也许是这个原因他们才喜欢我的吧。"

这个平凡的店员就是后来拥有30亿美元资产的好乐公司的副总裁。

顾客都希望自己购买的东西多一点，一点点地往上加总比一点点地往下拿让人心里舒服，感觉别人给的多。爱丽舍就是因为准确地抓住了顾客这一微妙的心理，才招揽了源源不断的顾客。

乔·吉拉德被认为是"世界上最伟大的推销员"。有一天，一位中年妇女从对面的福特汽车销售商行走进了吉拉德的汽车展销室。她说自己很想买一辆白色的福特车，就像她表姐开的那辆，但是福特车行的经销商让她过一个小时之后再去，所以先过这儿来瞧一瞧。

"夫人，欢迎您来看我的车。"吉拉德微笑着说。中年妇女兴奋地告诉他："今天是我55岁的生日，想买一辆白色的福特车送给自己作为生日的礼物。""夫人，祝您生日快乐！"吉拉德热情地祝贺道。随后，他轻声地向身边的助手交待了几句。

吉拉德领着夫人从一辆辆新车面前慢慢走过，边看边介绍。在来到一辆雪佛莱车前时，他说："夫人，您对白色情有独钟，瞧这辆双门式轿车，也是白色的。"就在这时，助手走了进来，把一束玫瑰花交给了吉拉德。他把这束漂亮的鲜花送给夫人，再次对她的生日表示祝贺。

那位夫人感动得热泪盈眶，非常激动地说："先生，太感谢您了，已经很久没有人给我送过礼物。刚才那位福特车的推销商看到我开着一辆旧车，一定以为我买不起新车，所以在我提出要看一看车时，他就推辞说需要出去收一笔钱，我只好上您这儿来等他。现在想一想，也不一定非要买福特车不可。"就这样，这位妇女就在吉拉德这儿买了一辆白色的雪佛莱轿车。

你或许也一样会感叹这种不动声色就攫取顾客心的能力吧！也该对"赢得顾客心，赚到大笔钱"这句话有所理解了吧！钱包在别人兜里，要让别人心甘情愿地掏腰包，就必须先打动别人的心。因为没有人会毫无理由的把钱交给你。只有让别人打心眼里认同你的产品、你的理念和你的服务，你的生意才有可能成功。

商训深解

顾客往往是挑剔的，现在商家林立，他们自然会货比多家，只有那些质量和服务让他们信得过，而且在感情上容易亲近的商家才能消除他们的戒备，乐于和你打交道。现在有很多大公司在过年过节的时候，给客户寄送贺卡，写上祝福的话语，这也是一种心理战术。

让客户帮你宣传

消费者最迷信的人是他所认识的人，口碑的杀伤力最大，成本也最低。

——巨人集团董事长史玉柱

在生活中，有心的总经理可能已经发现，在社会上奔忙的芸芸众生，大多数人的口袋里或是手机里，都有一本电话簿，在电话簿里，记录着对他的生活有或多或少影响的人的联系方式。从一定意义上来说，他就生活在那本电话簿里。

在我们的生活中，人都是社会的人，他不可能一个人生存在我们这个地球上，每一个人都有自己的父母、兄弟姐妹，还有亲戚、朋友，工作之后还有同事、同行等等。这些错综复杂的关系使得每一个人都归为一张网，在这张网里，人们信任的人往往是自己认识的人。你要创业，要做生意，就要充分地利用这一张网。如果你利用得好，就可以收到事半功倍的效果，不是一举两得，而是一举数得。

美国汽车推销大王乔·吉拉德有一个著名的250定律，他通过多年的细心观察，发现在我们每一个人的生活圈子里都有一些比较亲近、关系比较密切的熟人和朋友，而这些熟人和朋友的数字总和大约是250人。

无论乔·吉接德的这一观察结果是否精确，但有一点是绝对可以肯定的，即每一个人总有一个生活圈子,而这个生活圈子不是由别的什么东西构成,它就是由人构成的。人与人之间的联络和联系是以一种几何数来向外扩散的。无论他是一个善于交际的公关高手,还是一个深居简出的内向的人,其身边都有一群人。对于一个想要把公司做大做强的总经理来说。这一群人就是你客户网络的基础,这些"网络"能给你带来许多财富。

美国著名的戴尔电脑公司的创始人迈克尔·戴尔,在他16岁那一年,他负责为《休斯顿邮报》争取订户。在争取订户的过程中,小戴尔发现要通过随机拜访的方式来争取订户,往往十分费力,而且效果很不好,因为你不知道哪一家真的想订报。戴尔后来经过分析,找到了订户的主要特征,这样通过很简单的方法,他就能争取到很多订户。他当年的收入高达18000美元。戴尔的这段经营对他后来利用改变销售的模式和销售观念创建戴尔公司,有着相当大的影响。其实,戴尔采用的争取订户的方法,就是利用了人和人之间形成的各种关系网。

曾经有一位上市公司的高级行政人员的秘书小姐,她的工作使她有机会接触到各行各业的人士,而这些人士大都有较高的经济收入和较高的社会地位。秘书小姐就将这些人士的信息按照一定的规律整理成册,形成了一张详细的网络表,上面有这些人的行业属性、性别、职务等等,这样时间长了,她积累了几大本。后来,她发现了社会上流行一种新的销售形式——直销,于是,在自己的工作之余,她按照自己的"联络图",利用自己的网络进行直销物品的推销,居然大获成功。

这可以给我们许多的启示。我们创业、办公司,就要做营销,就要面对顾客和客户。用怎样的方法可以起到事半功倍的效果呢?答案只有一个,建立一张顾客的关系网络,让顾客给你介绍顾客。

那么,如何建立起属于你的一张顾客网络呢?你不妨试试下面的方法:

(1)将你的客户组织化。你可以利用一天的时间,将你的客户集合组织起来,举办一些诸如参观名胜古迹、乘车去某地观光旅游、看戏、看电影、观看体育比赛等等,借着这个机会,你可以让你公司里的一些高级管理人员和他们在一起联络感情。而客户和客户之间,虽然原来可能彼此没有见过面,但既然都是你公司的客户,总会有许多共同的话题可以在一起探讨,这样,方方面面沟通起来都比较容易,而不至于冷场或者感到尴尬。如果客户原来就彼此熟悉,这次机会又给了他们加深感情的机会,他们也会感到高兴。这样,通过这些活动,你就树立起了你公司的良好的形象,从而吸引更多的客户。

当然,在搞这些活动时,你要密切地观察,从你的这些客户里找出最具影响力的客户来。俗话说,擒贼先擒王。找出了最具影响力的客户,再通过其他方式给他们做些工作，你的工作效果就会更好些。

（2）和你的客户交朋友。真心实意地和你的客户交朋友。如果你和客户成了知心朋友，那么他就会将他的心里话说给你听。人都有喜、怒、哀、乐，有他值得高兴的事情，也有他值得悲哀的事情，你和客户朋友一起分享他的快乐，分担他的悲哀。这样，你就可以介入到他的生活圈子里，和他的朋友成为朋友，你就会有新的客户上门。

当然，你也可以把你的生活和工作跟他谈谈，既然你们是朋友，你工作上有不顺心的事情，他就会勇敢地站出来，为你分忧解难，他也会帮助你生意上的事，把他的朋友主动介绍给你，或者帮助你把某笔生意直接搞定，使新客户也成为你的朋友。

（3）客户网络中需要有新鲜血液。经商做生意一直是处在一种变化之中，客户网也是经常变化的，所以，你要注意，经常性地给你的客户里加入一些新鲜血液，使你的这张客户网络保持一定的活力和张力。这时，就需要我们作出正确的合理的取舍。从你的关系网络里剔除一些旧的缺少活力的客户，而加入一些充满活力的客户。

在进行取舍的同时，我们必须不断地补充更加新鲜的血液，在已有的客户中挖掘客户，在挖掘出的客户中再挖掘客户，这是所有营销高手都具备的，同时也是其感受最深的。在这个过程中，你必须要善于抓住有挖掘潜力的客户，要善于抓住客户中的领袖和有权威者。

商训深解

当你一旦建立起一个四通八达的客户网，并能使这张网络进行到一种良性的运作之中，你就会看到你的生意蒸蒸日上，你就会觉得"财神爷"也是你的朋友！

要能听得进去顾客的抱怨

对批评的声音内心抵触，这对你完善自己很不利。一个人应该把自己的心胸打开，好听的声音要接受，不好听的应该当做良药。

——巨人集团董事长史玉柱

第十八章 客户法则——绝对不要得罪你的客户

对于一家私营公司的总经理来说，做一个项目，关键在于这个项目是否能达到消费者的要求。

你的产品一旦流入社会，就会有各种各样的声音传出来，赞美是一种，而抱怨更是最常见的一种。

日本经营之神松下幸之助认为，顾客的抱怨是很严重的警告，但诚心诚意地去处理顾客抱怨的事，往往又是创造另一个机会的开始，所以不可小看顾客的抱怨。

由于长时期担任社长及会长的职务，松下常常会接到客户寄来的信件。这些信件有的是褒奖，但大多数是指责和抱怨。松下对于赞美的信固然感激，但对于抱怨的意见，也同样接纳。

举个例子来说，某位大学教授曾给松下一封信，抱怨他们学校向松下公司购买的产品发生故障。松下立刻请一位负责此事的高级职员去处理这件事。起先，对方因为东西故障显得不太高兴。但这位负责人以诚心诚意的态度解释，并作适当的处理。结果不但令客户感到很满意，同时还好意地告诉这位负责人如何到其他学校去销售。像这样以诚恳的态度去处理客户的抱怨，反而获得了一个做生意的机会。

所以，松下经常感谢曾对他们抱怨的客户。借着顾客的抱怨，使他们得以与顾客间建立起另一种新的关系。对把抱怨说出来的人来说，也许说句"再也不买那家的东西了"，就不再追究了。但是松下公司对于向他们表示不满的人，即使想说"再也不买了"的客户，仍然十分热情，所以客户一看到他们的人来了，他便会说"专程到这里来的啊"，这句话足以表示客户已领受到公司的诚意。所以，有时候由于妥善处理某件事抱怨，而获得另一种新关系的例子是很多的。

对私营公司的总经理来说，在接到抱怨或斥责的信后，选择马马虎虎地去处理，那就很可能从此失去一个顾客。因此，当你的产品或项目受到指责时，首先应该想到"这正是一个获得顾客的机会"，然后慎重地处理，找出顾客不满的原因，诚心诚意地去为顾客服务。松下因此有一句至理名言：把抱怨当做是另一个机会的开始。这比不在意抱怨要来得重要。

▌商训深解▌

一件产品的开发，绝不是生产技术人员依靠产品的性能便可创造出来的，而是花钱购买产品的消费者掌握了产品的命运。

千万不要得罪顾客

> 第一条,客户总是对的;第二条,如有疑义,请参考第一条。
> ——沃尔玛主席罗伯逊·沃尔顿

1994年,美国可口可乐公司总部收到一位妇女的投诉电话。这位妇女怒气冲冲地说:"在我买的可口可乐里发现了一支别针!如果你们不能给我一个令人信服的解释,我将向联邦法院起诉你们,并将这件事向媒体公布!"

天啊,可乐里面发现了别针!可口可乐公司一时丈二和尚摸不着头脑。可乐里面怎么会有别针呢?谁也说不明白。

但是,可口可乐高层对此事非常重视。因为谁都知道,这样的事若被张扬出去,经媒体炒作一番,可口可乐百年清誉必然毁于一旦。可口可乐高层特别成立了一支调查组,连夜奔赴出事地点——位于柯罗拉多州的一个名为布瑞英克的小镇。

调查组根据那位妇女的介绍,找到零售可乐的小店,又顺藤摸瓜地找到批发商,最后确定这瓶内有别针的可乐由位于柯罗拉多州乔治城的可口可乐分厂制造。调查组带着那位妇女对这家分厂进行了突击检查,结果发现这家工厂生产条件极佳,干净卫生,工人也极为负责,根本不可能将别针放进可乐里。问题出在哪里呢?查出来是不可能的了。调查组向那位妇道歉,请她原谅,并且真诚地说:"您看,我们的生产条件非常好,工作纪律非常严格,尤其是各位员工对顾客绝对负责,发生这样的事肯定是个意外。遗憾的是,我们不能查出其中的缘故。但是,请您相信,我们将会进一步加强管理,保证类似的事绝不再发生。作为对您所受的惊吓的补偿,我们将赔偿您10000美元的精神损失费。同时,为了感谢您对可口可乐的信任和忠诚,我们邀请您到可口可乐公司总部免费参观旅游。如果您对我们还有什么不满意的地方,请您尽管说,我们一定竭力满足。"

那位妇女见可口可乐公司的人如此真诚,怒意全消,最后高高兴兴地去可口可乐公司总部参观去了。

面对突发的危机,可口可乐公司显示了自己的勇气和坦诚。公司高层主动与投诉的妇女联络,沉着而灵活地化解了一场可能引起巨大灾难的危机。

由此可见,只有那种经营时不让顾客有丝毫的遗憾、不满,不在经营时让顾客遗憾万分的公司,才是会真正经营成功的公司,才是名利双收的公司。

总经理经营公司一定要诚实,对所有顾客负责,靠欺骗顾客混日子是长久不了的。

商训深解

做生意必须彻底实践对顾客应尽的礼仪和责任。不仅用嘴说要如何为顾客服务,而且要用实际行动实践。